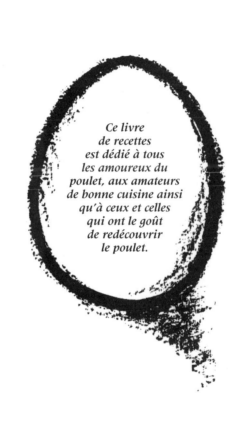

*Ce livre
de recettes
est dédié à tous
les amoureux du
poulet, aux amateurs
de bonne cuisine ainsi
qu'à ceux et celles
qui ont le goût
de redécouvrir
le poulet.*

COPYRIGHT © 1995

Publié par : La Fédération des producteurs de volailles du Québec
Auteur : La Fédération des producteurs de volailles du Québec
ISBN   2-9803974-1-5

Dépôt légal – Bibliothèque nationale du Québec, 1995
Dépôt légal – Bibliothèque nationale du Canada, 1995

REMERCIEMENTS

La Fédération des producteurs de volailles du Québec tient à remercier tous ceux et celles qui ont participé, de près ou de loin, à la réalisation de ce livre de recettes.

Merci à ce jeune Gaspésien, Yannick Ouellet, qui avec son audace et sa témérité a réussi une fois de plus à relever tout un défi. C'est lui qui a sélectionné chacune des recettes de poulet. Elles sont parfois de son cru, mais la plupart proviennent d'autres chefs, petits et grands, qui ont su faire honneur au poulet.

Merci à la diététiste Marie-Josée Gibouleau, qui a accepté avec enthousiasme de partager ses connaissances avec nous, tout au long du livre, et d'écrire tout un chapitre sur l'art de bien se nourrir.

Merci également à tous ceux et celles qui ont collaboré à la rédaction des menus ou qui nous ont offert leurs suggestions :

Edgard Fruitier, acteur et mélomane réputé, qui a bien voulu nous indiquer quelques pièces musicales que la lecture des menus de ce recueil lui a inspiré.

Josée-Michèle Robillard, designer floral chez Création design plus, qui nous a conseillé pour la réalisation des arrangements floraux apparaissant sur les photos.

Jean Lemieux et François Berson, de la S.A.Q., pour leurs recommandations quant aux choix des types de vin qui peuvent accompagner certains des plats présentés dans les menus.

Christina Blais et Mireille Dubost, du département de nutrition de l'Université de Montréal, qui ont apporté leur concours à la révision des textes spécialisés.

Adrien Duey et son équipe, de même que Christian Lacroix, qui ont réalisé de superbes photos pour mettre en valeur le poulet, héros de ce livre.

Cintec AA qui a travaillé sur les calculs d'équivalences du *Guide alimentaire canadien pour manger sainement.*

Le Groupe Bachand, l'agence de publicité responsable de la conception graphique, des illustrations et de la révision des textes.

Caroline Mimeau et Diane Gosselin, des collaboratrices enthousiastes, patientes et surtout très précieuses.

PRÉFACE

Pourquoi un livre de recettes sur le poulet? Avant tout pour satisfaire les amateurs de poulet et donner le goût de bien manger. Puis aussi pour permettre de redécouvrir le poulet.

Depuis quelques années, la diététique a pris un virage important pour faire place à la dimension « plaisir »; le calcul assidu des calories, le bannissement d'aliments dits « coupables », l'attribution de vertus « miracles » à certains aliments et les régimes alimentaires rigides... tout cela tend à être de plus en plus relégué aux oubliettes. Heureusement!

C'est ainsi que le présent ouvrage fournit un répertoire de plus de deux cents recettes de poulet, toutes savoureuses et originales. De plus, vous trouverez dans l'introduction, et tout au long du livre, des renseignements pertinents et intéressants sur la nutrition et sur l'art de savoir manger sainement. Vous pourrez vous familiariser avec les principes du *Guide alimentaire canadien pour manger sainement** et apprendre toutes sortes de secrets sur le poulet.

Bien se nourrir constitue un véritable cadeau pour le corps et pour le palais, mais il faut faire de bons choix alimentaires (respectueux de nos besoins nutritifs). On doit aussi agrémenter son alimentation par la variété et consommer avec modération certains aliments; il est préférable de manger mieux et moins plutôt que médiocrement et beaucoup. Pour vous permettre de mieux équilibrer vos repas, les équivalences du *Guide alimentaire canadien pour manger sainement* ont été calculées pour la plupart des recettes.

Pourquoi ne pas choisir d'acquérir de meilleures habitudes et incorporer régulièrement l'exercice dans votre quotidien. Vous pouvez aussi consulter un ou une diététiste pour de plus amples renseignements sur la nutrition et les saines habitudes alimentaires.

À propos du poulet... saviez-vous qu'on peut l'apprêter de multiples façons et en très peu de temps, grâce aux nombreuses découpes et aux produits de poulet offerts dans nos marchés d'alimentation? La Fédération a mis en oeuvre un programme sur la mise en marché du poulet, destiné aux rayons des viandes (gérants des viandes, bouchers, etc.). Le programme vise à introduire de nouvelles découpes de poulet. D'où

l'élaboration de recettes à partir de découpes de poulet connues et d'autres à découvrir. Dans les pages qui suivent, vous découvrirez des photos illustrant ces nouvelles découpes. N'hésitez pas à demander à votre boucher de préparer votre poulet comme vous l'aimez.

Vous trouverez à la fin du livre un lexique vous donnant la définition de plusieurs termes culinaires utilisés dans les recettes; l'utilisation de ce vocabulaire est une forme d'initiation à la cuisine « dans les règles de l'art » puisque chacun des termes exprime une action, un objet ou une technique spécifique.

Une autre section du présent ouvrage présente des menus spéciaux qui incluent des suggestions de vin, de fleurs et de musique. Vous serez ainsi en mesure d'offrir à vos convives des menus hauts en couleurs, en saveurs et en notes musicales.

J'espère que vous aurez du plaisir à lire ce livre et à expérimenter ses nombreuses recettes que vous pourrez interpréter à votre façon ou modifier selon les ingrédients dont vous disposez. Vous trouverez, en marge des recettes, des suggestions de substituts pour certains ingrédients. Relevez vos manches et constatez comme il est facile de cuisiner bon et bien pour soi et pour les autres. Bonne lecture et bon appétit!

Monique Daigneault

Monique Daigneault, dt.p.
Agente de publicité et promotion (Poulet)

* *Publié par Santé et Bien-être social Canada, 1992 (numéro PMT)*

Les 5 principes de base du *Guide alimentaire canadien pour manger sainement.*

MANGER... PLUS QU'UNE QUESTION DE SURVIE!

Faim et soif sont des signaux que lance le corps pour dire : « Gardez-moi en vie.» Les aliments nourrissent votre organisme en lui fournissant des nutriments essentiels. En fait, ils vous apportent l'énergie dont vous avez besoin pour la journée.

Manger est aussi un des plaisirs de la vie. Les aliments égayent les réunions en famille ou entre amis. Ils éveillent tous nos sens : qui n'a jamais salivé à l'idée d'un bon repas ?

SAINE ALIMENTATION N'EST PAS SIGNE DE RESTRICTIONS!

Bien manger signifie choisir parmi une grande variété d'aliments que vous aimez. Vous n'avez pas à vous priver de vos aliments préférés pour être en bonne santé. La clé du succès réside dans **l'équilibre**. Vous mangez une petite gâterie riche en gras ou en sucre de temps à autre ? Il n'y a pas de quoi se sentir coupable ! Assurez-vous de bouger et de vous alimenter de façon variée et équilibrée pendant le reste de la journée. Ce qui importe, c'est le portrait d'ensemble de votre alimentation au fil des semaines et des mois. **Les pages qui suivent vous guideront vers de meilleurs choix.**

QU'EST-CE QUE LE *GUIDE ALIMENTAIRE POUR MANGER SAINEMENT*?

Nous possédons un outil qui nous aide à faire de bons choix alimentaires : le *Guide alimentaire pour manger sainement*, reproduit à la page 203 (nous y ferons référence souvent). Son arc-en-ciel répartit les aliments en quatre groupes : produits céréaliers, légumes et fruits, produits laitiers, viandes et substituts. Les arcs les plus longs suggèrent de mettre l'accent sur les produits céréaliers, les légumes et les fruits. Cela ne signifie pas pour autant d'éliminer lait et viande, mais bien d'en surveiller la quantité et surtout la qualité.

Le principal objectif est de passer d'une alimentation riche en protéines et en matières grasses à un menu comportant davantage de glucides complexes, de fibres, de vitamines, de minéraux essentiels, de viandes et de produits laitiers maigres.

Un mot sur les «autres aliments»

Les autres aliments sont des aliments et boissons qui ne font pas partie des quatre groupes alimentaires.

Ceux-ci comprennent :

• *les aliments contenant surtout des matières grasses, comme le beurre, la margarine, l'huile ou le saindoux;*

• *les aliments contenant beaucoup de sucre, comme les confitures, le miel, le sirop ou les bonbons;*

• *les grignotines grasses et salées comme les croustilles (maïs, pomme de terre...) ou les bretzels;*

• *les boissons comme l'eau, le thé, le café, l'alcool ou les boissons gazeuses;*

• *les fines herbes, épices et condiments comme les marinades, la moutarde ou le ketchup.*

On utilise ces aliments aux repas et aux collations. On les mange aussi avec des aliments des quatre groupes. Certains, comme les grignotines salées et grasses, sont à consommer avec modération. D'autres, comme l'eau et les fines herbes sont à encourager dans le cadre d'une saine alimentation.

**LES 5 PRINCIPES DE BASE DU
GUIDE ALIMENTAIRE POUR MANGER SAINEMENT (GAC)**

1 Agrémentez votre alimentation par la VARIÉTÉ.

2 Dans l'ensemble de votre alimentation, donnez une plus grande part aux céréales, pains et autres produits céréaliers ainsi qu'aux légumes, fruits et légumineuses.

3 Optez pour des produits laitiers moins gras, des viandes plus maigres et des aliments préparés avec peu ou pas de matières grasses.

4 Cherchez à atteindre et maintenez un poids santé en étant régulièrement actif et en mangeant sainement.

5 Modérez votre consommation de sel, d'alcool et de caféine.

Votre organisme a besoin chaque jour de plus de 50 éléments nutritifs différents. Comme aucun aliment ou groupe d'aliments ne les contient tous, vous devez vous les procurer en absorbant des aliments de chacun des quatre groupes du *Guide alimentaire*. En combinant les forces d'un aliment avec les faiblesses de l'autre, vous atteindrez l'équilibre voulu. **Recherchez la variété et découvrez le plaisir de manger des aliments de couleurs, de saveurs et de textures différentes.** Profitez-en pour chatouiller vos papilles gustatives avec les excitantes recettes présentées dans ce livre !

QUELLE QUANTITÉ D'ALIMENTS DEVRIEZ-VOUS MANGER ?

La quantité d'aliments que vous devez choisir par jour et par groupe varie selon l'âge, la taille, le sexe et le niveau d'activité. Elle augmente pendant la grossesse et l'allaitement. Le *Guide alimentaire* propose une façon de manger adaptée aux personnes de quatre ans et plus. Par exemple, les enfants en bas âge et les femmes âgées peuvent choisir les plus petites quantités suggérées. Les adolescents très actifs et en pleine croissance devraient prendre les quantités les plus grandes du *Guide alimentaire* pour chacun des quatre groupes. À l'occasion, ils peuvent même avoir besoin de plus de portions. Quant à l'adulte moyen, ses besoins se situent généralement entre les deux.

LES NUTRIMENTS CLÉS DANS LE *GUIDE ALIMENTAIRE CANADIEN POUR MANGER SAINEMENT*

Chaque groupe alimentaire est **essentiel**, car chacun fournit une **combinaison différente** de nutriments.

Guide alimentaire	Produits céréaliers	Légumes et fruits	Produits laitiers	Viandes et substituts
Protéines	•		•	•
Matières grasses			•	•
Glucides	•	•		
Fibres	•	•		
Thiamine	•	•		
Riboflavine	•		•	•
Niacine	•			•
Folacine	•	•		•
Vitamine B$_{12}$			•	•
Vitamine C		•		
Vitamine A		•	•	
Vitamine D			•	
Calcium			•	
Fer	•	•		•
Zinc	•		•	•
Magnésium	•	•	•	•

Source : « Pour mieux se servir du Guide alimentaire » Santé et Bien-être social Canada, 1992.

Puisque les gens ont besoin de différentes quantités d'aliments, on propose...

Produits céréaliers
5 à 12 portions par jour

Légumes et fruits
5 à 10 portions par jour

Produits laitiers*
2 à 4 portions par jour

Viandes et substituts
2 à 3 portions par jour

* *Enfants (4 à 9 ans) : 2 à 3 portions par jour*
Jeunes (10 à 16 ans) : 3 à 4 portions par jour
Adultes : 2 à 4 portions par jour
Femmes enceintes ou allaitant : 3 à 4 portions par jour

UN TROP GRAND NOMBRE DE PORTIONS ?

Vous trouvez que le nombre de portions recommandé pour les produits céréaliers et les légumes et fruits est trop élevé ? Vérifiez d'abord vos besoins réels. Il se peut aussi que vous mangiez un plus grand nombre de portions que vous ne le pensez. Ne perdez pas de vue qu'une assiettée de spaghetti peut représenter 3 à 4 portions de produits céréaliers et un grand verre de jus, 2 portions de légumes ou de fruits.

QU'EST-CE QU'UNE PORTION ?	
Groupe alimentaire	**Exemples de portion**
Produits céréaliers	1 tranche de pain, 30 g de céréales à déjeuner, 1/2 bagel, pita ou petit pain, 125 ml (1/2 tasse) de pâtes ou de riz
Légumes et fruits	1 légume ou fruit, 125 ml (1/2 tasse) de légumes ou de fruits frais, surgelés ou en conserve, 125 ml (1/2 tasse) de jus, 250 ml (1 tasse) de salade
Produits laitiers	250 ml (1 tasse) de lait, 50 g – 2 tranches de fromage, 50 g de fromage (3 po x 1 po x 1 po), 175 g (3/4 tasse) de yogourt
Viandes et substituts	50-100 g de viande, volaille ou poisson, 50-100 g (1/3-2/3 de boîte) de poisson en conserve, 100 g (1/3 tasse) de tofu, 1-2 oeufs, 125-250 ml (1/2-1 tasse) de haricots, 30 ml (2 c. à table) de beurre d'arachide

DONNEZ UNE PLUS GRANDE PART AUX CÉRÉALES, PAINS ET AUTRES PRODUITS CÉRÉALIERS AINSI QU'AUX LÉGUMES, FRUITS ET LÉGUMINEUSES.

Actuellement, on constate qu'un régime alimentaire où dominent les légumes, les fruits, les produits céréaliers et les légumineuses est avantageux pour la santé. On ne sait pas encore exactement pourquoi ces aliments diminuent l'incidence de certaines maladies comme le cancer et les maladies cardiovasculaires; toutefois ils contribuent à améliorer votre alimentation.

DEUX FAITS INCONTESTABLES...

• Ces aliments contiennent de bonnes quantités d'amidon et de fibres (glucides complexes) et très peu de matières grasses, lorsque consommés nature. Or, les régimes riches en matières grasses sont associés à plusieurs maladies comme les maladies du coeur et certains cancers.

• Ces aliments sont pour la plupart de bonnes sources de plusieurs vitamines et minéraux essentiels qui peuvent aider à maintenir une bonne santé.

PLEINS FEUX SUR LES FIBRES...

De nos jours, on loue beaucoup les vertus des fibres alimentaires et avec raison! Elles aident les intestins à bien fonctionner et sont associées à un plus faible risque du cancer du côlon. De plus, les fibres ont un rôle à jouer dans l'abaissement du taux de cholestérol sanguin et dans la régulation de l'absorption du sucre par l'organisme.

Outre ces nombreux avantages, les fibres constituent d'excellents « coupe-faim » : elles peuvent ainsi contribuer à atteindre ou maintenir un poids santé. Elles vous aident à manger plus lentement, leur texture vous obligeant à les mastiquer plus longtemps. Vous trouverez plus de détails sur les types de fibres et leur provenance, en annexe, page 205.

EN QUELLE QUANTITÉ?
COMMENT EN MANGER DAVANTAGE?

Un adulte moyen devrait consommer de 25 à 35 grammes de fibres chaque jour, soit le double de la consommation actuelle. En incluant graduellement au menu...

• des produits céréaliers à grains entiers

• des légumineuses

• des fruits frais et légumes crus ou cuits, non pelés de préférence

• des noix et graines *(en quantité raisonnable, car riches en matières grasses)*

Vous multiplierez les sources de fibres! Les meilleurs choix de fibres alimentaires figurent en annexe, page 206. Aussi, nous avons pensé à inclure des produits riches en fibres dans quelques recettes...

LES ANTIOXYDANTS À L'HONNEUR

De plus en plus de scientifiques croient au potentiel préventif et curatif des antioxydants. Que sont-ils? À quoi servent-ils? Les antioxydants sont des substances chimiques qui **préviennent la formation ou favorisent l'élimination** de composés appelés « radicaux libres ». Les radicaux libres seraient impliqués dans le développement du cancer et des maladies cardiaques. Certains éléments nutritifs peuvent rendre ces radicaux libres inoffensifs, notamment les vitamines antioxydantes C et E ainsi que le bêta-carotène (forme végétale de la vitamine A).

Les légumineuses, ces inconnues!

Les légumineuses sont les fruits parvenus à maturité et séchés des plants de haricots, de pois et de lentilles. Les légumineuses sont offertes soit sèches, cuites ou en conserve.

• *Haricots noirs, blancs, rouges, de Lima ou pois chiches (ne comprend pas les haricots de jardin verts ou jaunes).*

• *Pois cassés, jaunes ou verts (ne comprend pas les pois de jardin sucrés).*

• *Lentilles.*

« Dans l'Égypte ancienne, on croyait que les légumineuses avaient une âme; elles étaient l'objet d'un culte et leur consommation était interdite. » Monette, Solange – Dictionnaire encyclopédique des aliments.

Concrètement, cela veut dire d'inclure plusieurs portions de fruits et légumes à son alimentation quotidienne. Ceux-ci sont particulièrement riches en vitamine C et bêta-carotène ainsi qu'en d'autres substances alimentaires non nutritives comme les indoles, les phénols, les flavones et les isothiocyanates, qui pourraient fournir ce même effet protecteur.

DANS QUELS ALIMENTS RETROUVE-T-ON CE «TRIO ANTIOXYDANT»?

Vitamine C

Agrumes (orange, pamplemousse, citron), papaye, kiwi, poivron vert et rouge, cantaloup, brocoli, chou, tomate, persil et autres fines herbes fraîches, petits fruits (fraises, mûres, framboises).

Vitamine E

Graines de tournesol, germe de blé, noix (amandes, noisettes), huiles végétales polyinsaturées comme l'huile de tournesol, de maïs, de carthame et de soya, l'huile d'olive.

Bêta-carotène

Carotte, patate douce, courge jaune, épinards, chou frisé, cantaloup, tomate, brocoli. Ce sont habituellement des légumes et fruits de couleur vert foncé, orange et jaune.

OPTEZ POUR DES PRODUITS LAITIERS MOINS GRAS, DES VIANDES PLUS MAIGRES ET DES ALIMENTS PRÉPARÉS AVEC PEU OU PAS DE MATIÈRES GRASSES.

Les matières grasses constituent une source d'énergie concentrée (9 calories par gramme, alors que les sucres et les protéines donnent 4 calories par gramme) et fournissent des «acides gras essentiels» dont a besoin votre organisme. Elles servent également à transporter les vitamines liposolubles (vitamines A, D, E et K) et ajoutent saveur aux aliments. Malheureusement, la plupart des gens consomment une trop grande quantité de matières grasses. En excès, elles sont associées à l'obésité, aux maladies cardiovasculaires et à certains cancers, bien que ce sujet demeure controversé.

OÙ SE RETROUVENT LES MATIÈRES GRASSES?

Les matières grasses se retrouvent dans beaucoup d'aliments. Plusieurs gras alimentaires sont bien connus et facilement identifiables **(gras visibles)** : le beurre, la margarine, les huiles, les mayonnaises, sauces à salade et le gras apparent de la viande. Ces **gras visibles** vous fournissent près de la moitié de l'apport total en gras. L'autre moitié est invisible **(gras cachés)**, et se cache souvent là où vous vous y attendiez le moins! Parmi ces endroits : la chair de certaines viandes grasses, les produits laitiers gras, les noix, les graines, le beurre d'arachide, les mets préparés tels les craquelins, pâtisseries, biscuits et de nombreux produits de restauration rapide.

LE CHOLESTÉROL, SOURCE DE CONFUSION...
VERSION SIMPLIFIÉE !

Le cholestérol est une substance grasse **produite par votre corps** et qu'on trouve dans les **aliments d'origine animale**. Celui-ci a plusieurs fonctions : il constitue une partie importante des cellules du corps, il est essentiel à la formation de certaines hormones, il est nécessaire à la fabrication de la vitamine D et permet de faciliter l'absorption des matières grasses. On distingue deux types de cholestérol : le **cholestérol alimentaire** et le **cholestérol sanguin**.

Le cholestérol alimentaire

Le cholestérol alimentaire est celui qui est contenu dans les aliments que vous ingérez. On le trouve dans les aliments d'origine animale, comme le jaune d'oeuf, les abats, la viande, la volaille, le poisson, les produits laitiers non écrémés, etc. Les plantes ne produisent pas de cholestérol. Fruits, légumes, huiles végétales et grains n'en contiennent donc pas. Cependant, « sans cholestérol » ne signifie pas nécessairement sans gras ! Par exemple, une portion de 20 frites « sans cholestérol » contient 2 c. à thé (10 grammes) de gras ! Or, pour avoir une saine alimentation, il importe de réduire la **quantité totale** de matières grasses et non simplement de s'en prendre au cholestérol.

Le cholestérol sanguin

Le cholestérol sanguin est celui qui circule dans votre sang. Un taux élevé de cholestérol sanguin constitue **un facteur de risque parmi d'autres** (dont l'hypertension artérielle, le tabac, l'obésité, le manque d'exercices...) dans l'apparition des maladies cardiovasculaires. Le taux de cholestérol sanguin est influencé par la consommation de gras en général, plus particulièrement de gras saturés, et moins par le cholestérol alimentaire.

Deux types de **transporteurs** se chargent de véhiculer le cholestérol dans le sang : ceux de densité élevée, appelés **HDL** et ceux de basse densité, appelés **LDL**.

- Le **cholestérol-HDL** est souvent appelé « bon » cholestérol. C'est l'excès de cholestérol présent dans le sang et les cellules que les **HDL** ramènent au foie chargé de l'éliminer, ce qui empêche l'accumulation dans vos artères.

- Le **cholestérol-LDL** est souvent qualifié de « mauvais » cholestérol. C'est celui que les **LDL** transportent du foie vers les tissus de votre corps. Lorsqu'il est en quantité excessive, le surplus colle à la paroi de vos artères.

LES TYPES DE MATIÈRES GRASSES...
COMMENT S'Y RETROUVER ?

Vos aliments sont composés d'un mélange de différents types de matières grasses. Ce sont les **graisses saturées, monoinsaturées, polyinsaturées et les gras de configuration « trans »**.

Les graisses saturées

Elles font augmenter le cholestérol-LDL ou « mauvais cholestérol ». Essayez d'en consommer moins, en choisissant des coupes de viandes maigres et des produits laitiers moins gras. Le poulet trouve bien sa place lorsqu'il s'agit de réduire les gras saturés !

Apparence : Elles sont habituellement solides à la température ambiante.

Principales sources : Parmi les principales sources, on retrouve les viandes et les aliments préparés avec les viandes, le beurre, la crème et la crème glacée, les fromages. Les graisses saturées sont aussi présentes dans quelques huiles végétales comme les huiles de coco, de palme et de palmiste, aussi appelées huiles tropicales.

Les graisses insaturées (incluant graisses monoinsaturées et polyinsaturées)

• **Les graisses monoinsaturées**

Elles peuvent aider à abaisser le taux de cholestérol-LDL ou « mauvais cholestérol » et contribuent à élever le cholestérol-HDL ou « bon cholestérol ». Ce dernier maintient votre coeur en santé.

Apparence : Elles sont habituellement liquides à la température ambiante.

Principales sources : Les graisses monoinsaturées proviennent, entre autres, de certaines huiles végétales comme les huiles d'olive et de canola ainsi que les margarines molles dérivées de ces huiles. On les retrouve aussi dans les avocats et les noix comme les avelines, les amandes, les pistaches, les pacanes et les noix de cajou.

• **Les graisses polyinsaturées**

Elles aident à abaisser le taux de cholestérol-LDL, dommageable pour l'organisme.

Apparence : Elles sont habituellement liquides à la température ambiante.

Principales sources : Les graisses polyinsaturées se trouvent dans des huiles végétales comme les huiles de carthame, de tournesol, de maïs, de soya et de sésame.
Les margarines molles faites à partir de ces huiles en contiennent aussi. Les noix de Grenoble, les noix du Brésil et les graines en renferment une bonne quantité.

Note sur les gras Oméga-3 (ω-3)

Faisant partie des graisses polyinsaturées, ce type de gras se retrouve dans les poissons gras comme le saumon et la truite, mais aussi dans toute la famille des poissons et des fruits de mer. Ils rendent le sang plus fluide et préviennent la formation de caillots. Ils seraient même bénéfiques pour maintenir une bonne tension artérielle.

Les gras « trans »

Les acides gras de configuration « trans » agissent un peu à la façon des gras saturés en élevant le taux de cholestérol-LDL ou « mauvais cholestérol ».

Apparence : Par un procédé industriel appelé « hydrogénation », il est possible de transformer les graisses insaturées en graisses saturées afin d'obtenir un gras plus **solide**. Du même coup, ce procédé transforme aussi quelques graisses insaturées en acides gras de configuration « trans ». Essayez de réduire votre consommation d'aliments contenant des gras hydrogénés.

Principales sources : Les gras « trans » se retrouvent dans le shortening végétal et les aliments fabriqués à partir de cette matière grasse (biscuits commerciaux, craquelins, grignotines, pâtisseries). Certaines variétés de beurre d'arachide et plusieurs margarines en contiennent.

Indice : vérifiez si les étiquettes portent la mention « partiellement hydrogéné » ou « hydrogéné ».

Qu'est-ce qu'une consommation raisonnable de matières grasses?

Selon les recommandations sur la nutrition, on conseille de réduire la consommation de matières grasses de manière à ce qu'elles constituent **au plus 30 % de vos calories** dans une journée. À l'heure actuelle, environ 38 % de l'apport énergétique des Canadiens provient des matières grasses. **Mais que représente 30 % de matières grasses pour un adulte moyen?**

CONSOMMATION RAISONNABLE DE MATIÈRES GRASSES PAR JOUR (EN GRAMMES)	
Âge moyen (19-74 ans)	Consommation raisonnable de matières grasses (30 % de l'apport en calories)
Homme qui a besoin de 2300 à 3000 calories par jour	90 grammes
Femme qui a besoin de 1800 à 2100 calories par jour	65 grammes

Cette information peut vous aider à choisir judicieusement parmi les différents produits et les différentes marques sur le marché (voir : « Comment lire une étiquette » à la page 207.

SELON L'ÂGE ET LE NIVEAU D'ACTIVITÉ...

Les recommandations mentionnées ci-dessus donnent un bon aperçu de ce qu'est une consommation raisonnable de matières grasses pour une personne modérément active, âgée de 19 à 74 ans. Il faut mentionner que les personnes plus jeunes et les adultes très actifs qui ont besoin de plus de calories peuvent peut-être consommer un peu plus de matières grasses.

Par ailleurs, les matières grasses sont plus importantes pendant les premières années de vie. L'apport en gras chez le nourrisson peut représenter jusqu'à 45 à 55 % de ses calories, sans déséquilibrer son alimentation. Ce n'est que vers la fin de l'enfance ou le début de l'adolescence que devraient être appliquées **progressivement** les mêmes recommandations que pour les adultes.

QUE PENSER DES PRODUITS LAITIERS ?

Le lait est une source importante de calcium, indispensable pour maintenir vos os et vos dents en bonne santé. Il est très difficile de combler ses besoins en calcium sans consommer de produits laitiers. Ceux-ci sont évalués à 900-1100 mg/jour pour les adolescents (soit l'équivalent de 3 à 4 tasses de lait) et à 700-800 mg/jour pour les adultes d'âge moyen (soit l'équivalent de 2 à 3 tasses de lait). Les femmes âgées, qui risquent de souffrir d'ostéoporose, auraient des besoins plus élevés. Choisissez de préférence des produits écrémés, partiellement écrémés ou à faible teneur en matières grasses.

QU'EST-CE QUE L'OSTÉOPOROSE ?

L'ostéoporose est un affaiblissement de la structure et du volume des os. Les os deviennent fragiles et par conséquent, sont plus sujets aux fractures. On pense qu'une femme sur quatre, âgée de plus de 50 ans, au Canada, sera victime d'une fracture des vertèbres attribuable à l'ostéoporose.

EST-IL POSSIBLE DE PRÉVENIR L'OSTÉOPOROSE ?

Oui, et le calcium y joue un rôle de premier plan. Pour mettre toutes les chances de votre côté, il faut faire place à l'exercice de façon régulière, suivre un régime alimentaire équilibré incluant des aliments riches en calcium et éviter d'autres facteurs de risques qui ont des effets négatifs sur vos os comme le tabagisme et l'alcool.

TENEUR EN CALCIUM DE QUELQUES PRODUITS LAITIERS, PAR PORTION DU GUIDE ALIMENTAIRE...	
Fromage fermes tels : Cheddar, Brick, Colby, Édam, Gouda, Suisse	325 mg
Lait écrémé	320 mg
Lait 2 %	314 mg
Lait entier 3,3 %	308 mg
Yogourt nature (1,4 % m.g.)	228 mg
Lait glacé vanille	124 mg
Fromage ricotta partiellement écrémé	122 mg
Crème glacée régulière	92 mg
Fromage cottage (4,5 % m.g.)	69 mg
Fromage à la crème	12 mg

COMMENT LIRE UNE ÉTIQUETTE ?

Pour avoir une saine alimentation, il faut d'abord être bien informé et savoir interpréter ces informations qui viennent de toutes parts. Il est de plus en plus facile de vérifier la qualité des produits qui vous sont offerts, car on trouve des renseignements nutritionnels sur l'emballage d'un grand nombre d'entre eux.

TRUCS DE TOUS LES JOURS POUR MANGER MOINS GRAS...

- Enlevez le gras visible de la viande et la peau de la volaille.
- Optez pour des viandes blanches (volaille, veau) et du poisson.
- Tartinez moins de beurre ou de margarine sur le pain ou les bagels.
- Mettez une quantité raisonnable de vinaigrette dans vos salades ou choisissez-en une à teneur réduite en matières grasses.
- Découvrez le goût des légumes nature ou légèrement assaisonnés de fines herbes du jardin.
- Servez les viandes, volailles et poissons avec des sauces à base de bouillon dégraissé ou de légumes.
- Choisissez des biscuits qui contiennent moins de matières grasses comme les biscuits à l'arrow-root, les biscuits « Thé Social », au gingembre, les biscuits de type « Sultana » et « Newton ».
- Réservez les croustilles et le chocolat pour les occasions spéciales.

À LA CUISINE...

- Employez de la poitrine de poulet hachée ou de la viande très maigre plus souvent dans vos recettes.
- Utilisez du lait, du fromage « cottage » et du yogourt contenant au plus 2 % de matières grasses. Quant aux fromages, ceux contenant 20 % de matières grasses ou moins sont de bons choix.
- Munissez-vous de poêles antiadhésives, ce qui vous évitera d'ajouter du gras à la cuisson.
- Cuisez de préférence au four, à la vapeur ou aux micro-ondes. Mangez moins souvent des aliments frits.
- Réduisez de moitié les quantités d'ingrédients riches en matières grasses dans les recettes (noix, mayonnaise, crème...).
- Remplacez la mayonnaise et la crème sure par du yogourt allégé ou optez pour les versions allégées.
- Remplacez l'huile dans les recettes par de l'eau, du bouillon maison ou du jus de pomme en prenant soin de réduire la température de cuisson.

POUR LES REPAS À L'EXTÉRIEUR...

- Plusieurs restaurants proposent maintenant des plats à teneur réduite en calories et en matières grasses; profitez-en !
- Préférez les plats cuits à la vapeur ou sur le gril, au lieu des plats frits.
- Faites attention aux mélanges à tartiner riches en matières grasses qui accompagnent pain, craquelins et bâtonnets.
- Commandez une salade avec la vinaigrette à part, pour pouvoir doser vous-même.

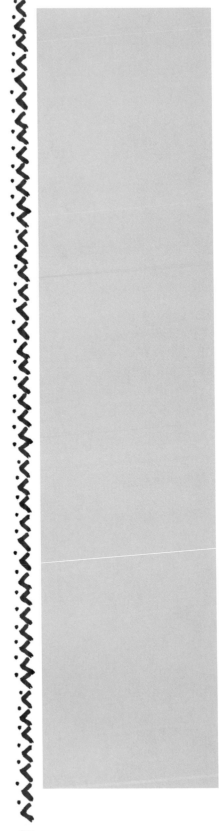

- Choisissez des plats de viande sans sauce, lorsque celle-ci est riche.
- Au restaurant français, choisir la sauce bordelaise (à base de vin) ou la sauce provençale (à base de tomates).
- Au restaurant italien, choisir les sauces marsala (à base de vin), marinara (à base de fruits de mer), primavera (à base de légumes) ou celles aux tomates, oignons et ail.
- Au restaurant grec, l'entrée tzatziki (yogourt, ail et concombre) contient parfois de la crème.
- Optez pour des plats de poulet ou de poisson.
- Essayez d'être plus modéré aux autres repas de la journée si vous mangez trop à un repas.

DE SAINES ALTERNATIVES OÙ QUE VOUS SOYEZ...

De nos jours, prendre un repas à l'extérieur du foyer est chose courante. Que ce soit au restaurant, dans une cafétéria, à l'hôtel, dans un établissement de santé ou même à une halte routière, de plus en plus d'endroits offrent des choix santé à leurs clients. Au Québec, des professionnels de trois réseaux veillent à ce que les consommateurs aient, un peu partout, l'option de manger santé. Ce sont les « **Menus mieux vivre** », « **Coeur atout** » et « **Santé à la carte** ».

- Le réseau des « **Menus mieux vivre** » permet aux consommateurs d'avoir accès à des **menus santé complets**. De l'entrée au dessert, ils sont conçus pour vous assurer 30 % à 50 % moins de matières grasses par rapport au menu régulier. Aussi, ils sont raisonnables en sel, sucre et calories. Ils allient bon goût et équilibre selon le *Guide alimentaire pour manger sainement*.
- Le réseau « **Coeur atout** » offre des plats à teneur contrôlée en matières grasses, en sel et en calories, suite à l'analyse des recettes. C'est à la santé du coeur que s'intéresse le programme.
- Le réseau « **Santé à la carte** » dessert la région de Québec.

Pour identifier ces réseaux, un logo est clairement affiché sur le menu, ainsi qu'à l'entrée du commerce. Vous pouvez également vous procurez gratuitement, un bottin du réseau des « Menus mieux vivre » et « Coeur atout » en postant une enveloppe affranchie (0,90 $) avec votre adresse à : Menus mieux vivre, Direction de la santé publique, Régie régionale de Montréal centre, 4835, rue Christophe-Colomb, Montréal (Québec) H2J 3G8.

DES CHOIX SENSÉS !	
Choix traditionnels	**Choix santé**
Lait entier, crème	Lait écrémé
Beigne	Muffin fait à la maison
Poitrine de poulet pané et frit	Poitrine de poulet rôti sans la peau
Hamburger fromage, bacon et sauce	Sandwich au poulet grillé
Sous-marin au salami	Sous-marin au poulet tranché ou au jambon maigre
Pizza toute garnie	Pizza avec charcuteries de poulet allégées
Vinaigrette ordinaire	Vinaigrette hypocalorique ou légère
Croissant	Rôties de pain de blé entier
Frites	Pomme de terre au four
Tablette de chocolat	Fruits séchés
Croustilles	Maïs soufflé sans beurre, assaisonné d'épices
Boissons alcoolisées	Eau gazeuse, eau de source citronnée, punch non alcoolisé, Virgin Mary

CHERCHEZ À ATTEINDRE ET À MAINTENIR UN POIDS SANTÉ EN ÉTANT RÉGULIÈREMENT ACTIF ET EN MANGEANT SAINEMENT.

Un corps mince, vigoureux et séduisant : voilà ce que recherche la plupart des gens, mais à quel prix ? Il n'y a aucun mal à s'efforcer d'avoir un corps sain. En effet, les personnes qui prennent leur santé en main sont moins sujettes aux maladies chroniques. Le problème réside dans la divergence entre ce que les gens considèrent comme un poids santé et ce que plusieurs pensent être le poids idéal. Depuis plusieurs décennies, les médias affichent des idéaux irréalistes de la minceur féminine et de la musculature masculine. C'est pourquoi bon nombre de gens surestiment l'influence que peut avoir leur poids sur le succès, le bonheur et la santé. Être trop mince ou essayer constamment de maigrir au moyen de **régimes successifs** et **draconiens** n'est pas bon pour votre **santé physique** ni **morale**. Le concept du poids santé découle de la nécessité de vous préoccuper davantage de votre santé en général, plutôt que de vous inquiéter uniquement de votre poids.

VOTRE POIDS EST-IL UN POIDS SANTÉ ?
DÉCOUVREZ VOTRE INDICE DE MASSE CORPORELLE (IMC)...

Quelle que soit votre taille, il vous est facile de vérifier si votre poids se retrouve dans la gamme des poids santé. L'indice de masse corporelle vous indique si votre poids est associé à un risque faible, modéré ou élevé de problème de santé. À l'intérieur de cette gamme de poids santé, plusieurs poids peuvent convenir à votre taille. C'est à vous de choisir celui qui vous est confortable ! Cependant, prenez garde, l'IMC est inexact dans le cas des enfants et des adolescents de moins de 20 ans, des femmes enceintes et allaitantes, de même que dans le cas des personnes très musclées, comme les athlètes. Pour déterminer votre IMC, suivez les étapes suivantes :

Le poids santé : quelques données...

D'après l'Enquête sur la promotion de la santé du Canada (1990) *Rapport technique :*

- *La moitié des Canadiens avaient un poids santé, en tenant compte de l'indice de masse corporelle (IMC), voir page 23.*

- *Une proportion considérable était « peut être obèse » ou « obèse » (38 %).*

- *Les personnes faisant partie du groupe restant étaient considérées comme trop maigres (11 %).*

ACTUELLEMENT...

- *Près de **la moitié** des Canadiennes essaient de perdre du poids.*

- *Environ **le quart** des jeunes femmes de 20-24 ans sont trop maigres.*

IMC = POIDS (kg) / TAILLE (mètres)^2

	Exemple : pour une personne qui pèse 150 lb et mesure 5 pi 7 po.
1re étape :	convertissez votre poids en kilogrammes (divisez votre poids en livres par 2,2)
	150 lb / 2,2 = 68,18 kg
2e étape :	convertissez votre taille en mètres (multipliez votre hauteur en pouces par 0,025)
	67 pouces x 0,025 = 1,68 m
3e étape :	multipliez votre taille en mètres par elle-même pour la mettre au carré
	1,68 m x 1,68 m = 2,82 m^2
4e étape :	divisez votre poids en kilogrammes par votre taille en mètres carrés
	68,18 kg / 2,82m^2 = 24,17

SI VOUS AVEZ UN IMC DE...

moins de 20
Un IMC inférieur à 20 pourrait être associé à des problèmes de santé chez certaines personnes. Cela peut indiquer que vous êtes trop mince.

de 20 à 25
Si vous êtes dans cet intervalle, restez-y! Votre poids est associé au plus faible risque de maladie chez la majorité des gens.

de 25 à 27
La prudence est de mise dans vos habitudes de vie. Un IMC situé dans cet intervalle est parfois associé à des problèmes de santé chez certaines personnes.

plus de 27
Un IMC supérieur à 27 est associé à des risques plus élevés de problèmes de santé tels que les maladies du coeur, l'hypertension et le diabète.

SILHOUETTE « EN POIRE », SILHOUETTE « EN POMME ».

- Chez les personnes qui ont une silhouette en forme de pomme, la graisse s'accumule dans la région de l'abdomen et de la poitrine ainsi qu'autour des organes internes.

- Chez les personnes qui ont une silhouette en forme de poire, la graisse s'accumule sur les hanches et les cuisses, sous la surface de la peau.

Bonne nouvelle pour les personnes qui ont une silhouette en **forme de poire** : l'excès de graisse dans la partie inférieure du corps ne menace pas nécessairement la santé. À l'inverse, les personnes qui ont une silhouette en **forme de pomme** courent plus de risques de souffrir de maladies cardiovasculaires, d'accidents vasculaires cérébraux, de diabète, d'hypertension et de troubles de la vésicule biliaire.

TRUCS POUR ATTEINDRE ET MAINTENIR VOTRE POIDS SANTÉ

- Aucune pilule, potion ou régime miracle ne peut vous aider à atteindre ou maintenir un poids santé à long terme.

- Assurez-vous de choisir des aliments nutritifs et savoureux des quatre groupes du *Guide alimentaire canadien* en ayant soin de jeter un coup d'oeil sur la grosseur des portions recommandées.

- Portez une attention particulière aux produits riches en matières grasses. Consommez-les en plus petite quantité.

- Examinez vos méthodes de préparation et de cuisson des aliments. Enrichissez la saveur et l'apparence des aliments en essayant de nouvelles recettes et les trucs donnés à la page 212.

- Soyez maître de vos habitudes alimentaires : mangez quand vous avez faim !

- Bougez, soyez actifs ! En pratiquant avec modération des activités physiques agréables, vous aurez du plaisir et vous aurez envie de les intégrer à votre vie quotidienne.

Quelques exemples : faire une promenade avec des amis, jardiner, faire de la bicyclette, nager, danser, patiner, courir avec le chien, jouer au ballon avec les enfants... Les activités sont illimitées et souvent gratuites ! Et vous vous sentez mieux dans votre peau.

MODÉREZ VOTRE CONSOMMATION DE SEL, D'ALCOOL ET DE CAFÉINE.

POURQUOI ET COMMENT RÉDUIRE LE SEL ?

Le sel que vous mangez, qu'il soit de table ou de mer, est presque toujours du chlorure de sodium. Même si vous n'abusez pas de la salière à table, les aliments actuellement offerts sur le marché fournissent des quantités de sodium qui **dépassent largement vos besoins**. C'est la raison pour laquelle vous devriez diminuer votre consommation de sel et de sodium. De plus, l'utilisation excessive de sel serait liée à des problèmes de santé comme l'hypertension artérielle.

Conseils pour consommer moins de sel

- Mangez des plats maison, autant que possible. Les aliments « prêt-à-manger » ou préparés contiennent habituellement beaucoup de sel.

- Mangez moins d'aliments à grignoter salés et de craquelins saupoudrés de sel.

- À l'épicerie, lisez les étiquettes. Choisissez des aliments non salés ou contenant moins de sel et de sodium.

- Utilisez moins de sel à table et pour la cuisson (vous pouvez facilement couper la quantité de moitié).

- Prenez l'habitude de goûter avant de saler.

- Remplacez le sel par des fines herbes, des épices, du jus de citron, des sauces piquantes ou des vinaigres aromatisés.

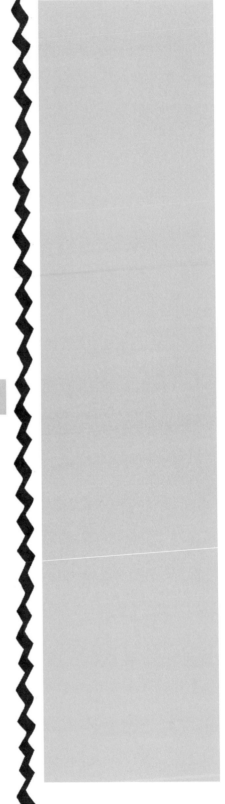

L'alcool ajoute beaucoup de calories à un repas...

100 ml de vin contient 90 calories, 50 ml de spiritueux ou de digestif contient 150 calories, 1 bière régulière renferme 145 calories, une légère 100 calories, et sans alcool 70 calories!

En manque d'idée pour remplacer le café?

Pourquoi ne pas essayer...

- *une tisane*
- *un jus de fruits ou de légumes*
- *un verre de lait*
- *ou simplement de l'eau fraîche*

Soyez conscient que le café prend la place des boissons plus nutritives!

QUE PENSER DE L'ALCOOL?

Il n'y a pas de mal à consommer de l'alcool à l'occasion. Cependant, votre régime alimentaire ne devrait pas inclure plus de deux consommations de boissons alcoolisées par jour, une consommation étant :

> 1 bouteille de bière (5 % d'alcool) **ou**
> 150 ml ou 5 oz de vin (10 à 14 % d'alcool) **ou**
> 50 ml ou 1 1/2 oz de spiritueux (40 % d'alcool)

Pendant la grossesse ou l'allaitement, il est plus prudent de vous en abstenir parce que la quantité qui peut être ingérée sans risque n'est pas encore connue avec certitude. Selon les auteurs de Recommandations sur la nutrition (Santé et Bien-être social Canada, 1990), trop d'alcool :

- prend la place des éléments nutritifs essentiels;
- a une influence néfaste sur la pression sanguine;
- favorise un gain de poids.

AVIS AUX AMATEURS DE CAFÉ!

Bien que le sujet soit controversé, certaines études suggèrent qu'une consommation élevée de caféine est associée à une augmentation des risques de maladies cardiovasculaires. De plus, la caféine entraîne la perte de calcium dans l'urine. Pour ces raisons, vous devriez limiter votre consommation de caféine à l'équivalent de quatre tasses de café par jour (400 à 450 milligrammes de caféine par jour).

COUP D'OEIL SUR LES SOURCES DE CAFÉINE...	
Sources	Quantité de caféine (milligrammes)
Café filtre 200 ml (6 oz)	108 à 180 mg
Thé fort 200 ml (6 oz)	78 à 108 mg
Boissons gazeuses – cola 355 ml (12 oz)	28 à 64 mg
Chocolat noir 56 g (2 oz)	40 à 50 mg

LES EMPLETTES : CONSEILS POUR FAIRE DES CHOIX JUDICIEUX.

- Dans le calme de votre demeure, planifiez vos menus à l'avance et dressez une liste des aliments dont vous avez besoin. À l'épicerie, tenez-vous-en aux aliments essentiels : la tentation du superflu se reflète vite sur la facture! S'il le faut, évitez les allées qui proposent des aliments «camelote» telles les boissons gazeuses, confiseries et grignotines.

- Vérifiez les coupons-rabais, certains pourraient vous servir.

- Les produits de «marques maison» sont souvent plus économiques que les autres marques plus populaires et ce, pour une valeur nutritive souvent équivalente.

- Vieux truc, mais toujours aussi d'actualité : faites vos courses après avoir mangé plutôt qu'avant, car tout semble bon quand on a faim!

- Lorsque c'est possible, faites des provisions quand les produits dont vous vous servez couramment sont offerts à prix réduits.

- Acheter en vrac peut parfois vous faire économiser. Les achats en grosses quantités permettent de réduire les frais d'emballage.

- Soyez conscient que les préparations commerciales et les aliments «prêts-à-manger» coûtent habituellement plus cher, contiennent souvent beaucoup de sodium ou de gras et ne vous épargnent parfois que très peu de temps.

- Recherchez les produits du Québec. En saison, ils constituent souvent le meilleur achat.

POUR UNE BOÎTE À LUNCH SANTÉ: LE QUATRE SUR QUATRE

Que ce soit pour l'école, le travail ou un pique-nique en famille, tout le monde doit se composer une boîte à lunch un jour ou l'autre. Mais qu'en est-il de sa valeur nutritive ? Faites le test !

HABITUELLEMENT, COMPREND-ELLE ?		
	Souvent	Rarement
Des légumes et des fruits ou leurs jus	❑	❑
Du pain enrichi, des pâtes ou d'autres produits céréaliers à grains entiers	❑	❑
De la viande maigre, du poisson, de la volaille ou des substituts tels que lentilles, pois chiches, pois secs, noix, oeufs ou tofu	❑	❑
Du lait, du fromage ou du yogourt à faible teneur en matières grasses	❑	❑

Un lunch équilibré comprend idéalement des **aliments des quatre groupes du** *Guide alimentaire pour manger sainement*. Cela permet de satisfaire plus facilement vos besoins nutritionnels quotidiens, de vous soutenir lors des longues journées de labeur et d'obtenir un repas plus appétissant. Vous manquez d'imagination ? Voici quelques suggestions.

POUR LES MORDUS DES SANDWICHS

Une variété étonnante de pains est offerte sur le marché : pain kaiser, pain de seigle, pita, pain baguette, pain azyme, pumpernickel, multi-grains, bagel, etc. Le choix ne manque pas ! Ils vous permettent de découvrir de nouvelles saveurs et textures. Le pain peut être tartiné de moutarde préparée ou de Dijon, de mayonnaise légère, de relish, de ketchup ou de sauce chili, selon les circonstances...

Il est toujours plus sage d'y incorporer une source de protéines. Essayez dès maintenant ces quelques suggestions :

Info-Budget

- *Saviez-vous que 16 % du revenu total est alloué à l'achat d'aliments chez une personne à revenu moyen...*

- *Avec un budget minimum, une personne peut se nourrir convenablement avec seulement 5 $ par jour.*

- Restes de poulet cuit : en cubes, en tranches ou hachés, auxquels on peut mélanger du chou râpé, des oignons verts, des morceaux de pomme, du céleri, de la moutarde sèche ou de la poudre de chili
- Oeuf haché ou tranché finement
- Thon, saumon, goberge délicatement réhaussés de thym ou d'aneth
- Jambon en lanières ou en tranches
- Rôti de boeuf
- Fromages divers
- Tofu ou végépâté

Garnissez le tout de feuilles de laitue ou d'autres légumes verts feuillus, de tomates, de fèves germées ou de luzerne, de tranches de concombre ou d'oignon, d'olives, de morceaux d'ananas ou de carottes râpées, à votre choix !

LES SALADES, POUR BRISER LA MONOTONIE...

En conservant les restes de pâtes, riz et viandes de la veille (ou en en faisant cuire une plus grande quantité pour le lendemain), vous pouvez vous confectionner d'excellentes salades. Des idées ?

- Salade de carottes et poulet cuit (page 163)
- Riz et pois chiches en salade
- Salade de saumon ou de thon
- Mélange de légumes, fèves rouges et croûtons
- Taboulé
- Salade d'épinards, champignons et oeuf dur
- Salade de fruits au poulet (page 163)
- Salade de crevettes ou de crabe

Accompagnées de bâtonnets de pain, d'un muffin anglais ou d'un petit pain de blé entier, elles constituent un repas délicieux et facile à préparer.

...ET LE DESSERT

Pourquoi pas un bon fruit frais, un pouding, votre yogourt préféré parsemé de graines de tournesol ou une salade de fruits en conserve. Si vous voulez vous sucrer le bec, optez plutôt pour un muffin maison, quelques biscuits aux figues ou un carré aux fruits.

LES BOISSONS

Les boissons peuvent très bien enrichir la valeur nutritive de vos lunchs. Un jus de légumes, de fruits ou un verre de lait sont de bons exemples de breuvages nourrissants.

GARE AUX BACTÉRIES !

À ceux et celles qui n'ont pas de réfrigérateur pour y laisser leur lunch, la vigilance est de mise. Voici quelques recommandations pour vous aider :

- Refroidir les aliments et les transporter dans une petite glacière ou un sac isolant auquel vous ajouterez un réfrigérant « Ice Pack » ou une petite boîte de jus congelé.

- Congeler les sandwichs; ils seront décongelés à l'heure du midi. Les sandwichs au poulet et aux viandes froides s'y prêtent très bien. Cependant, emballer les légumes séparément.

- Enfin, un thermos à large goulot est fort pratique pour bien conserver au chaud vos soupes ou autres mets.

LE POULET À TOUTES LES SAUCES !

Domestiqué il y a plus de 4500 ans en Asie du Sud-Est, le poulet constitue une denrée qu'on consomme presque universellement. Sa popularité repose sur des bases solides...

- Prix abordable
- Remplacement avantageux de la viande rouge
- Facile et rapide à préparer
- Multiples façons de l'apprêter
- Grande variété de découpes fraîches et de produits surgelés (transformés)

Les pages qui suivent ont pour but de répondre à vos questions concernant le poulet et ses produits dérivés.

ACHAT DU POULET :
LES QUELQUES PRÉCAUTIONS À PRENDRE...

- Laissez de côté un poulet dont l'emballage est déchiré ou percé. Choisissez des produits correctement réfrigérés (c'est-à-dire conservés dans un réfrigérateur qui est bien froid au toucher) et rejetez tout aliment dont la date de péremption est dépassée.

- Assurez-vous que les produits surgelés sont solidement congelés. Un produit couvert de givre ou qui a été décongelé n'est pas un bon choix.

- Dans le panier d'épicerie, placez la volaille de manière à ce que le jus ne coule pas sur les autres aliments ou mieux encore, placez le poulet dans un sac de plastique séparé.

CONSERVATION DU POULET ET DE SES PRODUITS DÉRIVÉS

Afin d'optimiser la durée de conservation tout en consommant un produit sain, voici quelques recommandations :

- Mettez immédiatement au congélateur le poulet congelé. Ne le recongelez jamais s'il a été complètement dégelé, à moins de le cuire au préalable.

- Rangez le poulet au réfrigérateur sans délai car c'est un aliment périssable.

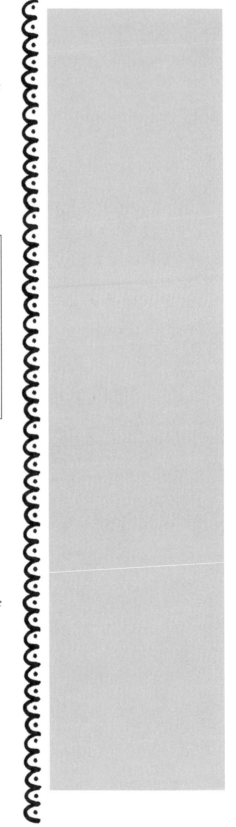

- Vérifiez périodiquement la température à l'intérieur du réfrigérateur et du congélateur. Les températures idéales pour une conservation optimale des aliments sont les suivantes : **4 °C (40 °F) dans le réfrigérateur et -18 °C (0 °F) dans le congélateur.**

DURÉE DE CONSERVATION DU POULET AUX TEMPÉRATURES RECOMMANDÉES		
Produit	Au réfrigérateur 4 °C (40 °F)	Au congélateur* -18 °C (0 °F)
Poulet frais		
Poulet entier	1 à 3 jours	10 à 12 mois
Poulet en morceaux	1 à 3 jours	6 à 8 mois
Poulet haché	1 à 2 jours	2 mois
Abats	1 à 2 jours	3 à 4 mois
Poulet cuit		
Poulet frit	1 à 2 jours	3 à 4 mois
Poulet en bouillon	1 à 3 jours	3 à 6 mois
Poulet cuit	3 à 4 jours	1 à 3 mois

(*) Après cette période, les produits sont encore sains pour la santé, mais peuvent avoir subi des changements de saveur et de texture.

QUELQUES PRÉCAUTIONS POUR LA MANIPULATION DU POULET

Décongeler intelligemment le poulet, c'est facile !

Il existe plusieurs méthodes pour décongeler le poulet, en voici un aperçu :

Au réfrigérateur

- Laisser dans l'emballage original
- Prendre soin de déposer le tout sur un plateau afin de recueillir les jus
- Compter 10 heures par kilogramme
- Cuire dans les 24 heures au maximum

Dans l'eau froide

- Laisser dans l'emballage original
- Submerger dans l'eau froide
- Changer l'eau souvent
- Compter 2 heures par kilogramme
- Cuire dans les 24 heures au maximum

Au micro-ondes

- Voir le manuel d'utilisation du four
- Généralement sans emballage ni étiquette
- Couvrir de papier ciré pour éviter la déshydratation
- Tourner souvent
- Compter environ 20 à 24 minutes par kilogramme

À la température de la pièce

• Non recommandé

AU SUJET DE LA CONTAMINATION CROISÉE...

La contamination croisée se produit notamment...

• Lorsque du liquide s'échappe de l'emballage de volaille crue et contamine d'autres aliments qui seront consommés sans être cuits.

• Lorsque vous découpez le poulet cuit sur une planche ou avec des ustensiles qui ont déjà servi à couper le poulet cru.

• Lorsque vous préparez des crudités sur une surface où vous avez manipulé de la volaille crue.

• Lorsque vous déposez le poulet cuit sur le gril dans l'assiette ayant servi à apporter la viande avant de la cuire.

Il s'avère donc nécessaire de prendre les mesures appropriées afin d'éviter ces manipulations peu hygiéniques.

LES MANIFESTATIONS ET LES AGENTS RESPONSABLES DES INTOXICATIONS ALIMENTAIRES

Les manifestations des intoxications alimentaires varient du malaise léger (crampes d'estomac, diarrhée, nausée...) à des réactions plus graves. Une personne ne ressentira pas nécessairement les mêmes symptômes qu'une autre.

Contrairement à la croyance populaire, la présence de bactéries ne change pas nécessairement l'apparence de l'aliment contaminé, ni son odeur ni sa saveur.

Généralement, les intoxications alimentaires sont d'origine bactérienne. Afin de les prévenir, il importe de bien identifier les agents en cause et surtout de prendre les moyens nécessaires pour les enrayer de votre assiette! Le tableau de la page 210, en annexe, peut vous aider à ce sujet.

GUIDE DE PRÉPARATION ET DE CUISSON DU POULET

CERTAINES TEMPÉRATURES DE CUISSON SONT À RESPECTER...		
Denrée	Température de cuisson	Température interne de cuisson
Poulet entier ou morceaux de poulet	au moins 150-160 °C (300-325 °F)	85 °C (185 °F)
Poulet sans les os	au moins 150-160 °C (300-325 °F)	77 °C (170 °F)
Farce	au moins 150-160 °C (300-325 °F)	74 °C (165 °F)

Lors de la préparation d'un poulet entier pour la cuisson, il est important de...

• Toujours retirer le sac d'abats;

• Laver et assécher le poulet;

Les thermomètres à cuisson, mode d'emploi...

• *Assurez-vous d'avoir un thermomètre de bonne qualité.*

• *Enfoncez-le dans la partie la plus épaisse de la viande en évitant qu'il touche un os, du gras ou un nerf.*

• *Vous pouvez insérer le thermomètre avant ou après la cuisson. Attendez simplement que le mercure se stabilise.*

• *Pour le micro-onde, utilisez le thermomètre à la fin de la cuisson et vérifiez la température à plusieurs endroits sur la volaille.*

Si vous n'avez pas de thermomètre, assurez-vous que le poulet est tendre à la fourchette, que la cuisse se meut facilement, que la viande se détache aisément des os et que le jus qui s'écoule de la viande est clair et non pas sanguinolent (rosé).

• Saler et farcir l'intérieur **si désiré** ou couper en morceaux;

• Prendre soin d'enlever le surplus de gras.

UN MOT SUR LA VOLAILLE FARCIE...

La farce constitue un milieu idéal pour la croissance des bactéries en raison de sa densité et parce qu'elle refroidit lentement; sa température se situe ainsi plus longtemps dans la zone « de danger ».

Conseils d'amie...

• Ne farcissez le poulet qu'au moment de le mettre à rôtir; une fois la cuisson achevée, retirez immédiatement la farce;

• Il faut aussi éviter de tasser la farce, qui gagne du volume à la cuisson et qui risque de déborder ou de faire éclater la volaille;

• Rappelez-vous que la température s'élève plus lentement dans une volaille farcie; vous devez donc augmenter le temps de cuisson en conséquence (voir page précédente);

• On déconseille la cuisson au micro-ondes, car il est difficile d'obtenir une température suffisante à l'intérieur de la farce.

VOICI LES DURÉES APPROXIMATIVES DE CUISSON AU FOUR À 160 °C (325 °F)...	
Produit	**Temps de cuisson**
Poulet farci	Environ 1 1/2 heure par kilogramme (42 minutes par livre)
Poulet non farci	Environ 1 1/4 heure par kilogramme (37 minutes par livre)

LA CUISSON AU FOUR À MICRO-ONDES, CE QUE VOUS DEVEZ SAVOIR...

Dans un four à micro-ondes, les aliments cuisent grâce à des ondes électromagnétiques émises par un magnétron. Les molécules organiques des aliments (eau, sucre, matières grasses, protéines) absorbent l'énergie des ondes et la chaleur se transmet vers l'intérieur de l'aliment par conduction. La cuisson est rapide car les ondes pénètrent jusqu'à 4 à 5 cm dans l'aliment, contrairement au four électrique qui réchauffe uniquement la surface extérieure de celui-ci. Les rayons produits par le micro-ondes n'induisent pas la formation de composés nocifs pour la santé dans les aliments.

Malgré cela, certaines précautions sont recommandées :

1) N'utilisez pas votre four si la porte est endommagée, car il faut éviter l'exposition aux rayonnement des ondes.

2) Vous ne devez jamais faire usage des contenants de margarine ou de yogourt pour faire cuire ou réchauffer des aliments. Les températures élevées peuvent faire fondre les plastiques et des substances nuisibles peuvent pénétrer dans l'aliment. Préférez plutôt des contenants et pellicules d'emballage conçus pour le four à micro-ondes (abondants sur le marché).

TEMPS DE CUISSON DU POULET ENTIER	
1 kg (2 lb)	15 min à puissance maximale
2 kg (4 lb)	25 à 30 min à 50 %
3 kg (6 lb)	35 à 40 min à 50 %

TEMPS DE CUISSON DU POULET EN MORCEAUX	
1 ou 2 morceaux	4 à 6 min à puissance maximale
3 ou 4 morceaux	7 à 10 min à puissance maximale
7 ou 8 morceaux	15 à 18 min à puissance maximale
quart de poulet	12 à 15 min à puissance moyenne (7)
demi-poulet	15 à 18 min à puissance moyenne (7)

ET LA CUISSON AU BARBECUE...

Q :
La cuisson au barbecue : est-elle sûre pour votre santé ?

R :
Oui, mais quelques conseils sont de mise...

- Évitez de faire **carboniser** les viandes.

- Le poulet constitue un bon choix pour la cuisson au barbecue. Enlevez le **gras visible** et la **peau**. Le schéma suivant peut vous aider à mieux comprendre d'où viennent les composés néfastes.

Viande grasse

Barbecue
(cuisson à haute température)

Le gras fond et touche les briquettes
(de charbon ou de lave)

Le gras fondu brûle

La fumée touche les aliments, laisse des dépôts
et dégage une fumée de résidus de combustion
incomplète, les «benzopyrènes», qui présentent
un risque pour la santé.

- Il est donc conseillé de placer les **grilles le plus loin possible des flammes** ou **d'envelopper les aliments** dans du papier d'aluminium avant la cuisson. Aussi, vous pouvez précuire le poulet au four à micro-ondes, ce qui permettra à la viande de perdre un peu de gras et de passer moins de temps sur le gril.

- **Égouttez bien la marinade** avant de déposer la viande sur la grille.

*Casserole de poulet
aux pruneaux* (page 71)

Cuisses de poulet
à la crème et au basilic (page 72)

*Brochettes de poulet
et de fruits sauce crème à l'érable* (page 62)

*Ragoût de poulet
aux bouquets de brocoli* (page 67)

- Pour badigeonner la viande durant la cuisson, utilisez une **sauce non grasse**.
- Un moyen de conférer tendreté et bon goût au poulet consiste à **déposer une grande lèchefrite avec de l'eau sous les grilles**, ce qui permettra de recueillir le gras et les jus de cuisson du poulet.

LES MÉTHODES D'ÉLEVAGE DU POULET

De nos jours, tous les poulets de production intensive, sans exception, sont élevés dans des poulaillers. Ces bâtiments sont équipés d'un système de ventilation et de chauffage qui permet un renouvellement adéquat du volume d'air et un bon niveau d'humidité relative, de même qu'une température adéquate selon l'âge de l'oiseau. Les poulaillers protègent contre les prédateurs et favorisent le contrôle des maladies qui pourraient se propager plus facilement avec un élevage à l'extérieur. L'élément principal de l'alimentation des poulets est le grain. Le blé, le soya et l'orge composent de 65 à 90 % de toutes les moulées; ils en constituent la principale source d'énergie et de protéines. Par conséquent, le terme «poulet de grain» pourrait donc s'appliquer à tous les poulets du Québec!

L'INSPECTION DU POULET : VOTRE ASSURANCE QUALITÉ...

Les ministères de l'Agriculture du Canada et du Québec, par l'intermédiaire de leur service vétérinaire respectif, ont mis sur pied des systèmes de surveillance de la contamination des viandes par les résidus médicamenteux et les agents pathogènes. Des inspecteurs et des vétérinaires sont présents à la chaîne d'abattage de façon à vérifier tout indice ou anomalie indiquant la présence de résidus, d'infection ou de lésions dans la chair de volaille. Au Québec, on compte environ 30 vétérinaires et 100 inspecteurs pour les deux ministères.

Comme toute volaille, le poulet peut être transformé et classé par des aviculteurs autorisés ou par des établissements avicoles enregistrés. Ces établissements doivent satisfaire des normes rigoureuses de construction, d'opérations et d'hygiène.

Les poulets inspectés portent une étiquette sur laquelle on retrouve le sceau approuvé Québec (avec la fleur de lys) ou Canada (avec une couronne), le numéro de l'abattoir, le nom de l'usine où l'animal a été abattu, la marque de commerce ainsi que le sceau Becdor. Assurez-vous toujours que le poulet entier porte cette étiquette garantissant la qualité de la viande. La réglementation québécoise oblige les détaillants à offrir une viande inspectée dans un établissement fédéral ou provincial. Outre ces éléments de certification, on reconnaît deux catégories de poulet : A et UTILITÉ.

LES «POULETS AUX HORMONES» : BEL ET BIEN RÉVOLUS!

Selon l'article 0.01.610 de la Loi sur les aliments et drogues : *est interdite la vente de toute substance qui possède une action oestrogène, pour administrer aux volailles pouvant être consommées comme aliments.* L'hormone appelée le diéthylstilboestrol (DES) est interdite au Canada depuis 1973 et aux États-Unis depuis 1979 après qu'on eut démontré que ce produit pouvait être cancérigène.

En trois décennies, on a réduit de 90 à 42 jours le temps requis pour élever un poulet à griller dont le poids est d'environ 1,5 kg lorsqu'éviscéré. Ces progrès sont dus à l'application des théories modernes de génétique (à l'élevage), à la nutrition animale, à la régie, à la prévention des maladies **et non pas à l'administration de substances telles que les hormones.**

UN SUJET BIEN ACTUEL : L'IRRADIATION DES ALIMENTS.

Pourquoi irradier les aliments?

Grâce à l'irradiation, il est possible de...

* Préserver les aliments en détruisant les micro-organismes qui entraînent normalement leur détérioration.

* Prolonger la durée de vie des aliments en ralentissant le processus de mûrissement (ex. : banane, mangue, papaye) et en empêchant la germination des tubercules comme les pommes de terre et les oignons.

* Favoriser une consommation sans danger en enrayant les parasites et micro-organismes qui peuvent causer l'intoxication par trichinose et salmonelle.

Qu'en est-il au Canada?

Présentement, l'irradiation ne se pratique pas à l'échelle industrielle au Canada et les aliments irradiés qu'il est permis d'importer sont ceux pour lesquels l'irradiation est autorisée ici, c'est-à-dire pour les applications suivantes :

* Empêcher la germination des oignons et des pommes de terre.

* Prévenir l'infestation du blé et de la farine par des insectes.

* Décontaminer les épices entières ou moulues et les assaisonnements déshydratés.

Comment procède-t-on?

On irradie les aliments de la même manière que l'on soumet les bagages à des rayons X, dans les aéroports. Les aliments sont acheminés dans une chambre à parois épaisses contenant une source de rayonnement. Les rayons gamma ionisants traversent l'aliment, y détruisant les insectes, les bactéries et les micro-organismes. Ces rayons peuvent être émis par le cobalt 60, un isotope radioactif. La France et l'Angleterre ont été les premiers pays à pratiquer l'irradiation des aliments à l'échelle industrielle. Les aliments irradiés sont obligatoirement identifiés par un logo international. Cependant, il n'existe actuellement aucune technique permettant de prouver qu'un aliment a été irradié.

Les aliments irradiés sont-ils radioactifs ?

Non. L'Organisation mondiale de la santé, l'Organisation des Nations unies pour l'alimentation et l'agriculture ainsi que l'Agence internationale de l'énergie atomique ont étudié les données accumulées au cours de 40 années de recherche à travers le monde. Ces organismes ont observé que les aliments irradiés étaient aussi sûrs que ceux conservés au moyen d'autres techniques comme la congélation ou la mise en conserve. Ils ont également constaté que la valeur nutritive des aliments irradiés était aussi bonne que celle des aliments traités par ces autres procédés.

À PROPOS DU CALCUL DES ÉQUIVALENCES DU *GUIDE ALIMENTAIRE CANADIEN POUR MANGER SAINEMENT*

Les calculs d'équivalences du *Guide alimentaire canadien pour manger sainement* ont été menés par Cintech AA inc. pour l'ensemble des recettes.

- Le nombre des portions pour chacune des recettes a été évalué à partir des recettes une fois cuites; les équivalences pour les aliments, de crus à cuits, sont tirées des tables d'équivalences de l'Hôtel-Dieu de Montréal (Le coût des aliments, de la qualité... à la rentabilité, Beaudet et coll., Hôtel-Dieu de Montréal, 1989.), des tables de valeur nutritives et de divers autres documents.

- Le nombre de portions évaluées à partir de ces références ne représente qu'une estimation, le poids des quantités n'étant pas toujours exprimées en poids.

- Le *Guide alimentaire canadien pour manger sainement* sert uniquement de « guide », il permet une assez bonne variation dans la grosseur des portions : par exemple, une banane versus 125 ml (1/2 tasse) de fruits en purée ou une portion de viande de 50 à 100 g. Voici les grosseurs des portions utilisées :

Pain et produits céréaliers

- 125 ml pâte, riz, céréales cuites

Fruits et légumes

- 125 ml fruits et légumes cuits, purée, jus

Produits laitiers

- 250 ml lait, 175 ml yogourt, 50 g fromage

Viande, volaille, poisson

- 50 g cuit

Matières grasses

- 15 ml

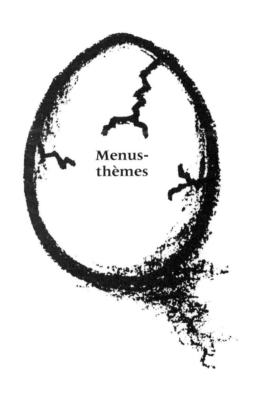

Menus-
thèmes

Vous trouverez ci-dessous quelques suggestions de menus pour vous aider à planifier vos repas de fêtes ou d'occasions spéciales. Laissez-vous inspirer par ces idées et suivez le « guide » en servant de délicieux repas, nutritifs et équilibrés... en couleurs, en fleurs et en musique !

MENU DU JOUR DE L'AN

Entrée
Soufflé chaud de céleri et de bleu hermite;
vin : Tokay d'Alsace

Potage
Consommé de boeuf aux herbes salées

Plat principal
Jambonnette de volaille, sauce au poivre vert et canneberges
(voir page 78); vin : rouge léger de la Loire

Dessert
Gâteau aux fruits et sa confiture de lait

ARRANGEMENT FLORAL

Un centre de table de forme allongée avec, au milieu, une grosse bougie rouge ou verte; comme feuillage, utiliser du pin, du cèdre, des branches d'ilex rouge avec des cocottes. Saupoudrer des paillettes dorées. Pour rester dans l'esprit des fêtes, penser aux fleurs rouges d'anthurium et ajouter quelques tiges de houx panaché. Ce centre de table se conserve une bonne semaine et même plus si on l'arrose tous les jours.

CHOIX MUSICAL

De Jean Sébastien Bach, l'*Oratorio de Noël*, un chef-d'oeuvre composée de six cantates, d'où se dégagent beaucoup de joie et de sérénité. Puis, de Stravinsky, *Petrouchka* qui vous réjouira le coeur. Et finalement, *Fledermaus*, de Johann Strauss fils, une oeuvre qui est jouée dans toutes les salles d'opéra du monde pour célébrer le Jour de l'An.

MENU DE LA SAINT-VALENTIN

Entrée
Bavarois de tomates et de crème de coriandre fraîche;
vin : Saumur blanc

Potage
Velours de poulet aux pistaches;
vin : blanc léger (Touraine, Vouvray sec)

Plat principal
Poulet et crevettes en duo (voir page 143);
vin : blanc de la Loire (Sancerre, Pouilly-Fumé ou Saumur)

Dessert
Petites tatins de poires

ARRANGEMENT FLORAL

Faire un beau bouquet romantique avec d'odorantes roses rouges et déposer dans un vase transparent. Garnir sobrement de « leather fern » et comme feuillage, remplacer le gypsophile (soupir de bébé) par du « mysty caspia » d'un profond bleu argenté. Ajouter quelques longues tiges de myrtie et... bonne soirée !

CHOIX MUSICAL

Fauré, pour la musique et Verlaine, pour la poésie : voilà *La bonne chanson* où l'amour passionné chante la joie et l'érotisme. Et que dire des mélodies du *An Die Ferne Geliebte* de Beethoven où le compositeur adresse à sa bien-aimée un message d'amour immortel ! Puis pour terminer, les *Études symphoniques* composées par Robert Schumann pour Clara Wieck, une pianiste remarquable qui devait devenir son épouse.

MENU DE PÂQUES

Entrée
Asperges sauce maltaise

Potage
Velouté d'oignons blancs à la sauge

Plat principal
Suprême de poulet aux pépites de sucre d'érable (voir page 110);
vin : Riesling allemand

Dessert
Crêpes garnies de pommes sautées, caramélisées à l'érable

ARRANGEMENT FLORAL

Dans un petit panier d'osier, piquer diverses fleurs printanières : tulipes roses, lys jaunes « monte casino blanc », iris mauves... un effet de douceur et de renaissance sur votre table !

CHOIX MUSICAL

La *5ᵉ symphonie* de Schubert met l'âme en fête ! Et pourquoi ne pas essayer le quatuor *Pâques à New York* de Honegger, chanté sur un poème émouvant de Blaise Cendrars ? Puis, une fois le repas terminé, la *2ᵉ symphonie* de Mahler (Mort et résurrection).

MENU DE LA FÊTE DES MÈRES

Entrée
Cévice de pétoncles au jus de citron vert

Potage
Crème de tomates et poivrons rouges à la menthe fraîche

Plat principal
Salade de poulet aux pétales de rose (voir page 164);
vin : blanc d'Alsace, Riesling

Dessert
Gâteau au fromage et aux noisettes, sauce anglaise pralinée

ARRANGEMENT FLORAL

Un beau topiaré (12-15 pouces) sur une boule d'oasis (4-5 pouces) garnie de rosettes et de roses, avec du statice blanc. Une fois la table montée, saupoudrer de pétales de roses. Par la suite, on peut laisser sécher le topiaré pour le conserver en permanence.

CHOIX MUSICAL

C'est à Paris, que Mozart composa sa *Symphonie concertante pour vents et orchestre*. Sa mère qui l'accompagnait devait mourir durant ce voyage. Une autre pièce provient d'une collaboration entre Colette et Ravel : *L'Enfant et les sortilèges*, où le mot de la fin, « maman », est dit par un jeune enfant. Toutes les mères seront également émues par le deuil de Suor Angélica, de Puccini, où une mère devenue religieuse pleure son enfant mort.

MENU DE LA FÊTE DES PÈRES

Entrée
Gâteau d'épinards aux champignons portabella

Potage
Chaudrée de baudroie au bouillon de poulet (voir page 195);
vin : Bourgogne blanc (Macon ou Pouilly-Fuissé)

Plat principal
Ragoût de poulet et ses pâtes aux herbes (voir page 66);
vin : rouge de la Loire ou du Languedoc Chinon

Dessert
Strudel aux pommes

ARRANGEMENT FLORAL

Choisir une variété de plantes tropicales (3-6 pouces) et des cactus. Mettre dans un vase de grès sur de petites roches décoratives de couleur assortie à la nappe. Un effet très... masculin !

CHOIX MUSICAL

Brahms composa son bouleversant *Concerto n° 1 pour piano* en hommage à son père spirituel, Robert Schumann, au moment où celui-ci sombrait dans la folie. À écouter aussi en ce jour des pères : la *Boutique fantastique* de Respighi, sur des thèmes de Rossini, et les derniers quatuors de Beethoven. Un pur délice !

MENU POUR UNE FÊTE D'ENFANTS

Entrée
Pain tortue en trempette

Potage
Potage frais lime et citron

Plat principal
Bouchées de poulet (voir page 94)
et pépites de poulet (voir page 180); eau Perrier

Dessert
Gâteau au chocolat (un incontournable pour cette occasion!)

ARRANGEMENT FLORAL

Choisir quelques plants de violettes africaines (3 pouces) de couleurs variées. Décorer les vases de papier et de rubans multicolores. Et pourquoi ne pas offrir un petit cadeau à chaque enfant... en souvenir de cette journée de fête.

CHOIX MUSICAL

Schumann et son épouse, Clara, ont eu de nombreux enfants. C'est en pensant à ceux-ci que Schumann a composé *Scènes d'enfants*. Debussy, lui, fut père d'une fille pour qui il écrivit *Children's Corner*. De Honnegger, deux poèmes symphoniques : *Rugby* et *Pacific 231*. De Bizet, *Jeux d'enfants*.

MENU DE L'HALLOWEEN

Entrée
Feuilleté de champignons aux herbes fines

Potage
Crème de courge poivrée au basilic

Plat principal
Brochettes de poulet et leur quatuor automnal (voir page 62);
vin : Bourgogne rouge

Dessert
Tartelette à la compote de citrouille aux parfums d'anis

ARRANGEMENT FLORAL

Faire un collage avec des feuilles de chêne (on les trouve chez les fleuristes) et disposer sur la table dressée; y mettre un nid de mousse espagnole et y déposer des citrouilles miniatures. Pour un effet des plus spectaculaires, mettre quelques tiges de lanternes chinoises (physalis) dans un vase noir, au centre de la table.

CHOIX MUSICAL

C'est la fête des déguisements et des sorcières. Ne perdons pas cela de vue. Le ballet *Cendrillon* de Prokofiev, merveilleuse musique, met la citrouille transformée en carosse sur scène. Les sorcières ricanent dans la musique associée à la *Nuit de*

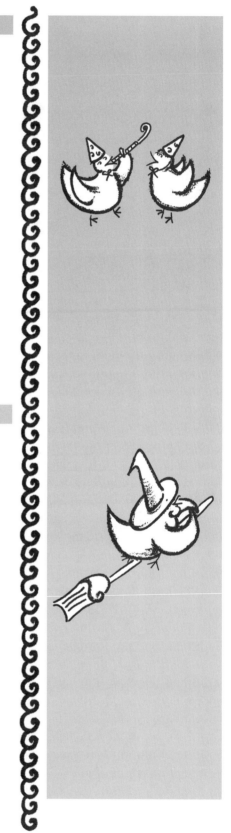

Walpurgis de Mendelson ou de Gounod. Les masques se retrouvent surtout dans *Le Bal Masqué* de Verdi. *Le bal Masqué* de Poulenc est d'une drôlerie irrésistible. Peut-être ces musiques vous feront oublier de manger... Il ne faudrait pas, tout de même !

MENU DE NOËL

Entrée
Terrine de lentilles à la moelle

Potage
Crème de rutabaga à l'érable

Plat principal
Tourtière au poulet et au porc (voir page 186);
vin : rouge de la Loire (Chinon, Bourgueil ou Saumur)

Dessert
Bûche de Noël à la crème de marrons

ARRANGEMENT FLORAL

Pour une table à la fois traditionnelle et originale, prendre trois poinsettias de couleur rouge (4 1/2 pouces), les emballer dans du papier vert métallique (conçu pour recevoir l'eau des arrosages) et décorer avec de belles boucles dorées. Disposer les poinsettias en cercle, sur la table, et mettre au centre un cyclamen (6 pouces) emballé dans le même papier métallique. Parsemer la nappe de confettis dorés en forme d'étoiles. Pour une ambiance plus féerique, ajouter quelques bougies.

CHOIX MUSICAL

Les délicieuses transcriptions pour orgue des cantiques de notre enfance que les compositeurs du XVIIIe siècle ont faites : Daquin, Dandrieu, Lebègue, etc. Un organiste de chez nous en a fait un très beau disque : Luc Beauséjour. André Isoir a réuni en un disque compact quelque-unes des pages les plus typiques de ces transcriptions. (Calliope-9916)

MENU POUR UNE NOCE

Entrée
Flans de fenouil aux crevettes nordiques

Potage
Fumet de poireaux à la julienne de crêpe

Plat principal
Suprêmes de poulet et leurs « amours en cage » (voir page 69);
vin : blanc semi-corsé (Chardonnay californien ou Fumé-blanc)

Dessert
Gâteau de noce aux pêches et aux abricots

ARRANGEMENT FLORAL

Pour une note follement romantique, une composition tout en blanc : spray de rose, lysianthus, « lace flower », ixodia, eucalyptus et freesia. Ajouter des chandeliers à trois branches, en argent, avec de longues chandelles blanches. Ne pas oublier les têtes de roses dans les assiettes de présentation. Faire un arrangement à deux étages, sur des plateaux de plexiglas : relier les deux plateaux (7 pouces pour le plateau du bas, 4 1/2 pour celui du haut) par la barre du plexiglas et y faire descendre quelques tiges de lierre panaché décorées de rubans blancs.

CHOIX MUSICAL

De Mozart, *Le Nozze di Figaro*, et de Mendelssohn, *Songe d'une nuit d'été*, inspiré de la comédie de Shakespeare. C'est là que l'on retrouve la célèbre marche nuptiale ! De Stravinsky, *Les Noces*, une oeuvre russe des plus réjouissantes !

MENU POUR UN BAPTÊME

Entrée
Rouleaux de printemps aux échalotes vertes

Potage
Crème de pleurotes aux arômes de thym

Plat principal
Crêpes célestines farcies de poulet (voir page 157);
vin : rouge léger (Sancerre rouge)

Dessert
Gâteau à la mousse de mascarpone et au citron confit

ARRANGEMENT FLORAL

Une combinaison très recherchée de blanc et de jaune ! Un vase sur pied, blanchi, recouvert de mousse verte naturelle... un plant à deux branches de Phalaenopsis blanc et jaune (orchidée). Puis pour veiller sur le nouveau poupon, ajouter un petit chérubin sur le rebord du vase.

CHOIX MUSICAL

La *Création* de Haydn, pour fêter la naissance du monde. De Rossini, les six sonates pour cordes, composées à l'âge tendre de douze ans. Villa-Lobos, dans son lointain Brésil, a aussi pensé aux petits : *A Prole Do Bebe*, une suite de pièces pour piano.

Entrée
Timbale à la citrouille et à l'estragon

Potage
Potage aux huîtres et au poulet ;
vin : blanc semi-corsé (Pouilly-Fumé ou Fumé blanc)

Plat principal
Poulet en surprise et sa crème de pleurotes (voir page 183) ;
vin : blanc sec léger (Riesling alsacien)

Dessert
Gâteau de carottes au miel et aux pistaches

ARRANGEMENT FLORAL

Une composition florale où l'on regroupe les fleurs par variété. Intégrer des tiges de blé naturel avec des fruits de saison (des pommes, si c'est l'automne). Choisir des fleurs exotiques : heliconia, oiseaux du paradis, liatris violet, branches croches de « curly willow »... et y intégrer des feuilles d'aspidistra ainsi que des têtes de marginata. Au printemps, un petit bouquet de tiges courtes formé en boule. Y mettre du statice de couleur vieux rose et le laisser déborder tout autour de l'arrangement. Au centre, placer une belle grappe de giroflée blanche et de lilas. Rehausser de bruyère et le tour est joué !

CHOIX MUSICAL

Pour les mois les plus froids, tempérer avec *Les Saisons* de Haydn qui rappellent ce que chaque saison peut avoir de merveilleux ! Glazunov a aussi écrit ses *Saisons*. Puis les *Nocturnes* de Chopin rendront les longues nuits d'hiver plus douces et plus romantiques. Au printemps, c'est Vivaldi ou la *Spring Symphony* de Britten, deux oeuvres d'une rare fraîcheur !

Et finalement, Edgar Fruitier conseille d'écouter le délicieux final du premier acte de *Cenerentola (Cendrillon)*, de Rossini. Il avoue ne pas connaître « de musique plus gastronomique » ! Une pièce irrésistible !

Recettes

DEMI-POITRINES DÉSOSSÉES

TRANCHES À FONDUES

AUTRES OU ACCOMPAGNEMENTS

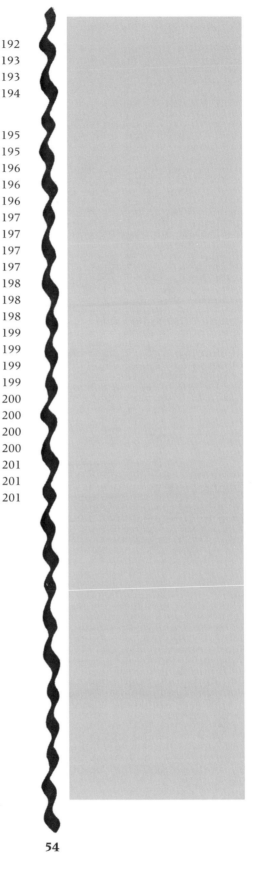

Cette recette d'ailes de poulet se prépare rapidement et donne de succulents résultats.

10 ml	beurre ou margarine	2 c. à thé
10 ml	huile	2 c. à thé
2 ml	sel	1/2 c. à thé
1 ml	poivre	1/4 c. à thé
20	ailes de poulet coupées (1,5 kg / 3 lb)	20
10 ml	beurre ou margarine	2 c. à thé
1	oignon moyen haché	1
1	gousse d'ail dégermée, hachée	1
250 ml	vin blanc	1 tasse
125 ml	bouillon de poulet	1/2 tasse
5 ml	basilic frais (séché : 1 ml / 1/4 c. à thé)	1 c. à thé

• Préchauffer le four à 180 °C (350 °F). • Dans une poêle, faire chauffer le beurre et l'huile. • Assaisonner les ailes de poulet et les faire colorer sur toutes leurs faces. • Cuire 3 à 4 minutes et réserver dans un plat beurré allant au four. • Dans la même poêle, faire fondre une noix de beurre puis suer l'oignon et l'ail 3 à 4 minutes. • Déglacer avec le vin et le bouillon. • Verser sur les ailes de poulet. • Couvrir et cuire au four 20 à 25 minutes. • Servir les ailes avec la garniture dans une couronne de riz pilaf et décorer d'une feuille de basilic.

Temps de préparation : 20 min	Temps de cuisson : 25-35 min
Nombre de portions : 4	

Équivalences du GAC

Produits céréaliers	—
Légumes et fruits	1
Produits laitiers	—
Viandes et substituts	4 à 5
Matières grasses	2

Ces ailes de poulet se gorgeront de marinade et vous révéleront des saveurs et des arômes inestimables!

80 ml	huile	1/3 tasse
80 ml	sauce aux huîtres	1/3 tasse
80 ml	vin blanc sec	1/3 tasse
2	gousses d'ail dégermées, hachées	2
80 ml	oignons moyens hachés	1/3 tasse
20	ailes de poulet coupées (1,5 kg / 3 lb)	20
10 ml	beurre ou margarine	2 c. à thé
10 ml	huile	2 c. à thé

• Préchauffer le four à 180 °C (350 °F). • Dans un grand bol, préparer la marinade en combinant l'huile, la sauce aux huîtres, le vin, l'ail et l'oignon. • Déposer les ailes de poulet dans la marinade et laisser macérer une heure. • Dans une poêle, faire chauffer le beurre et l'huile. • Égoutter les ailes et les faire colorer sur toutes leurs faces à feu vif. • Retirer et déposer dans un plat beurré allant au four. • Arroser du reste de la marinade et cuire 20 minutes au four. • Servir sur un lit de nouilles de riz et accompagner de légumes.

Temps de préparation : 10 min	Temps de macération : 1 heure
Temps de cuisson : 25-30 min	Nombre de portions : 4

Équivalences du GAC

Produits céréaliers	—
Légumes et fruits	1/2
Produits laitiers	—
Viandes et substituts	4 à 5
Matières grasses	1

AILES DE POULET À LA SAUCE HOISIN ET À L'ÉRABLE

La sauce hoisin et l'érable donnent à cette recette un glaçage et une saveur des plus remarquables.

80 ml	sauce hoisin	1/3 tasse
60 ml	ketchup	1/4 tasse
60 ml	sirop d'érable	1/4 tasse
30 ml	jus de citron	2 c. à table
10 ml	moutarde sèche	2 c. à thé
10 ml	gingembre frais râpé	2 c. à thé
	(moulu : 4 ml/3/4 c. à thé)	
Q.S.	sauce Tabasco	Q.S.
2	gousses d'ail dégermées, hachées	2
1 ml	poivre en grains concassés	1/4 c. à thé
16 à 20	ailes de poulet coupées	16 à 20
	(1,2 à 1,5 kg/2 1/2 à 3 lb)	

• Préchauffer le four à 200 °C (400 °F). • Dans un bol, combiner la sauce hoisin, le ketchup, le sirop d'érable, le jus de citron, la moutarde, le gingembre, la sauce Tabasco, l'ail et le poivre.
• Mettre les ailes dans la sauce et les enrober uniformément.
• Les égoutter dans une passoire et les déposer sur une lèchefrite sans les superposer. • Cuire au four pendant 10 minutes. • Les retourner et les arroser régulièrement durant la cuisson; poursuivre la cuisson 20 à 25 minutes. • Les ailes seront bien dorées et dégageront un arôme délicieux.

Temps de préparation : 15 min	Temps de cuisson : 30-35 min
Nombre de portions : 4 à 6	

AILES DE POULET À L'ORANGE ET À LA CORIANDRE

Une fois de plus, l'orange se marie au poulet pour nous donner un plat délicieux. La délicate touche de coriandre vient relever le tout.

1 ml	cannelle moulue	1/4 c. à thé
5 ml	coriandre moulue	1 c. à thé
2 ml	sel	1/2 c. à thé
1 ml	poivre	1/4 c. à thé
16 à 20	ailes de poulet coupées	16 à 20
	(1,2 à 1,5 kg/2 1/2 à 3 lb)	
10 ml	beurre ou margarine	2 c. à thé
10 ml	huile	2 c. à thé
2	échalotes sèches, hachées	2
1	gousse d'ail dégermée, hachée	1
125 ml	jus d'orange	1/2 tasse
10 ml	zeste d'orange	2 c. à thé
125 ml	bouillon de poulet	1/2 tasse

La sauce hoisin est une épaisse sauce brune faite de soya, de vinaigre, de sucre et d'épices. Elle réveille la saveur des plats. Vous la trouverez en bouteille ou en conserve, à la section des produits importés ou dans les boutiques spécialisées.

*On peut trouver sur le marché de l'**ail mariné** dans de l'huile. À cause de son contact avec le sol (terre), l'ail peut être porteur de la bactérie qui cause le botulisme. L'huile devient ainsi le milieu idéal, sans oxygène, pour que la spore de la bactérie se développe. On recommande donc de conserver l'ail au réfrigérateur. Pour la version maison, les indications sont les mêmes. À noter que ni l'odeur ni le goût ne permettent de détecter la présence de bactéries.*

Équivalences du GAC

Produits céréaliers	—
Légumes et fruits	—
Produits laitiers	—
Viandes et substituts	3 à 5
Matières grasses	—

*La **coriandre** est peut-être l'une des plantes aromatiques les plus anciennes. Ses feuilles souples qui ressemblent plutôt à du persil dentelé et aplati ont un parfum très prononcé quand on les écrase. On utilise la coriandre dans de nombreuses cuisines du monde entier. Les graines assaisonnent cari, chutney, fromages, marinades, riz, charcuteries, omelettes, pommes de terre, biscuits, gâteaux et pains. Elles se combinent avec d'autres condiments comme le persil, le citron et le gingembre. Les feuilles sont utilisées comme le persil et le cerfeuil.*

*On recommande de cuire le **millet** une vingtaine de minutes dans 2 ou 3 parties de liquide par partie de grains. Vous pouvez préalablement le mettre à tremper ou le griller 5 minutes à sec ou avec un peu d'huile pour lui donner un goût de noisettes. Les petits grains ronds et dorés du millet comptent parmi les céréales les plus nutritives. Leur saveur douce en fait un excellent substitut au riz et au couscous.*

• Préchauffer le four à 180 °C (350 °F). • Dans un bol, incorporer ensemble la cannelle et la coriandre, le sel et le poivre.
• Enrober les ailes de poulet avec ce mélange. • Dans une poêle, faire chauffer le beurre et l'huile. • Donner une belle coloration aux ailes de poulet durant 8 à 10 minutes ou jusqu'à ce qu'elles aient perdu leur couleur rosée. • Terminer la cuisson au four 10 à 15 minutes. • Retirer et réserver au chaud. • Dans la même poêle, faire suer les échalotes et l'ail jusqu'à ce qu'ils deviennent transparents, environ 4 à 5 minutes. • Déglacer avec le jus et ajouter les zestes. • Mouiller avec le bouillon et porter à ébullition. Réduire de moitié jusqu'à l'obtention d'un sirop.
• Remettre les ailes dans cette sauce et bien les enrober. • Servir avec une salade fraîche et des tranches d'orange pelées à vif.

Temps de préparation : 15 min	Temps de cuisson : 25-35 min
Nombre de portions : 4	

CASSEROLE D'AILES DE POULET À LA BIÈRE

Cette recette d'ailes de poulet vous enchantera. Une multitude de goûts s'y côtoient de façon particulièrement exquise.

10 ml	beurre ou margarine	2 c. à thé
10 ml	huile	2 c. à thé
2 ml	sel	1/2 c. à thé
1 ml	poivre	1/4 c. à thé
20	ailes de poulet coupées (1,5 kg / 3 lb)	20
10 ml	beurre ou margarine	2 c. à thé
1	oignon moyen haché	1
1	gousse d'ail dégermée, hachée	1
1	tomate mondée, épépinée, concassée	1
15 ml	poivre vert	1 c. à table
2 ml	jus de poivre vert (facultatif)	1/2 c. à thé
60 ml	bière	1/4 tasse
250 ml	bouillon de poulet	1 tasse

• Préchauffer le four à 180 °C (350 °F). • Dans une poêle, faire chauffer le beurre et l'huile. • Assaisonner les ailes de poulet et les colorer sur toutes leurs faces durant 4 à 5 minutes. • Retirer et déposer dans un plat beurré allant au four. • Dans la même poêle, faire fondre une noix de beurre et suer l'oignon ainsi que l'ail. • Ajouter la tomate, le poivre vert et cuire 2 à 3 minutes.
• Déglacer bien la poêle avec le jus de poivre et la bière.
• Déposer le tout sur les ailes de poulet et mouiller avec le bouillon. • Cuire au four 20 à 25 minutes. • Servir sur un lit de millet ou de couscous. • Arroser du jus de cuisson et servir.

Temps de préparation : 30 min	Temps de cuisson : 25-35 min
Nombre de portions : 4	

COQS AU PORC À LA GELÉE DE GROSEILLES

Inspiré de la recette du docteur Roger Gauvin de Québec, ce plat succulent saura réchauffer les hivers québécois.

3	coqs au porc (225 g/1/2 lb chaque)	3
250 ml	dry gin	1 tasse
Au goût	poivre du moulin	au goût
45 ml	beurre ou margarine	3 c. à table
30 ml	huile	2 c. à table
2	oignons	2
125 ml	bouillon de poulet	1/2 tasse
2 ml	sel	1/2 c. à thé
1 ml	poivre	1/4 c. à thé
250 ml	gelée de groseilles	1 tasse

• Déposer les pièces de poulet dans un plat, arroser généreusement d'un mélange de gin et de poivre. • Couvrir, réfrigérer et laisser macérer 4 à 5 heures; retourner les pièces de temps à autre. • Égoutter le poulet et l'assécher. • Préchauffer le four à 180 °C (350 °F). • Dans une grande casserole, faire chauffer le beurre et l'huile. • Cuire le poulet et l'oignon en donnant une belle coloration (4 à 5 minutes). • Arroser du gin de la macération et du bouillon. • Assaisonner et napper le poulet de la gelée de groseilles. • Terminer la cuisson au four environ 30 minutes ou jusqu'à ce que les jus qui s'en écoulent soient clairs. • Dresser dans des plats de service et napper de jus de cuisson.

Temps de préparation : 20 min	Temps de macération : 4 à 5 heures
Temps de cuisson : 45 min	Nombre de portions : 6

COQS AU PORC À LA GRAINE DE MOUTARDE ET AU POIVRE

La graine de moutarde et le poivre croquent agréablement sous la dent et leurs saveurs nous séduisent à chaque bouchée.

30 ml	chicoutai	2 c. à table
1	jus de citron	1
20 ml	miel	4 c. à thé
1	gousse d'ail dégermée, hachée	1
2 ml	sel	1/2 c. à thé
3	coqs au porc (environ 225 g/1/2 lb chacun)	3
15 ml	graines de moutarde	1 c. à table
10 ml	poivre noir en grains concassés	2 c. à thé

Le **dry gin** peut être remplacé par du vin blanc et la gelée de groseilles par une gelée de fruits (fraises, framboises ou pommes).

On distingue deux catégories de **groseilles**. La première est la groseille à grappes (ou gadelle) qui est une baie ronde, blanche ou rouge. Il existe également une variété noire qui ressemble à un bleuet : le cassis. Leur chair est juteuse et plutôt acidulée, sauf celle du cassis. La deuxième est la groseille à maquereau, nommée ainsi à cause de ses stries verticales rappelant celles de ce poisson. Sa particularité vient du fait qu'elle pousse en solitaire plutôt qu'en grappes. Elle est aussi plus grosse, semblable à un raisin. Sa chair douce laisse souvent un arrière-goût âcre.

Équivalences du GAC

Produits céréaliers	—
Légumes et fruits	3
Produits laitiers	—
Viandes et substituts	4 à 6
Matières grasses	5

La **chicoutai** est élaborée à partir de la chicouté, une baie récoltée exclusivement dans les tourbières de la Côte-Nord au Québec. Le parfum de la chicoutai est à la fois suave et sauvage. D'une nature singulière, la baie de chicouté passe du rouge au jaune à maturité. Elle se caractérise par son bon goût, légèrement amer et acidulé. On l'utilise localement dans la confection de confitures et de pâtisseries. C'est la lente macération du fruit dans l'alcool qui apporte à la chicoutai sa très belle couleur ambrée, son arôme exquis et son caractère sauvage. On peut remplacer la chicoutai par de la liqueur de mûres des marais (Lakka Lapponica).

Demandez à votre boucher de préparer le **coq au porc** comme vous l'aimez. Le coq au porc est composé d'une poitrine de poulet désossée, farcie avec un morceau de filet de porc. Il peut aussi être farci avec des légumes, on le dit alors « en jardinière ».

*Demandez à votre boucher de préparer le **coq au porc** comme vous l'aimez. Le coq au porc est composé d'une poitrine de poulet désossée, farcie avec un morceau de filet de porc. Il peut aussi être farci avec des légumes, on le dit alors «en jardinière».*

*La **crème** est très utilisée en cuisine parce qu'elle confère aux aliments une saveur douce et une texture onctueuse. Cependant, vous pouvez lui substituer des produits moins gras comme le yogourt, le lait évaporé, le lait, le babeurre ou la crème sure.*

• Dans un grand bol, préparer un mélange comprenant la chicoutai, le jus de citron, le miel, l'ail et le sel. • Verser le mélange sur les coqs au porc préalablement déposés dans un plat. • S'assurer que les pièces de viande sont bien enrobées de la marinade et laisser macérer à couvert de 30 minutes à 1 heure. • Dans un autre bol, mélanger la moutarde et le poivre. • Retirer le poulet de la marinade. • Saupoudrer et presser le mélange de graines de moutarde et de poivre sur le poulet. • Cuire sur le gril du barbecue à intensité moyenne environ 20 à 25 minutes ou jusqu'à ce que le poulet soit bien doré et que la chair ait perdu sa couleur rosée. Ou encore, donner une coloration pendant 10 minutes à 230 °C (450 °F) et poursuivre la cuisson à 180 °C (350 °F) durant 15 à 20 minutes jusqu'à ce que les jus de cuisson soient clairs.

Temps de préparation : 15 min	*Temps de macération : 30 min à 1 heure*
Temps de cuisson : 20-25 min	*Nombre de portions : 6*

COQS AU PORC À L'ESTRAGON

Le coq au porc est un petit rôti que vous adorerez servir à vos invités. Une recette facile à exécuter.

5 ml ch.	beurre ou margarine et huile	1 c. à thé
2	coqs au porc (225 g/1/2 lb chacun)	2
125 ml	vin blanc ou bouillon	1/2 tasse
125 ml	bouillon de poulet	1/2 tasse
1	sachet de soupe à l'oignon	1
125 ml	crème 15 % style champêtre	1/2 tasse
Au goût	estragon, sel et poivre	au goût

• Chauffer préalablement le four à 180 °C (350 °F). • Faire chauffer le mélange de beurre et d'huile dans un poêlon et y dorer les coqs au porc de tous les côtés. • Retirer du poêlon et placer dans un plat allant au four. • Déglacer le poêlon au vin, mouiller avec le bouillon et ajouter le sachet de soupe. Porter à ébullition. • Verser sur les coqs au porc et cuire au four à 180 °C (350 °F) de 30 à 35 minutes, selon la grosseur. • Enlever les coqs au porc, ajouter la crème et les assaisonnements; au besoin, épaissir la sauce avec du beurre manié ou de la fécule de maïs.

Temps de préparation : 15 à 20 min	*Temps de cuisson : 40 à 50 min*
Nombre de portions : 4	

COQS AU PORC AU MIEL ET À L'AIL

Cette recette vous permettra d'apprêter le poulet d'une façon surprenante et innovatrice.

30 ml	miel liquide	2 c. à table
30 ml	sauce soya	2 c. à table
30 ml	vin blanc sec	2 c. à table
15 ml	gingembre frais (moulu : 5 ml/1 c. à thé)	1 c. à table
2	gousses d'ail dégermées, hachées	2
2 ml	sel	1/2 c. à thé
1 ml	poivre	1/4 c. à thé
2	coqs au porc (225 g/1/2 lb chacun)	2
15 ml	beurre ou margarine	1 c. à table

• Dans un bol, mélanger le miel, la sauce soya, le vin, le gingembre, l'ail, le sel et le poivre. Y faire mariner les coqs au porc de 3 à 4 heures au réfrigérateur. • Préchauffer le four à 180 °C (350 °F). • Retirer les coqs au porc de la marinade. • Dans une rôtissoire, faire chauffer le beurre. • Donner une belle coloration au poulet sur toute sa surface et cuire au four à découvert environ 25 minutes ou jusqu'à ce que les jus de cuisson soient clairs. Arroser tout le long de la cuisson avec la marinade. • Laisser reposer la viande et trancher en biseaux. • Dresser dans des assiettes chaudes et napper du jus de cuisson.

Temps de préparation : 20 min	Temps de macération : 3-4 heures
Temps de cuisson : 25-30 min	Nombre de portions : 4

COQS AU PORC EN CROÛTE DE NOISETTES

Vous apprécierez cette recette aux textures croquantes et au goût de noisettes.

10 ml	beurre ou margarine	2 c. à thé
10 ml	huile	2 c. à thé
3	coqs au porc (225 g/1/2 lb chacun)	3
2 ml	sel	1/2 c. à thé
1 ml	poivre	1/4 c. à thé
125 ml	noisettes concassées	1/2 tasse
60 ml	farine d'avoine ou ordinaire, non blanchie	1/4 tasse
1 ml	poivre en grains concassés	1/4 c. à thé
1	oeuf battu	1

• Préchauffer le four à 180 °C (350 °F). • Dans une poêle, faire chauffer le beurre et l'huile. • Assaisonner les coqs au porc et les colorer dans la poêle sur toutes leurs faces. • Lorsqu'ils sont bien saisis, les retirer de la poêle, enlever les ficelles et la barde (tranche de lard qui le ceint). • Dans un bol, mélanger ensemble les noisettes, la farine et le poivre. • Tremper les pièces de viande dans l'oeuf battu, les enrober du mélange de noisettes et les déposer dans un plat beurré allant au four. • Cuire au four environ 30 minutes ou jusqu'à ce que les jus de cuisson soient clairs; badigeonner de beurre durant la cuisson. • Dresser dans les plats de service et servir aussitôt.

Temps de préparation : 15-20 min	Temps de cuisson : 45 min
Nombre de portions : 6	

Demandez à votre boucher de préparer le **coq au porc** comme vous l'aimez. Le coq au porc est composé d'une poitrine de poulet désossée, farcie avec un morceau de filet de porc. Il peut aussi être farci avec des légumes, on le dit alors « en jardinière ».

Il est très important de **laisser reposer la viande** après la cuisson environ 10 à 15 minutes. Les chairs vont se détendre et votre viande n'en sera que plus tendre.

Équivalences du GAC

Produits céréaliers	—
Légumes et fruits	—
Produits laitiers	—
Viandes et substituts	3 à 4
Matières grasses	1

On peut **remplacer** les noisettes par des amandes.

Équivalences du GAC

Produits céréaliers	—
Légumes et fruits	—
Produits laitiers	—
Viandes et substituts	5 à 6
Matières grasses	1

*Demandez à votre boucher de préparer le **coq au porc** comme vous l'aimez. Le coq au porc est composé d'une poitrine de poulet désossée, farcie avec un morceau de filet de porc. Il peut aussi être farci avec des légumes, on le dit alors «en jardinière».*

*La **crème** est très utilisée en cuisine parce qu'elle confère aux aliments une saveur douce et une texture onctueuse. Cependant, vous pouvez lui substituer des produits moins gras comme le yogourt, le lait évaporé, le lait, le babeurre ou la crème sure.*

Cette recette de coq au porc donne un plat très appétissant et invitant. La crème d'amandes ajoute une touche de douceur à ce mets.

3	coqs au porc (225g/1/2 lb chacun)	3
2 ml	sel	1/2 c. à thé
1 ml	poivre	1/4 c. à thé
Q.S.	farine	Q.S.
30 ml	beurre ou margarine	2 c. à table
30 ml	huile d'olive	2 c. à table
3	oignons moyens hachés	3
1	feuille de laurier	1
5 ml	persil haché finement	1 c. à thé
250 ml	vin blanc sec	1 tasse
500 ml	bouillon de poulet	2 tasses
60 ml	amandes mondées	1/4 tasse
2	jaunes d'oeufs	2
15 ml	ail	1 c. à table
60 ml	crème 35 % ou 15 % champêtre	1/4 tasse
5 ml	persil haché (garniture)	1 c. à thé

• Assaisonner les coqs au porc et les enrober d'une fine couche de farine en enlevant l'excédant. • Dans une poêle, faire chauffer le beurre et l'huile. Colorer les pièces de viande sur toutes leurs faces. Déposer les coqs au porc dans une cocotte. • Dans la même poêle, faire suer les oignons. Cuire 3 à 4 min en mélangeant à l'occasion. • Lorsque l'oignon devient transparent, l'étaler sur le poulet puis ajouter le laurier et le persil. • Dégraisser la poêle et déglacer au vin. Verser le déglaçage dans la cocotte, mouiller de bouillon et porter à ébullition. Réduire l'intensité du feu et cuire à couvert 30 minutes. • Dans un robot culinaire, réduire en une pâte homogène les jaunes d'oeufs, les amandes et l'ail. Retirer les coqs au porc de la cocotte et réserver au chaud. • Passer le jus au tamis et remettre dans la cocotte. • Laisser réduire le jus de cuisson de moitié. • Délayer la pâte avec la crème et ajouter à la sauce hors du feu. • Fouetter énergiquement de façon à faire la liaison (les jaunes d'oeufs doivent lier la sauce sans bouillir). • Servir aussitôt les coqs au porc tranchés, nappés de sauce. • Saupoudrer de persil haché.

Temps de préparation : 25-30 min   Temps de cuisson : 45-50 min
Nombre de portions : 6

Équivalences du GAC

Produits céréaliers	—
Légumes et fruits	5
Produits laitiers	—
Viandes et substituts	4 à 6
Matières grasses	4

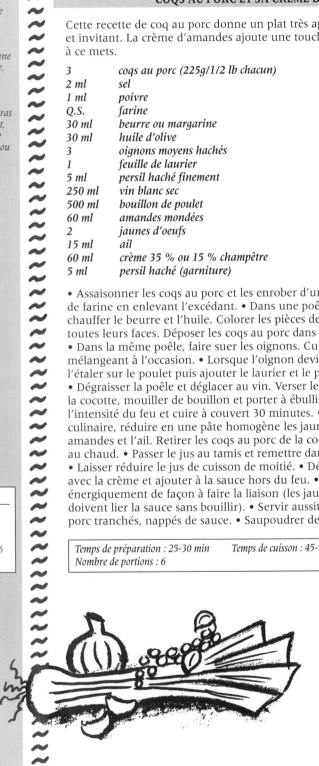

BROCHETTES DE POULET ET DE FRUITS, SAUCE CRÈME À L'ÉRABLE

Voici une recette très originale qui saura agrémenter un repas estival. Il est préférable d'utiliser des fruits frais de saison.

1	pomme	1
1	poire	1
12	raisins	12
12	fraises	12
5 ml	jus de citron	1 c. à thé
125 ml	sirop d'érable	1/2 tasse
750 g	cubes de poitrines ou de hauts de cuisse de poulet	1 1/2 lb
80 ml	crème 35 % ou 15 % champêtre	1/3 tasse
60 ml	noix de Grenoble	1/4 tasse

• Laver, parer les fruits et les tailler en cubes ou en quartiers.
• Les arroser du jus de citron et du sirop d'érable. Laisser macérer au moins 30 minutes. Retirer de la marinade et réserver.
• Ajouter les cubes de poulet et mariner pendant 1 heure. Retirer de la marinade et dresser les brochettes en enfilant alternativement le poulet et les fruits ou enfiler les cubes de poulet et les fruits sur des brochettes séparées. • Mettre les brochettes sur une grille chaude légèrement huilée, à feu moyen, ou au four sous le gril environ 5 à 7 minutes de chaque côté. Surveiller la cuisson afin d'éviter que les brochettes de poulet et/ou de fruits ne brûlent. • Lorsque le poulet est cuit et les fruits bien caramélisés, retirer du feu et réserver au chaud. • Dans une casserole, mélanger la marinade, les noix de Grenoble et la crème. • Porter à ébullition et réduire pendant environ 5 minutes ou jusqu'à consistance de sauce. • Napper la brochette de cette sauce et servir avec une salade fraîche.

Temps de préparation : 30 min	Temps de macération : 1 h 30 min
Temps de cuisson : 15 à 20 min	Nombre de portions : 6

BROCHETTES DE POULET ET LEUR QUATUOR AUTOMNAL

La brochette est un mets populaire qui nous permet de sortir de la routine et même de fêter des occasions spéciales. Mettez-y des légumes colorés et n'attendez pas l'été pour vous délecter.

1	poivron jaune	1
1	poivron rouge	1
1	poivron vert	1
2	petites courgettes	2
750 g	cubes de poitrine ou de haut de cuisse de poulet	1 1/2 lb
5 ml	huile d'olive	1 c. à thé
30 ml	jus de citron	2 c. à table
5 ml	sauge fraîche, hachée finement (séchée : 1 ml/1/4 c. à thé)	1 c. à thé
Au goût	sel et poivre	au goût

On peut faire cuire les cubes de poulet dans un poêlon en omettant les fruits.

Pourquoi mariner le poulet?
L'utilisation de marinades donne à la viande une saveur subtile et succulente. Il existe différentes recettes de marinades mais on y trouve presque toujours des herbes, des épices et des aromates mélangés à de l'huile, avec un liquide acide comme le jus de citron, le vin ou le vinaigre. De plus, les marinades attendrissent la viande et la rendent plus juteuse.

La **crème** est très utilisée en cuisine parce qu'elle confère aux aliments une saveur douce et une texture onctueuse. Cependant, vous pouvez lui substituer des produits moins gras comme le yogourt, le lait évaporé, le lait, le babeurre ou la crème sure.

Équivalences du GAC

Produits céréaliers	—
Légumes et fruits	5 à 6
Produits laitiers	—
Viandes et substituts	6
Matières grasses	2

Il existe sur le marché des poivrons de toutes les couleurs : verts, rouges, jaunes, orangés, pourpres. La proportion des divers éléments nutritifs varie beaucoup selon les variétés. Ainsi, le poivron rouge renferme neuf (9) fois plus de vitamine A et deux (2) fois plus de vitamine C que le poivron vert.

Demandez à votre boucher de préparer vos **cubes de poulet** comme vous les aimez, soit avec de la poitrine ou de la cuisse.

Pour éviter que les brochettes de bois brûlent, laissez-les tremper dans l'eau pendant au moins 15 minutes.

Vous pouvez enfiler sur les broches des champignons, des tomates cerise, etc.

Cuire à l'étouffée, à l'étuvée ou encore braiser, c'est utiliser un mode de cuisson en vase clos, à la vapeur, avec peu ou suffisamment de liquide pour couvrir l'aliment. Lorsque cette méthode de cuisson s'applique aux viandes, on emploie aussi le joli terme de daube.

Pour la chicoutai, voir page 58.

Bouquet garni : couper une branche de céleri en deux. Insérer entre ces deux parties une tige de persil, du thym, du basilic, de l'estragon, une feuille de laurier, une gousse d'ail écrasée, deux clous de girofle, dix grains de poivre noir. Ficeler le tout ou enfermer dans un coton fromage.

• Laver, épépiner et couper en carrés de 2,5 cm (1 pouce) les poivrons. • Trancher les courgettes en rondelles de 1 cm (1/2 pouce) d'épaisseur. • Monter les brochettes en faisant alterner les légumes et le poulet. • Préparer la vinaigrette à base d'huile, de jus de citron, de sauge, de sel et de poivre. • Y déposer les brochettes et conserver au réfrigérateur jusqu'à 24 heures dans un plat fermé hermétiquement. • Cuire au four à 180 °C (350 °F) ou au barbecue sur un gril à feu vif pendant environ 20 minutes ou jusqu'à ce que les brochettes soient bien dorées et les légumes bien tendres. Pendant la cuisson, retourner régulièrement les brochettes tout en les humectant de la vinaigrette.

Temps de préparation : 20 min	Temps de macération : 2 h (max. 24 h)
Temps de cuisson : 15 à 20 min	Nombre de portions : 6

DAUBE DE POULET AU VIN BLANC

La daube est par définition un apprêt de viande cuit à l'étouffé dans son jus de braisage et sa marinade.

250 ml	vin blanc sec	1 tasse
60 ml	chicoutai (facultatif)	1/4 tasse
2 ml	romarin séché	1/2 c. à thé
1	feuille de laurier	1
2	gousses d'ail dégermées, hachées	2
2 ml ch.	sel et poivre en grains	1/2 c. à thé ch.
1 kg	cubes de poitrine ou de haut de cuisse de poulet	2 lb
15 ml	beurre ou margarine	1 c. à table
15 ml	huile	1 c. à table
2	carottes émincées	2
250 ml	champignons émincés	1 tasse
2	oignons moyens en tranches	2
750 ml	tomates concassées avec le jus	1 1/2 tasse
250 à 500 ml	bouillon de poulet	1 à 2 tasses
1	bouquet garni	1
60 ml	persil haché (facultatif)	1/4 tasse

• Préchauffer le four à 180 °C (350 °F). • Dans un bol, mélanger ensemble le vin, la chicoutai, le romarin, le laurier, l'ail, le sel et le poivre. • Y faire mariner les cubes de poulet de 2 à 4 heures. Retourner les cubes à l'occasion. • Dans une casserole, faire chauffer le beurre et l'huile. • Égoutter les cubes et les faire rissoler dans la casserole de 2 à 3 minutes. • Dégraisser la casserole, couvrir la viande avec les légumes. • Mouiller avec la marinade et le bouillon de façon à ce que les légumes soient immergés dans le liquide. • Ajouter le bouquet garni et porter à ébullition. • Cuire au four à couvert en remouillant au besoin, environ 20 minutes ou jusqu'à tendreté. • Rectifier l'assaisonnement et servir dans une cocotte. • Saupoudrer de persil haché.

Temps de préparation : 25-30 min	Temps de macération : 2 à 4 heures
Temps de cuisson : 30 min	Nombre de portions : 6

FRICASSÉE DE POULET AU CITRON ET À L'AIL

Voici une recette facile pour recevoir à la bonne franquette.

2 ml	sel	1/2 c. à thé
1 ml	poivre	1/4 c. à thé
750 g	cubes de poitrine ou de haut de cuisse de poulet	1 1/2 lb
10 ml	beurre ou margarine	2 c. à thé
10 ml	huile d'olive	2 c. à thé
2	oignons moyens émincés	2
2 ml	ail dégermé et haché	1/2 c. à thé
5 ml	paprika	1 c. à thé
30 ml	persil haché	2 c. à table
30 ml	jus de citron	2 c. à table
125 ml	bouillon de poulet	1/2 tasse
8	quartiers de citron	8
4	bouquets de persil	4

• Assaisonner les cubes de poulet. • Dans une casserole, faire chauffer le beurre et l'huile. • Faire colorer les cubes de poulet durant 4 à 5 minutes, ajouter les oignons, l'ail et poursuivre la cuisson pendant 5 minutes. • Incorporer le paprika, le persil, le jus et le bouillon. • Porter à ébullition, rectifier l'assaisonnement et cuire 15 minutes à couvert sur un feu doux. • Lorsque les cubes de poulet sont tendres, arrêter la cuisson et servir dans des assiettes chaudes. • Garnir avec les bouquets de persil et les quartiers de citron.

Temps de préparation : 15-20 min	Temps de cuisson : 25-30 min
Nombre de portions : 4	

FRICASSÉE DE POULET AU VINAIGRE DE FRAMBOISES

Quelle bonne idée de combiner la douce saveur des framboises à celle du poulet : un véritable délice!

15 ml	huile	1 c. à table
15 ml	beurre ou margarine	1 c. à table
750 g	cubes de poitrine ou de haut de cuisse de poulet	1 1/2 lb
250 ml	poireaux émincés	1 tasse
250 ml	pois mange-tout	1 tasse
2	gousses d'ail dégermées et hachées	2
80 ml	vinaigre de framboises	1/3 tasse
30 ml	crème sure 7 % de matières grasses	2 c. à table
10 ml	moutarde de Dijon	2 c. à thé
10 ml	pâte de tomates	2 c. à thé
Q.S.	persil haché	Q.S.
18	framboises fraîches (garniture)	18
12	tomates cerises	12

Comme tous les agrumes, le **citron** est reconnu pour sa richesse en vitamine C. Mais attention, un citron moyen renferme 40 % moins de vitamine C qu'une orange moyenne.

Équivalences du GAC

Produits céréaliers	—
Légumes et fruits	3
Produits laitiers	—
Viandes et substituts	6
Matières grasses	2

À la place du vinaigre de framboises, vous pouvez utiliser du vinaigre **balsamique** ou du vinaigre de vin rouge. Pour préparer le vinaigre de framboises, mélanger 1,5 litre (6 tasses) de vinaigre de cidre ou de vin blanc avec 500 ml (2 tasses) de framboises fraîches et laisser macérer dans un bocal en verre pendant trois (3) semaines. Filtrer et mettre en bouteille.

Servez ce plat avec du **couscous**. Il s'agit d'une pâte alimentaire faite à partir de semoule de blé dur. C'est le produit céréalier le plus rapide à préparer. Utilisez des quantités égales d'eau et de couscous plus un soupçon d'huile.

• Amenez l'eau à ébullition dans une casserole. • Ajoutez le couscous en remuant. • Couvrir et retirer du feu. • Laissez reposer pendant 5 minutes. • Assaisonnez.

*Cuisses de poulet
et leur garniture provençale* (page 74)

*Poulet au beurre
de persil en cachette* (page 76)

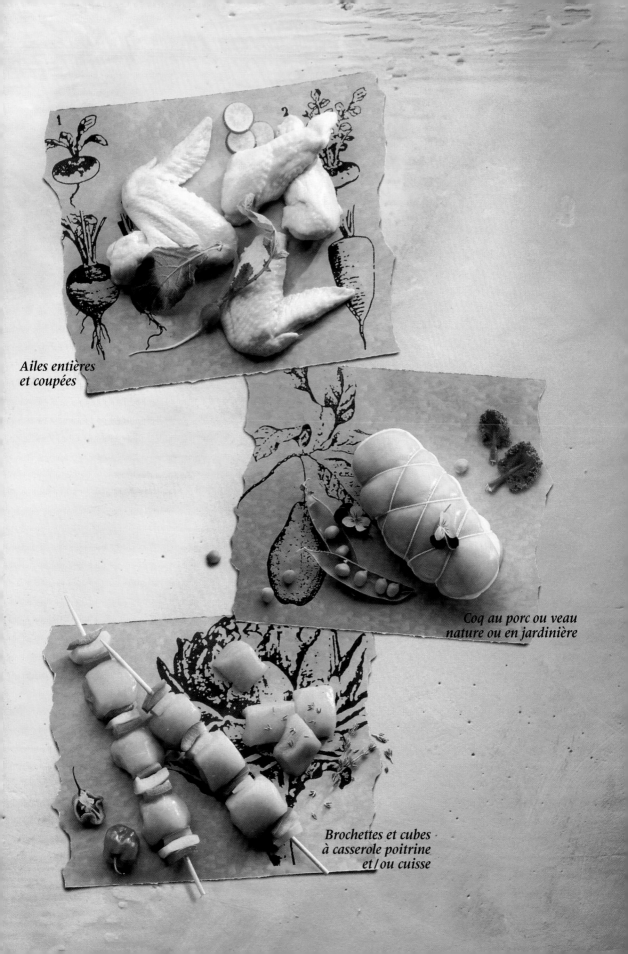

Ailes entières
et coupées

Coq au porc ou veau
nature ou en jardinière

Brochettes et cubes
à casserole poitrine
et/ou cuisse

Cuisses de poulet à l'échalote,
glacées au sirop d'érable (page 72)

Ballottines de poulet
et leur sushi de légumes (page 76)

*Cuisse entière
et désossée nature
ou farcie*

*Filet et
demi-poitrine désossée*

*Tranche à fondue
et escalope de poitrine*

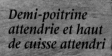

*Demi-poitrine
attendrie et haut
de cuisse attendri*

• Dans une poêle, faire chauffer l'huile et le beurre. • Y faire cuire le poulet à feu vif pour qu'il soit bien coloré, de 3 à 5 minutes. Réserver au chaud. • Ajouter le poireau, les pois et l'ail. • Cuire sans colorer, à feu moyen durant 4 minutes ou jusqu'à ce qu'ils soient tendres mais encore croquants. • Déglacer avec le vinaigre et réduire à sec. Ajouter la crème sure, la moutarde et la pâte de tomates. • Cuire le tout à feu moyen environ 5 minutes jusqu'à ce que le mélange ait la consistance d'une sauce. • Mettre le poulet dans la sauce et ajouter les tomates cerises. • Réchauffer 3 à 5 minutes et servir dans des plats chauds. • Parsemer de persil et de framboises fraîches. • Servir les tomates cerises chaudes en garniture.

Temps de préparation : 30 min	Temps de cuisson : 20-25 min
Nombre de portions : 6	

FRICASSÉE DE POULET ROUGEMONT

Clin d'oeil à cette charmante localité renommée pour sa pomiculture. Une façon originale de visiter le Québec.

15 ml	huile	1 c. à table
15 ml	beurre ou margarine	1 c. à table
750 g	cubes de poitrine ou de haut de cuisse de poulet	1 1/2 lb
4	gousses d'ail	4
1 ml	gingembre moulu (frais : 5 ml/1 c. à thé)	1/4 c. à thé
1 ml	clou de girofle	1/4 c. à thé
80 ml	vinaigre de cidre	1/3 tasse
80 ml	eau (pour diluer le vinaigre)	1/3 tasse
180 ml	bouillon de poulet	3/4 tasse
1 ml ch.	sel et poivre	1/4 c. à thé
6	pommes	6
6	gros champignons pleurotes	6
45 ml	beurre ou margarine	3 c. à table
1 ml	sucre	1/4 c. à thé
Au goût	sucre à glacer	au goût
6	petites branches de romarin (facultatif)	6

• Faire chauffer l'huile et le beurre dans une poêle. Y faire colorer les cubes de poulet. • Ajouter l'ail, le gingembre et le girofle. • Déglacer la poêle avec le vinaigre dilué dans l'eau et mouiller avec le bouillon. • Assaisonner et cuire environ 20 minutes à couvert jusqu'à ce que le poulet ait perdu sa couleur rosée à l'intérieur. • Préparer les pommes en leur enlevant le coeur et en les coupant en dés. Nettoyer les pleurotes et les couper en cubes. • Faire cuire les pommes avec le beurre et le sucre de 4 à 5 minutes sans coloration. • Ajouter les pleurotes et cuire jusqu'à ce que le mélange donne une compote. • Déposer les cubes dans un plat de service. Déposer une cuillerée à table de compote dessus. • Saupoudrer légèrement de sucre à glacer et chapeauter le tout d'une branche de romarin.

Temps de préparation : 20 min	Temps de cuisson : 30 à 35 min
Nombre de portions : 6	

Équivalences du GAC

Produits céréaliers	—
Légumes et fruits	3
Produits laitiers	—
Viandes et substituts	6
Matières grasses	2

Le **vinaigre** peut être fabriqué à partir de plusieurs matières premières : vin, alcool éthylique, cidre, bière, canne à sucre, vin de palme, dattes, oranges, bananes, riz, lait de coco, etc. L'utilisation de vinaigres aromatisés est de plus en plus populaire en cuisine.

Pour les confectionner vous-même, utilisez l'herbe de votre choix (basilic, laurier, cerfeuil, etc.) puis placez les feuilles et les tiges propres légèrement écrasées dans une bouteille. Ajoutez 45 ml (3 c. à table) d'herbes et 1 litre (4 tasses) de vinaigre.

Fermez la bouteille avec un bouchon de liège ou de plastique et rangez dans un endroit obscur pendant au moins 10 jours. Secouez la bouteille une fois par jour. Vous pouvez également vous les procurer en magasin.

Le pleurote peut être remplacé par tout autre champignon, selon votre convenance.

Équivalences du GAC

Produits céréaliers	—
Légumes et fruits	8 1/2
Produits laitiers	—
Viandes et substituts	6
Matières grasses	5

RAGOÛT DE POULET ET SES PÂTES AUX HERBES

Voici un plat inspiré du fameux «Ragoût grand-père» toujours agréable à déguster dans les soupers de famille.

30 ml	beurre ou margarine	2 c. à table
30 ml	huile	2 c. à table
2	oignons émincés grossièrement	2
1	blanc de poireau émincé grossièrement	1
2	carottes en tranches épaisses	2
1	petit navet (rabiole)	1
1	petit rutabaga (navet jaune)	1
500 g	cubes de poitrine ou de haut de cuisse de poulet	1 lb
5 ml	thym frais, haché (séché : 2 ml/1/2 c. à thé)	1 c. à thé
5 ml	origan frais, haché (séché : 2 ml/1/2 c. à thé)	1 c. à thé
2 ml	sel	1/2 c. à thé
1 ml	poivre	1/4 c. à thé
1 l	bouillon de poulet	4 tasses
6 à 8	pommes de terre grelots ou 2 grosses en quartiers	6 à 8
30 ml ch.	persil et sauge	2 c. à table ch.
250 ml	farine	1 tasse
30 ml	beurre ou margarine	2 c. à table
7 ml	poudre à pâte	1 1/2 c. à thé
1 ml	sel	1/4 c. à thé
125 ml	lait	1/2 tasse

Ragoût :

• Dans une marmite, faire chauffer le beurre et l'huile. • Faire suer les oignons, le poireau, les carottes, le navet et le rutabaga. Lorsque les légumes ont rejeté leur jus, ajouter le poulet, le thym et l'origan. • Assaisonner et mouiller du bouillon. • Porter à ébullition et ajouter les pommes de terre. • Laisser mijoter 20 minutes à feu moyen et cuire jusqu'à ce que les pommes de terre soient tendres.

Boulettes de pâtes :

• Dans le bol du robot culinaire, incorporer ensemble le persil, la sauge, la farine, le beurre, la poudre à pâte et le sel. • Faire un mélange ayant la texture d'une chapelure. • Verser le lait dans le mélange de façon à obtenir une pâte homogène.
• Déposer le mélange sur le ragoût, par cuillerée à table, pour avoir 4 à 6 boulettes. • Mijoter à couvert 15 à 20 minutes, jusqu'à ce que les pâtes aient gonflé et qu'elles soient légères.
• Servir aussitôt une portion de ragoût surmontée d'une pièce de pâte et d'une brindille de persil frais.

Temps de préparation : 30 min	Temps de cuisson : 40-50 min
Nombre de portions : 4 à 6	

Navet ou rutabaga, comment les distinguer? La peau du navet est blanche mais il possède un collet de couleur pourpre. Il est de plus petite taille que le rutabaga. La chair du rutabaga est jaune, il est plus volumineux que le navet et son goût est plus prononcé.

Les ragoûts représentent des plats sains et complets. En effet, ils contiennent souvent de la viande, des légumes et parfois des produits céréaliers. Accompagnés d'un petit pain de blé entier et d'un verre de lait, ils constituent un repas équilibré.

Équivalences du GAC

Produits céréaliers	—
Légumes et fruits	30 à 34
Produits laitiers	1/2
Viandes et substituts	4
Matières grasses	6

La **crème** est très utilisée en cuisine parce qu'elle confère aux aliments une saveur douce et une texture onctueuse. Cependant, vous pouvez lui substituer des produits moins gras comme le yogourt, le lait évaporé, le lait, le babeurre ou la crème sure.

Substituts du vin :

Il est possible de remplacer un produit alcoolisé par un autre qui ne l'est pas. Toutefois, ces substituts ne permettront jamais d'obtenir exactement la même saveur originale.

• Remplacer le vin blanc par du bouillon de poulet ou du jus de légumes dans les plats salés, et par des jus de fruits (pommes, oranges, ananas) dans les plats sucrés. • À la place du vin rouge, prenez du bouillon de boeuf ou du jus de tomate dans les plats salés et des jus de fruits dans les plats sucrés. • Remplacez le marsala, madère ou porto par du bouillon ou du jus de légumes dans les plats salés et par des concentrés de jus de fruits dans les plats sucrés. • Cognac, brandy ou rhum peuvent être remplacés par des concentrés de jus de fruits ou des bouillons concentrés dans les plats salés, et purée de fruits ou concentrés de jus dans les plats sucrés.

Équivalences du GAC

Produits céréaliers	—
Légumes et fruits	3
Produits laitiers	—
Viandes et substituts	6
Matières grasses	8

RAGOÛT DE POULET AUX BOUQUETS DE BROCOLI

Ce plat très simple regorge de saveurs et de couleurs. Un mets économique et rapide à préparer.

45 ml	beurre ou margarine	3 c. à table
30 ml	huile d'olive	2 c. à table
750 g	cubes de poitrine ou de haut de cuisse de poulet	1 1/2 lb
2 ml	sel	1/2 c. à thé
1 ml	poivre	1/4 c. à thé
3	échalotes sèches ou 1 petit oignon émincé	3
250 ml	bouquets de brocoli	1 tasse
125 ml	champignons blancs, émincés	1/2 tasse
2	gousses d'ail dégermées, hachées	2
15 ml	basilic haché fin (séché : 5 ml/1 c. à thé)	1 c. à table
125 ml	vin blanc sec	1/2 tasse
250 ml	bouillon de poulet	1 tasse
125 ml	crème 35 % ou 15 % champêtre	1/2 tasse

• Dans une poêle, faire chauffer le beurre et l'huile. • Cuire le poulet assaisonné de façon à lui donner une belle coloration, environ 4 à 5 minutes. • Retourner durant la cuisson, retirer et réserver au chaud. • Dans une petite casserole, faire chauffer un peu de beurre soit 5 ml (1 c. à thé) et suer les échalotes 2 à 3 minutes. Ajouter les bouquets de brocoli et cuire 2 autres minutes. • Ajouter ensuite les champignons, l'ail, le basilic et chauffer. • Assaisonner et cuire à feu moyen 3 à 4 minutes. Retirer et réserver au chaud. • Déglacer la poêle au vin, mouiller du bouillon et réduire du trois quart. • Ajouter la crème et réduire jusqu'à consistance de sauce. • Mettre le poulet cuit et les légumes dans la sauce, réchauffer le tout. • Servir sur un lit de pâtes.

Temps de préparation : 15 min	Temps de cuisson : 15-20 min
Nombre de portions : 6	

SAUTÉ DE POULET AUX ARACHIDES

La texture croquante des arachides concassées rappellera le fameux poulet «satay».

15 ml	huile d'arachide	1 c. à table
500 g	cubes de poitrine ou de haut de cuisse de poulet	1 lb
2 ml	sel	1/2 c. à thé
1 ml	poivre	1/4 c. à thé
2	gousses d'ail dégermées, hachées	2
5 à 10 ml	gingembre frais, râpé	1 à 2 c. à thé
500 ml	haricots verts	2 tasses
1	poivron rouge en lanières	1
1	carotte émincée en biseaux	1
125 ml	bouillon de poulet	1/2 tasse
60 ml	beurre d'arachide	1/4 tasse
60 ml	sauce soya	1/4 tasse
1 ml	poivre de Cayenne	1/4 c. à thé
80 ml	arachides concassées (facultatif)	1/3 tasse

• Dans une poêle, faire chauffer l'huile. • Faire sauter à feu vif les cubes de poulet assaisonnés et cuire 6 à 8 minutes ou jusqu'à ce que le poulet ait une belle coloration. • Ajouter l'ail, le gingembre, les haricots, le poivron et la carotte. • Cuire jusqu'à ce que les légumes soient tendres mais encore croquants. • Mouiller avec le bouillon puis ajouter le beurre d'arachide, la sauce soya et le poivre. • Rectifier l'assaisonnement et porter à ébullition. • Enrober le poulet de la sauce et servir sur des nouilles de riz. Saupoudrer d'arachides.

Temps de préparation : 15 min	Temps de cuisson : 15 -20
Nombre de portions : 4	

SOUPE DE POULET ET LÉGUMES

Cette soupe-repas se prépare vite et bien. Un plat qui ne manquera pas de satisfaire votre appétit!

45 ml	beurre ou margarine	3 c. à table
500 g	cubes de poitrine ou de haut de cuisse de poulet	1 lb
2	oignons moyens émincés	2
125 ml	carottes émincées	1/2 tasse
125 ml	céleri émincé	1/2 tasse
5	tomates mondées, épépinées, concassées	5
5 ml	feuilles de basilic frais haché	1 c. à thé
2	gousses d'ail dégermées, hachées	2
2 ml	sel	1/2 c. à thé
1 ml	poivre	1/4 c. à thé
125 ml	jus de tomates	1/2 tasse
250 ml	bouillon de poulet	1 tasse
1	pomme de terre en cubes	1
125 ml	haricots verts	1/2 tasse

Malgré le fait que l'huile d'arachide contienne principalement des grains insaturés, utilisez-la avec modération. En effet, les gras insaturés de cette huile ont tendance à se comporter comme des gras saturés, ce qui peut contribuer à augmenter le niveau de cholestérol sanguin.

Équivalences du GAC

Produits céréaliers	—
Légumes et fruits	7
Produits laitiers	—
Viandes et substituts	4
Matières grasses	1

Accompagnez cette soupe-repas d'une tranche de pain de seigle et d'un bon fromage. Votre repas comprendra ainsi des aliments des quatre (4) groupes du Guide alimentaire canadien.

Le vinaigre de cerises de terre peut être remplacé par du vinaigre de framboises ou tout autre vinaigre aromatisé aux fruits. Vous trouverez ces vinaigres dans certains supermarchés et dans les épiceries fines.

Les cerises de terre en garniture peuvent facilement être remplacées par de petites tomates cerises.

• Dans une casserole, faire chauffer le beurre et colorer les cubes de poulet 2 à 3 minutes. • Ajouter les oignons, les carottes, le céleri et faire suer au beurre durant 4 à 5 minutes. • Ajouter ensuite les tomates, le basilic, l'ail, le sel et le poivre. • Verser le jus de tomates et mouiller avec le bouillon. • Porter à ébullition et cuire à feu doux durant 25 minutes. • À la mi-cuisson, ajouter les pommes de terre et les haricots. • Arrêter la cuisson lorsque les pommes de terre et les haricots sont cuits.

Temps de préparation : 10 min	Temps de cuisson : 40 min
Nombre de portions : 6	

SUPRÊMES DE POULET ET LEURS «AMOURS EN CAGE»

Une excellente recette remplie de nouveauté : la cerise de terre ou physalis. Ce fruit peu connu s'acclimate très bien au Québec.

750 g	cubes de poitrine ou de haut de cuisse de poulet	1 1/2 lb
4 ml	sel	3/4 c. à thé
2 ml	poivre	1/2 c. à thé
180 ml	farine	3/4 tasse
15 ml	huile d'olive	1 c. à table
60 ml	vinaigre de cerises de terre	1/4 tasse
60 ml	vin blanc	1/4 tasse
15 ml	beurre ou margarine	1 c. à table
375 g	haricots verts	3/4 lb
15 ml	estragon frais, haché (séché : 5 ml/1 c. à thé)	1 c. à table
500 ml	cerises de terre lavées	2 tasses

• Assécher les cubes de poulet, les assaisonner et les enrober d'une légère couche de farine. • Dans un wok ou dans une poêle antiadhésive, chauffer l'huile. • Sauter les cubes en leur donnant une belle coloration. • Cuire environ 5 minutes ou jusqu'à ce que le poulet ait perdu sa couleur rosée à l'intérieur. Réserver le poulet au chaud. • Dans la même poêle, verser le vinaigre et le vin, déglacer la poêle et réduire de moitié. • Y déposer les poitrines et garder au chaud pour le service. • Dans une autre poêle, faire chauffer le beurre; y ajouter les haricots, l'estragon et cuire quelques minutes. • Par la suite, ajouter les cerises de terre et cuire 4 à 5 minutes. • Déposer la garniture autour du poulet et verser la sauce chaude sur le poulet.

Temps de préparation : 15 à 20 min	Temps de cuisson : 20 min
Nombre de portions : 6	

TERRINE DE BLANC DE POULET

Cette recette traditionnelle s'accompagne bien d'un confit d'oignon rouge. Un plat plein de saveurs inspiré d'une recette du docteur Bernard Gagnon de St-Hyacinthe.

375 ml	crème 35 % ou 15 % champêtre	1 1/2 tasse
2	oignons moyens émincés	2
15 ml	sel	1 c. à table
5 ml	poivre	1 c. à thé
3	feuilles de laurier	3
3	clous de girofle	3
1	gousse d'ail émincée	1
1 ml	muscade moulue ou râpée	1/4 c. à thé
1 ml	thym frais haché (séché : 1 pincée)	1/4 c. à thé
5	échalotes sèches émincées	5
15 ml	beurre ou margarine	1 c. à table
500 g	cubes de poitrine ou de haut de cuisse de poulet	1 lb
3	oeufs	3
90 ml	farine tout usage	6 c. à table
1 ml ch.	sel et poivre	1/4 c. à thé
60 ml	porto ou cognac	1/4 tasse

• Dans une casserole, amener à ébullition la crème, l'oignon, le sel, le poivre, le laurier, les clous de girofle, l'ail, la muscade et le thym. • Retirer du feu, laisser reposer 30 minutes.
• Transvider le mélange et garder au frais toute la nuit.
• Filtrer la crème préparée la veille, presser le mélange de façon à extraire un maximum de liquide. • Préchauffer le four à 165 °C (325 °F) et beurrer une terrine ou un moule à pain.
• Faire suer au beurre les échalotes quelques minutes, sans coloration. Verser dans un robot culinaire. • Ajouter le poulet, les oeufs, la farine, le porto et réduire en purée homogène.
• Durant l'opération, incorporer la crème infusée par la cheminée du robot . • Verser dans le moule préparé et couvrir d'un papier d'aluminium. • Placer le moule dans une rôtissoire contenant 5 cm (2 pouces) d'eau bouillante (bain-marie).
• Enfourner et cuire pendant 1 heure 30 minutes environ.
• La préparation est cuite lorsqu'elle se décolle de la terrine ou encore lorsqu'une lame de couteau insérée au centre de la préparation en ressort propre.

Temps de préparation : 45-50 min	Temps de repos : 30 min
Temps de macération : 12-24 heures	Temps de cuisson : 1 h 10 min-1 h 40 min
Nombre de portions : 6	

La **crème** est très utilisée en cuisine parce qu'elle confère aux aliments une saveur douce et une texture onctueuse. Cependant, vous pouvez lui substituer des produits moins gras comme le yogourt, le lait évaporé, le lait, le babeurre ou la crème sure.

Le **porto** est un vin du Portugal dont le moût a été muté par l'addition d'alcool durant sa fermentation. Cela donne un vin à la fois riche en alcool et en sucre. Il existe une petite production de portos blancs (plus légers et délicats), mais la plupart sont faits de vin rouge.

Le **cognac** est une eau-de-vie de vin qui fait partie des appellations françaises d'origine contrôlée. Suite à la distillation, les eaux-de-vie sont placées à vieillir dans des fûts de chêne. C'est pendant ce vieillissement que le cognac acquiert sa teinte, ses arômes et ses saveurs particulières.

Équivalences du GAC

Produits céréaliers	—
Légumes et fruits	3
Produits laitiers	—
Viandes et substituts	4
Matières grasses	10

Les **amandes mondées** sont tout simplement les noix dont la pelure a été enlevée. Elles sont en vente dans la plupart des supermarchés.

Nourrissants ces **pruneaux**! Ils sont riches en potassium et en fibres puis contiennent également du calcium, du fer, de la vitamine A et B. Ils sont aussi reconnus pour leur action laxative.

Information sur la chicoutai, voir page 58.

La **crème** est très utilisée en cuisine parce qu'elle confère aux aliments une saveur douce et une texture onctueuse. Cependant, vous pouvez lui substituer des produits moins gras comme le yogourt, le lait évaporé, le lait, le babeurre ou la crème sure.

Équivalences du GAC

Produits céréaliers	—
Légumes et fruits	1
Produits laitiers	—
Viandes et substituts	6 à 8
Matières grasses	6 1/2

Un plat généreux et appétissant qui saura combler vos attentes gustatives et visuelles.

125 ml	amandes mondées	1/2 tasse
45 ml	beurre ou margarine	3 c. à table
30 ml	huile de tournesol	2 c. à table
6 à 8	grosses cuisses de poulet sans peau, avec ou sans dos	6 à 8
125 ml	oignons perlés ou oignons hachés	1/2 tasse
6	pruneaux dénoyautés, séchés et coupés en quatre	6
5 ml	thym frais haché (séché : 1 ml/1/4 c. à thé)	1 c. à thé
30 ml	chicoutai	2 c. à table
250 ml	bouillon de poulet	1 tasse
60 ml	crème à 35 % ou 15 % champêtre	1/4 tasse
Au goût	sel et poivre	au goût
6	brindilles de thym frais	6

• Dans une poêle ou au four, faire griller les amandes en remuant sans cesse (jusqu'à ce qu'elles aient une belle couleur dorée). Réserver. • Dans la même poêle, faire chauffer 15 ml de beurre (1 c. à table) et l'huile. Cuire les cuisses 5 à 10 minutes de chaque côté pour leur donner une belle coloration. Réserver au chaud. • Ajouter le reste du beurre dans la poêle et faire suer les oignons 2 à 3 minutes. Y ajouter les pruneaux et le thym puis cuire jusqu'à ce qu'ils soient tendres. • Remettre le poulet, couvrir et cuire à feu moyen-doux pendant 15 à 20 minutes ou jusqu'à ce que les jus de cuisson soient clairs. Réserver.
• Déglacer la poêle avec la chicoutai. Mouiller avec le bouillon et réduire du tiers. Ajouter la crème et mélanger. • Remettre le poulet, l'oignon et les pruneaux dans la sauce. • Réchauffer sans porter à ébullition et rectifier l'assaisonnement. • Dresser dans un plat de service avec des brindilles de thym et parsemer d'amandes grillées.

Temps de préparation : 20 min	Temps de cuisson : 30 à 40 min
Nombre de portions : 6	

CUISSES DE POULET À LA CRÈME ET AU BASILIC

Une généreuse portion de poulet qui exhale les arômes envoûtants du basilic frais.

2 ml	sel	1/2 c. à thé
1 ml	poivre	1/4 c. à thé
6	cuisses de poulet avec la peau	6
	(1,75 kg/3 3/4 lb)	
Q.S.	farine	Q.S.
2	échalotes sèches hachées	2
125 ml	tomates mondées, épépinées, concassées	1/2 tasse
45 ml	basilic haché (séché : 15 ml/5 c. à thé)	3 c. à table
180 ml	vin blanc	3/4 tasse
125 ml	bouillon de poulet	1/2 tasse
500 ml	crème 35 % ou 15 % champêtre	2 tasses
6	brindilles de basilic frais (facultatif)	6
Q.S.	asperges vertes blanchies	Q.S.

• Assaisonner les cuisses et les enrober d'une fine couche de farine. • Dans une casserole, faire chauffer le beurre et l'huile puis y colorer les cuisses sur les deux côtés durant 8 à 10 minutes. • Retirer et réserver le poulet au chaud. • Dans le gras de cuisson, faire suer les échalotes 2 à 3 minutes puis ajouter les tomates et le basilic. • Déglacer la casserole avec le vin et réduire de moitié. • Mouiller avec du bouillon et remettre le poulet dans la casserole. • Cuire à couvert durant 20 minutes à feu doux. • Retirer le poulet de la casserole et crémer le bouillon. Réduire jusqu'à consistance de sauce. • Dresser les cuisses de poulet sur des assiettes chaudes, napper de sauce et garnir d'une brindille de basilic. • Servir avec des asperges sur un lit de pâtes.

Temps de préparation : 15 min	Temps de cuisson : 45-50 min
Nombre de portions : 6	

CUISSES DE POULET À L'ÉCHALOTE, GLACÉES AU SIROP D'ÉRABLE

Cette recette est idéale pour un petit souper entre amis. L'échalote et l'érable, une combinaison ingénieuse.

2 ml	muscade moulue	1/2 c. à thé
2	échalotes sèches, hachées finement	2
125 ml	farine	1/2 tasse
6	cuisses de poulet avec ou sans peau,	6
	avec ou sans dos	
2 ml	sel	1/2 c. à thé
1 ml	poivre	1/4 c. à thé
45 ml	beurre ou margarine fondu	3 c. à table
60 ml	sirop d'érable	1/4 tasse

Les **asperges** sont riches en acide folique et en vitamine C. Pour les préparer, il suffit d'ôter l'extrémité fibreuse très dure des tiges et de les peler délicatement avant de les faire cuire. Elles contiennent de l'aspargine, une substance acide qui leur confère cette saveur particulière; l'asperge laisse après son ingestion, une odeur d'acétone à l'urine. L'asperge blanche est une variété qui est cultivée à l'abri du soleil.

Équivalences du GAC

Produits céréaliers	—
Légumes et fruits	1/2
Produits laitiers	—
Viandes et substituts	6
Matières grasses	12

La **crème** est très utilisée en cuisine parce qu'elle confère aux aliments une saveur douce et une texture onctueuse. Cependant, vous pouvez lui substituer des produits moins gras comme le yogourt, le lait évaporé, le lait, le babeurre ou la crème sure.

• Préchauffer le four à 180 °C (350 °F). • Dans un grand bol, mélanger la muscade, l'échalote et la farine; en enrober le poulet préalablement assaisonné. • Déposer dans un plat beurré allant au four et badigeonner de beurre fondu. • Cuire au four 15 minutes, retourner les cuisses et badigeonner de sirop d'érable, cuire 25 minutes, tourner de nouveau. Arroser régulièrement durant la cuisson. • Servir dans un plat chaud avec le jus de cuisson.

Temps de préparation : 20 min	Temps de cuisson : 40 min
Nombre de portions : 6	

CUISSES DE POULET BRAISÉES AUX ARÔMES DE PÊCHES

Un plat qui atteint un maximum de saveur lorsque les fruits sont bien mûrs.

15 ml	beurre ou margarine	1 c. à table
15 ml	huile	1 c. à table
6	cuisses de poulet avec la peau, avec ou sans dos	6
1	oignon moyen émincé	1
30 ml	jus de citron	2 c. à table
250 ml	pêches coupées en lanières	1 tasse
125 ml	mangue coupée en lanières	1/2 tasse
2 ml	sel	1/2 c. à thé
1 ml	poivre	1/4 c. à thé
375 ml	bouillon de poulet	1 1/2 tasse
125 ml	crème 35 % ou 15 % champêtre	1/2 tasse

• Préchauffer le four à 180 °C (350 °F). • Dans une casserole allant au four, faire chauffer le beurre et l'huile. Colorer les cuisses de poulet sur toutes leurs faces, ajouter l'oignon et suer durant 5 à 6 minutes. • Déglacer avec le jus de citron, ajouter les pêches et les mangues, assaisonner. • Mouiller avec le bouillon, porter à ébullition et cuire au four à couvert durant 50 minutes ou jusqu'à ce que la chair ait perdu sa couleur rosée. • Retirer le poulet de la casserole et réserver au chaud. • Ajouter la crème, réduire jusqu'à consistance désirée et rectifier l'assaisonnement. • Dresser les cuisses dans des assiettes chaudes et napper de sauce.

Temps de préparation : 20 min	Temps de cuisson : 1 heure
Nombre de portions : 6	

Équivalences du GAC

Produits céréaliers	—
Légumes et fruits	—
Produits laitiers	—
Viandes et substituts	6
Matières grasses	3

Éviter d'acheter des pêches en trop grandes quantités car elles se détériorent rapidement. Lors de l'achat, choisissez les plus parfumées et celles qui ne sont pas trop dures au toucher.

Pour remplacer les mangues, utilisez des poires ou des abricots.

La **crème** est très utilisée en cuisine parce qu'elle confère aux aliments une saveur douce et une texture onctueuse. Cependant, vous pouvez lui substituer des produits moins gras comme le yogourt, le lait évaporé, le lait, le babeurre ou la crème sure.

Équivalences du GAC

Produits céréaliers	—
Légumes et fruits	5
Produits laitiers	—
Viandes et substituts	6
Matières grasses	5

CUISSES DE POULET ET LEUR GARNITURE PROVENÇALE

Une exquise garniture d'olives et une recette de poulet toute simple. Un plat de choix pour un petit souper spécial.

4	cuisses de poulet sans peau, avec ou sans dos	4
2	échalotes sèches hachées	2
2	gousses d'ail dégermées, hachées	2
5 ml	thym frais haché (séché : 1 pincée)	1 c. à thé
1	feuille de laurier	1
2 ml	sel	1/2 c. à thé
1 ml	poivre	1/4 c. à thé
125 ml	vin blanc sec	1/2 tasse
5 ml	huile d'olive	1 c. à thé
1	oignon moyen haché	1
10	olives noires dénoyautées, hachées	10
10 ml	vinaigre de vin rouge	2 c. à thé
2 ml	miel liquide	1/2 c. à thé
2 ml	thym frais haché	1/2 c. à thé
30 ml	vin blanc sec ou bouillon de poulet	2 c. à table
6	tomates pelées, épépinées, concassées, fraîches ou en conserve	6
15 ml	beurre ou margarine	1 c. à table
15 ml	huile	1 c. à table

• Déposer les cuisses dans un plat creux ; ajouter les échalotes, l'ail, le thym, le laurier, le sel et le poivre. • Mouiller avec le vin, laisser macérer à couvert au réfrigérateur durant 1 heure. • Préchauffer le four à 180 °C (350 °F). • Dans une casserole, faire chauffer l'huile. Y ajouter l'oignon et cuire jusqu'à ce qu'il soit transparent. • Incorporer les olives, le vinaigre, le miel, le thym, le vin et les tomates. Cuire 4 à 5 minutes et réserver au chaud. • Dans une poêle, faire chauffer le beurre et l'huile. Retirer les cuisses de la marinade, égoutter et colorer sur toutes leurs faces. Déposer dans un plat beurré allant au four. • Cuire 45 minutes au four en arrosant régulièrement avec la marinade durant la cuisson. • Dresser les cuisses sur un lit de pâtes et napper de la garniture.

Temps de préparation : 20 min	Temps de macération : 1 heure
Temps de cuisson : 50 min	Nombre de portions : 4

*Cette recette peut aussi être préparée avec le **pilon**, avec la demi-poitrine désossée ou en côtelette de poitrine. On ajuste la cuisson en conséquence. Le boucher prépare la côtelette en utilisant la poitrine entière avec dos et en tranchant le tout à la scie. Vous pouvez cuire les côtelettes sur le gril du barbecue à feu moyen de 5 à 10 minutes de chaque côté en utilisant votre marinade préférée.*

Équivalences du GAC

Produits céréaliers	—
Légumes et fruits	5
Produits laitiers	—
Viandes et substituts	4
Matières grasses	1

Le vermouth peut être remplacé par du vin blanc sec et le sirop d'érable par du miel.

*Le **riz basmati** est un riz délicat, très aromatique. Il est importé des Indes et du Pakistan. Avant de le faire cuire, rincez-le à l'eau froide.*

Cette recette de poulet vous éblouira par son glaçage foncé et par son goût aigre-doux provenant de l'érable et de la sauce soya.

125 ml	vermouth sec ou bouillon de poulet	1/2 tasse
1	gousse d'ail dégermée, hachée	1
2 ml	sauce Worcestershire	1/2 c. à thé
5 ml	coriandre moulue	1 c. à thé
	(fraîche : 15 ml/1 c. à table)	
15 ml	sirop d'érable	1 c. à table
30 ml	sauce soya	2 c. à table
2 ml	sel	1/2 c. à thé
1 ml	poivre	1/4 c. à thé
4	cuisses de poulet avec ou sans peau, avec ou sans dos	4

• Dans un bol, mélanger vermouth, ail, sauce, coriandre, sirop d'érable, sauce soya, sel et poivre. • Y laisser mariner les cuisses de poulet durant 2 heures au frais. • Déposer les cuisses dans un plat beurré allant au four et cuire 45 minutes à 190 °C (375 °F). • Arroser avec la marinade durant la cuisson. • Servir les cuisses sur un lit de riz basmati.

Temps de préparation : 15 min	Temps de macération : 2 heures
Temps de cuisson : 45 min	Nombre de portions : 4

Équivalences du GAC

Produits céréaliers	—
Légumes et fruits	—
Produits laitiers	—
Viandes et substituts	4
Matières grasses	—

75

POULET AU BEURRE DE PERSIL EN CACHETTE

Une recette appétissante et facile à exécuter.

60 ml	persil haché	1/4 tasse
15 ml	ciboulette hachée (séchée : 2 ml/1/2 c. à thé)	1 c. à table
60 ml	champignons hachés	1/4 tasse
4	oignons verts hachés	4
2 ml	sel	1/2 c. à thé
1 ml	poivre	1/4 c. à thé
15 ml	fromage à la crème allégé	1 c. à table
6	cuisses de poulet avec peau, avec ou sans dos	6
1	gousse d'ail dégermée, hachée	1
500 ml	bouillon de poulet	2 tasses

• Préchauffer le four à 180 °C (350 °F). • Mélanger persil, ciboulette, champignons, oignons, sel et poivre. Ajouter le fromage et bien incorporer au mélange à l'aide d'une fourchette. • Avec les doigts, faire une petite perforation sur la cuisse, entre la chair et la peau. Décoller la peau jusqu'au centre de la cuisse sans la détacher complètement de la chair. On obtient ainsi le même effet qu'une pochette. • Introduire la préparation dans cette pochette en étendant uniformément. • Déposer les cuisses sur une plaque à rôtir et cuire au four environ 40 à 45 minutes ou jusqu'à ce que le poulet soit tendre. • Réserver les cuisses dans un autre plat. Sur la même plaque, faire suer l'ail sans le colorer. • Mouiller avec le bouillon et détacher les particules de poulet restées au fond du plat. • Réduire le bouillon du tiers et rectifier l'assaisonnement. • Servir la cuisse bien chaude avec le jus qui aura été filtré au tamis.

> Temps de préparation : 25 min   Temps de cuisson : 40-45 min
> Nombre de portions : 6

BALLOTTINES DE POULET ET LEUR SUSHI DE LÉGUMES

Inspirée du chef et styliste culinaire Stéphane Drouin, de Montréal, une recette ingénieuse et savoureuse. Un plat qui recèle un certain exotisme, à servir lors d'une occasion spéciale.

6	cuisses de poulet semi-désossées, avec ou sans peau	6
2 ml	sel	1/2 c. à thé
1 ml	poivre	1/4 c. à thé
3	feuilles d'algues Nori ou d'épinards blanchis	3
250 ml	riz Basmati cuit	1 tasse
30 ml	fines juliennes de carotte blanchie	2 c. à table
30 ml	fines juliennes de pois mange-tout blanchis	2 c. à table
30 ml	fines juliennes de poivron rouge blanchi	2 c. à table
15 ml	beurre ou margarine	1 c. à table
15 ml	huile	1 c. à table
125 ml	saké	1/2 tasse
5 ml	gousse d'ail dégermée, hachée	1 c. à thé
5 ml	gingembre frais râpé	1 c. à thé
180 ml	crème 35 % ou 15 % champêtre	3/4 tasse

On peut remplacer le fromage à la crème par du fromage cottage ou du fromage blanc frais à 5 % de matières grasses. On trouve maintenant sur le marché des fromages à la crème allégés (à 20 % de matières grasses); préférez-les aux fromages réguliers. Ils donnent d'aussi bons résultats dans vos recettes!

Équivalences du GAC

Produits céréaliers	—
Légumes et fruits	1
Produits laitiers	—
Viandes et substituts	6
Matières grasses	—

Demandez à votre boucher de vous préparer vos cuisses de poulet *comme vous les aimez, semi-désossées ou complètement désossées et ficelées ou en rôti.*

On peut utiliser du vin blanc sec pour remplacer le saké, ce qui changera quelque peu le goût.

La crème *est très utilisée en cuisine parce qu'elle confère aux aliments une saveur douce et une texture onctueuse. Cependant, vous pouvez lui substituer des produits moins gras comme le yogourt, le lait évaporé, le lait, le babeurre ou la crème sure.*

• Préchauffer le four à 180 °C (350 °F). • Ouvrir en deux les cuisses semi-désossées. • Les aplatir et les tapisser d'une demi-feuille d'algue préalablement humidifiée. • Étendre une fine couche de riz sur les feuilles d'algue. • Y déposer un peu de chaque sorte de juliennes de légumes en suivant le sens de la longueur. • Rouler la cuisse en forme de ballottines et ficeler comme un rôti. • Dans une poêle, faire chauffer le beurre et l'huile. • Y colorer les ballottines sur toutes leurs faces et déposer dans un plat beurré allant au four. Cuire au four durant 25 à 30 minutes. Enlever les ficelles et réserver les ballottines au chaud. • Déglacer la poêle au saké et réduire des deux tiers. • Ajouter l'ail, le gingembre et cuire 4 à 5 minutes à feu moyen. • Ajouter la crème et laisser réduire jusqu'à consistance de sauce. • Trancher les ballottines et servir en éventail dans des assiettes chaudes. Napper de sauce et garnir d'une brindille d'herbe fraîche.

Temps de préparation : 45 min	*Temps de cuisson : 35-40 min*
Nombre de portions : 6	

GIGOLETTES DE POULET FARCIES AUX PRUNEAUX

Ce plat qui s'inspire d'une recette du chef Robert Plouffe, du restaurant l'Arrivage, révèle des saveurs et des arômes inattendus.

60 ml	*vin rouge*	*1/4 tasse*
30 ml	*vinaigre de vin rouge*	*2 c. à table*
45 ml	*sucre*	*3 c. à table*
100 g	*pruneaux frais dénoyautés, hachés*	*1/4 lb*
6	*cuisses de poulet désossées, avec la peau*	*6*
100 g	*boeuf haché maigre ou poulet haché*	*1/4 lb*
100 g	*porc haché maigre*	*1/4 lb*
375 ml	*riz sauvage cuit ou étuvé*	*1 1/2 tasse*
125 ml	*bouillon de poulet brun lié*	*1/2 tasse*
9	*pruneaux frais, dénoyautés, hachés*	*9*
15 ml	*beurre et huile*	*1 c. à table*
2 ml	*sel*	*1/2 c. à thé*
1 ml	*poivre*	*1/4 c. à thé*

• Préchauffer le four à 180 °C (350 °F). • Dans un bol, mélanger vin, vinaigre, sucre et pruneaux. Verser sur les cuisses de poulet. • Laisser macérer 4 heures au réfrigérateur. • Dans un grand bol, incorporer ensemble les ingrédients de la farce en les malaxant à la main. • Retirer les cuisses de la marinade, les farcir en leur redonnant leur forme initiale et ficeler. • Dans une poêle, chauffer le beurre et l'huile. Assaisonner les cuisses et leur donner une belle coloration. • Déposer dans un plat beurré allant au four et cuire 25 à 30 minutes. • Dans une petite casserole, porter la marinade à ébullition puis retirer du feu. • Servir le poulet avec des légumes frais et napper de la marinade chaude.

Temps de préparation : 30-35 min	*Temps de macération : 4 heures*
Temps de cuisson : 25-30 min	*Nombre de portions : 6*

Équivalences du GAC

Produits céréaliers	2
Légumes et fruits	1
Produits laitiers	—
Viandes et substituts	6
Matières grasses	6

Demandez à votre boucher de préparer vos **cuisses de poulet** *comme vous les aimez : semi-désossées ou complètement désossées et ficelées, avec ou sans la peau ou en rôti.*

Le **riz sauvage** *est un riz très riche en fibres, qui possède une grande valeur nutritive. Vous le trouverez dans la plupart des supermarchés.*

Équivalences du GAC

Produits céréaliers	3
Légumes et fruits	6
Produits laitiers	—
Viandes et substituts	6
Matières grasses	1

JAMBONNEAUX DE POULET AVEC LEUR SAUCE AUX CÂPRES ET AUX HERBES

La cuisse de poulet semi-désossée est une découpe que votre boucher se fera un plaisir de vous préparer. Elle se prête très bien à une multitude de recettes.

15 ml	beurre ou margarine	1 c. à table
15 ml	huile	1 c. à table
6	cuisses de poulet entières ou semi-désossées	6
2 ml	sel	1/2 c. à thé
1 ml	poivre	1/4 c. à thé
1	carotte émincée en lamelles	1
2	branches de céleri en lamelles	2
1	poireau émincé	1
4	gousses d'ail dégermées et hachées	4

• Préchauffer le four à 200 °C (400 °F). • Dans une poêle, faire chauffer le beurre et l'huile. • Assaisonner les cuisses et les faire dorer. • Dans un plat allant au four, déposer les légumes (sauf l'ail) et placer les cuisses sur le dessus. • Ajouter l'ail et couvrir. • Cuire environ 25 minutes ou jusqu'à ce que les jus de cuisson soient clairs. • Retirer les cuisses du plat de cuisson et les réserver au chaud. • Dresser les légumes dans une assiette chaude et y déposer les cuisses de poulet; napper de sauce aux câpres.

Temps de préparation : 30 min	Temps de cuisson : 35-40 min
Nombre de portions : 6	

JAMBONNETTES DE POULET, SAUCE AU POIVRE VERT ET CANNEBERGES

Contrairement à ce qui se faisait auparavant, la canneberge se cultive maintenant au Québec. Son utilisation est d'ailleurs de plus en plus répandue.

320 g	poitrines de poulet désossées sans peau	3/4 lb
180 ml	crème 35 % ou 15 % champêtre	3/4 tasse
2 ml	sel	1/2 c. à thé
1 ml	poivre	1/4 c. à thé
30	haricots verts blanchis, en bâtonnets	30
30	carottes blanchies, en bâtonnets	30
6	cuisses de poulet semi ou complètement désossées, avec la peau	6
125 ml	vin rouge	1/2 tasse
160 ml	gelée de canneberges	2/3 tasse
30 ml	jus de poivre vert en conserve	2 c. à table
160 ml	bouillon de poulet	2/3 tasse
250 ml	crème 35 % ou 15 % champêtre	1 tasse

Les câpres proviennent du câprier, un arbrisseau originaire d'Orient et abondamment cultivé dans les régions méditerranéennes. Elles acquièrent une saveur particulière très agréable lorsqu'elles sont saumurées ou confites dans du vinaigre et du sel.

Plus elles sont petites, plus leur goût aigrelet et amer est délicat. D'autres plants donnent un produit semblable, soit les boutons floraux de la capucine, du sureau et de la renoncule.

Équivalences du GAC

Produits céréaliers	—
Légumes et fruits	4
Produits laitiers	—
Viandes et substituts	6
Matières grasses	2

La crème est très utilisée en cuisine parce qu'elle confère aux aliments une saveur douce et une texture onctueuse. Cependant, vous pouvez lui substituer des produits moins gras comme le yogourt, le lait évaporé, le lait, le babeurre ou la crème sure.

Demandez à votre boucher de vous préparer vos cuisses de poulet comme vous les aimez, semi-désossées ou complètement désossées et ficelées.

On dit que les canneberges sont bénéfiques pour la circulation sanguine, la peau et le système digestif; on s'en sert aussi pour traiter les infections urinaires. La gelée et le jus de canneberges en conserve sont offerts dans la plupart des supermarchés.

On trouve le jus de poivre vert en conserve dans les épiceries fines et dans certains supermarchés : demandez-le à votre épicier.

• Passer au robot culinaire les poitrines, la crème, le sel et le poivre. Réserver au frais. • Tailler les légumes en bâtonnets et les blanchir à l'eau bouillante salée. • Tapisser l'intérieur de la cuisse avec la farce. Déposer les bâtonnets sur la cuisse (2 de chaque sorte). • Redonner à la cuisse sa forme initiale et envelopper dans du papier plastique. • Dans une casserole, porter à ébullition le vin, la gelée et le jus de poivre. Laisser la sauce réduire de moitié. • Ajouter le bouillon et la crème puis réduire encore de moitié jusqu'à l'obtention de la consistance désirée. Passer au tamis et réserver au chaud. • Cuire les jambonnettes à la vapeur environ 8 à 10 minutes. • Enlever le papier et déposer dans un plat beurré allant au four. • Cuire quelques minutes à «gril» pour donner une belle coloration aux jambonnettes. • Trancher le poulet en biseaux, napper de sauce et parsemer de poivre vert en grains.

Temps de préparation : 25-30 min	*Temps de cuisson : 25-30 min*
Nombre de portions : 6	

POULET À LA CRÈME DE NOISETTES

La texture croquante de la sauce aux noisettes fait de ce plat parfumé un véritable succès. Inspiré d'une recette du docteur M. Dion.

60 ml	*beurre ou margarine non salé*	1/4 tasse
6	*cuisses semi-désossées, avec ou sans peau*	6
1 ml ch.	*sel et poivre*	1/4 c. à thé
2	*gousses d'ail hachées*	2
1	*brindille de thym*	1
200 ml	*cognac*	3/4 tasse
200 g	*noisettes concassées*	1/2 lb
500 ml	*crème à 35 % ou 15 % champêtre*	2 tasses

• Dans une poêle, faire fondre 30 ml (2 c. à table) de beurre et y faire sauter les cuisses de poulet préalablement assaisonnées.
• Les déposer dans une cocotte et y ajouter l'ail et le thym.
• Cuire environ 40 minutes à feu moyen-doux ou jusqu'à ce que les jus de cuisson soient clairs. • Retirer le poulet, dégraisser la cocotte, déglacer avec le cognac et flamber. Réduire de moitié.
• Retirer le poulet et réserver au chaud. • Ajouter les noisettes, la crème et réduire de moitié à feu vif. • Rectifier l'assaisonnement. • Retirer la sauce du feu, ajouter le reste du beurre et fouetter de façon à donner du corps à la sauce.
• Dresser les cuisses sur un plat de service et napper de la crème de noisettes.

Temps de préparation : 20 min	*Temps de cuisson : 55 min*
Nombre de portions : 6	

Comment flamber? *Chauffer l'alcool dans une petite casserole. En vous tenant éloigné, frottez une longue allumette et gardez-la au-dessus de la casserole jusqu'à ce que les vapeurs qui s'en dégagent prennent feu. Versez l'alcool en feu sur le plat. Vous pouvez chauffer l'alcool dans une louche, l'allumer et le verser en feu sur le plat. Ou comme dans cette recette, si le plat à flamber est en train de cuire, dégraissez-le complètement. Versez l'alcool dans le plat chaud. En vous tenant éloigné, allumez-le à l'aide d'une longue allumette. L'alcool chaud devrait flamber quelques secondes (2 à 10 secondes).*

Attention, l'alcool ne s'enflamme pas toujours du premier coup donc, tenez-vous éloigné du plat lorsque vous faites flamber.

BLANCS DE POULET AU JUS PARFUMÉ

Un plat rempli de saveurs inspiré d'une recette du chef Frédéric Desbiens de Québec.

4	demi-poitrines de poulet désossées, sans peau	4
1	branche de thym frais, haché (séché : 1 pincée)	1
1/2	branche de romarin frais, haché (séché : 1 pincée)	1/2
2 ml	sel	1/2 c. à thé
1 ml	poivre	1/4 c. à thé
75 g	beurre ou margarine	5 c. à table
15 ml	huile	1 c. à table
2	foies de poulet	2
30 ml	échalotes sèches hachées	2 c. à table
750 ml	bouillon de poulet	3 tasses
Au goût	sel et poivre	au goût
	branches de thym ou romarin (facultatif)	

• Préchauffer le four à 190 °C (375 °F). • Déposer les suprêmes de poulet, côté peau contre la table de travail. • Parsemer les suprêmes de la moitié du thym et de la moitié du romarin, les assaisonner. • Plier les poitrines en deux et les ficeler de façon à conserver la forme arrondie (plier la pointe de la poitrine vers le bout arrondi). • Dans une poêle, faire chauffer le beurre et l'huile. Donner une belle coloration aux poitrines (environ 5 à 7 minutes). Déposer dans un plat beurré allant au four et cuire 8 à 10 minutes ou jusqu'à ce que le poulet soit tendre. • Dégraisser la poêle, cuire au beurre à feu vif les foies de poulet et l'échalote. • Déglacer la poêle avec le bouillon et laisser réduire de moitié. • Filtrer le jus de cuisson en appuyant fortement sur la garniture. • Ajouter au jus le reste du thym et du romarin puis porter à ébullition. • Incorporer, hors du feu, une noix de beurre en fouettant énergiquement. • Retirer les ficelles du poulet et dresser dans une assiette chaude. • Napper de sauce et garnir d'une brindille de thym ou de romarin.

Temps de préparation : 30 min	Temps de cuisson : 25-30 min
Nombre de portions : 4	

Les herbes fraîches :

Comment les préparer?

• Coupez-les finement : plus la surface exposée à l'air est grande, plus la saveur transmise est corsée. Le ciseau s'avère l'outil idéal.
• Écrasez rapidement les fines herbes séchées entre les paumes des mains avant de les utiliser afin d'en réveiller la saveur. Pour réduire les herbes en poudre, utilisez un mortier.
• Vous pouvez également les faire tremper dans de l'eau, du lait ou de l'huile environ 1/2 heure pour aromatiser.

Comment les conserver?

• Les fines herbes se gardent au réfrigérateur. • Ne les laver qu'au moment de les utiliser pour éviter d'abîmer les feuilles. • Les envelopper pour retarder une perte de fraîcheur. • Les herbes se congèlent facilement, entières ou hachées, sans aucun blanchiment. Vous pouvez les utiliser non décongelées.

Équivalences du GAC

Produits céréaliers	—
Légumes et fruits	—
Produits laitiers	—
Viandes et substituts	4 à 6
Matières grasses	6

*La **crème** est très utilisée en cuisine parce qu'elle confère aux aliments une saveur douce et une texture onctueuse. Cependant, vous pouvez lui substituer des produits moins gras comme le yogourt, le lait évaporé, le lait, le babeurre ou la crème sure.*

Vous pouvez vous procurer des escalopes de poulet à votre supermarché, demandez à votre boucher de les préparer comme vous les aimez.

L'Orpailleur est un excellent vin blanc, vinifié au Québec par l'entreprise du même nom, située dans la charmante localité de Dunham, à quelques kilomètres de Montréal.

6	*demi-poitrines de poulet désossées, sans peau*	6
2 ml	*sel*	1/2 c. à thé
1 ml	*poivre*	1/4 c. à thé
Q.S.	*farine*	Q.S.
15 ml	*beurre ou margarine*	1 c. à table
2	*échalotes sèches émincées*	2
125 ml	*champignons blancs*	1/2 tasse
1 ml	*thym frais haché*	1/4 c. à thé
80 ml	*vin blanc de l'Orpailleur*	1/3 tasse
80 ml	*bouillon de poulet*	1/3 tasse
250 ml	*crème 35 % ou 15 % champêtre*	1 tasse

• Escaloper les poitrines en les tranchant dans le sens de la largeur, selon l'épaisseur désirée. Les assaisonner et les enrober d'une fine couche de farine. • Dans une poêle, faire chauffer le beurre et l'huile. • Faire dorer les escalopes sur les deux côtés de 5 à 7 minutes ou jusqu'à ce que les jus de cuisson soient clairs. • Retirer de la poêle et réserver au chaud. • Dans le gras de cuisson, faire suer les échalotes et les champignons 2 à 3 minutes. • Déglacer la poêle avec le vin et le bouillon; réduire de moitié. • Ajouter la crème et laisser réduire jusqu'à consistance d'une sauce. Dresser et napper de sauce.

Temps de préparation : 10 min Temps de cuisson : 10 min
Nombre de portions : 6

Équivalences du GAC

Produits céréaliers	—
Légumes et fruits	1/2
Produits laitiers	—
Viandes et substituts	4 à 6
Matières grasses	7

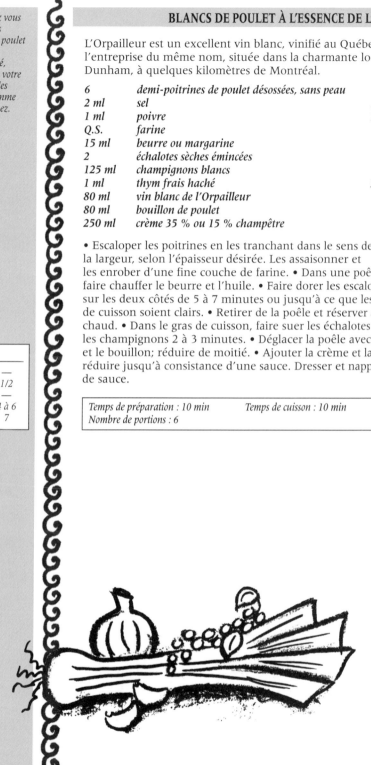

BLANCS DE POULET AUX ÉPINARDS
ET LEUR SAUCE AU VINAIGRE DE FRAMBOISES

Ce plat qui peut être préparé avec une infinie variété de vinaigres est inspiré d'une recette du chef Roger Szor.

4	demi-poitrines de poulet désossées, sans peau	4
15 ml	beurre ou margarine	1 c. à table
60 ml	oignon moyen émincé	1/4 tasse
60 ml	épinards en feuilles	1/4 tasse
60 ml	vin blanc sec	1/4 tasse
100 g	chair de poulet (poitrines ou cuisses désossées, sans peau)	1/4 lb
1	oeuf entier	1
2 ml	sel	1/2 c. à thé
1 ml	poivre	1/4 c. à thé
15 ml	beurre ou margarine	1 c. à table
60 ml	oignon haché	1/4 tasse
1 ml	poivre en grains concassés	1/4 c. à thé
125 ml	vinaigre de framboises ou de vin blanc	1/2 tasse
375 ml	bouillon de poulet	1 1/2 tasse
15 ml	moutarde de Dijon	1 c. à table
15 ml	pâte de tomates	1 c. à table
15 ml	farine	1 c. à table
125 ml	crème 35 % ou 15 % champêtre	1/2 tasse

• Inciser les poitrines de poulet dans le sens de l'épaisseur et les ouvrir en deux. • Dans une poêle, faire suer l'oignon émincé 4 à 5 minutes, au beurre, sans colorer. • Ajouter l'épinard et mouiller au vin. • Réduire à sec et cuire 3 à 4 minutes. • Dans le bol d'un robot culinaire, réduire la chair de poulet en charpie. Incorporer les épinards, l'oeuf et les assaisonnements. • Garnir l'intérieur des poitrines, préalablement assaisonnées, avec la farce et les rouler en enfermant hermétiquement la garniture. • Emballer les boudins dans du papier plastique et attacher les 2 extrémités avec des ficelles. • Cuire les poitrines à la vapeur de 10 à 15 minutes. • Dans une petite casserole, faire suer l'oignon haché au beurre avec le poivre. • Déglacer la poêle avec le vinaigre; réduire de moitié et mouiller avec le bouillon. Porter à ébullition et cuire 4 à 6 minutes. • Dans un petit bol, mélanger en une pâte homogène la moutarde, la pâte de tomates et la farine. • Incorporer graduellement le mélange à la sauce et cuire jusqu'à l'obtention de la consistance désirée. • Crémer la sauce et rectifier l'assaisonnement. • Dresser les rouleaux de poulet tranchés en biseaux dans des assiettes chaudes. Napper le poulet de la sauce.

> Temps de préparation : 35-40 min   Temps de cuisson : 25-35 min
> Nombre de portions : 4

Si vous possédez un robot, vous pouvez hacher vous-même le poulet (poitrines, cuisses désossées sans peau ou un mélange des deux). Sinon, demandez à votre boucher de hacher votre poulet comme vous l'aimez. Le poulet haché ne se conserve pas plus d'un jour au réfrigérateur.

La crème est très utilisée en cuisine parce qu'elle confère aux aliments une saveur douce et une texture onctueuse. Cependant, vous pouvez lui substituer des produits moins gras comme le yogourt, le lait évaporé, le lait, le babeurre ou la crème sure.

Équivalences du GAC

Produits céréaliers	—
Légumes et fruits	1
Produits laitiers	—
Viandes et substituts	4
Matières grasses	5

Les **champignons** «café» ressemblent aux champignons de Paris. Ils sont cependant plus foncés et plus durs.

Pour informations sur la chicoutai, voir recette page 58.

La **crème** est très utilisée en cuisine parce qu'elle confère aux aliments une saveur douce et une texture onctueuse. Cependant, vous pouvez lui substituer des produits moins gras comme le yogourt, le lait évaporé, le lait, le babeurre ou la crème sure.

Équivalences du GAC

Produits céréaliers	—
Légumes et fruits	2
Produits laitiers	—
Viandes et substituts	4 à 6
Matières grasses	7

On dégerme l'ail afin d'éviter de retrouver les particules vertes et dures du germe dans l'ail haché qui doit être blanc.

La **chapelure** fraîche est faite de mie de pain séché (et parfois même de croûte) que l'on passe au robot culinaire jusqu'à l'obtention de fines miettes.

Équivalences du GAC

Produits céréaliers	1
Légumes et fruits	—
Produits laitiers	—
Viandes et substituts	4
Matières grasses	8

BLANCS DE POULET À LA CHICOUTAI

10 ml	beurre ou margarine	2 c. à thé
10 ml	huile	2 c. à thé
6	demi-poitrines de poulet désossées, sans peau	6
2	échalotes sèches, hachées	2
180 ml	champignons «café» émincés	3/4 tasse
125 ml	oignons perlés	1/2 tasse
125 ml	chicoutai	1/2 tasse
250 ml	bouillon de poulet	1 tasse
125 ml	crème 35 % ou 15 % champêtre	1/2 tasse
2 ml	sel	1/2 c. à thé
1 ml	poivre	1/4 c. à thé

• Dans une poêle, faire chauffer le beurre et l'huile. • Cuire les poitrines sur les 2 côtés durant 8 minutes ou jusqu'à ce qu'elles soient bien colorées. • Ajouter les échalotes et les faire suer au beurre durant 3 à 4 minutes. • Ajouter les champignons, les oignons et cuire jusqu'à ce que les champignons soient tendres. Retirer le poulet de la poêle et réserver au chaud. • Déglacer avec la chicoutai et le bouillon. Réduire de moitié. • Mouiller avec la crème, réduire jusqu'à consistance désirée et rectifier l'assaison-nement. • Servir les poitrines escalopées, napper de la sauce.

Temps de préparation : 15 min	Temps de cuisson : 30 min
Nombre de portions : 6	

BLANCS DE POULET AU BEURRE D'HERBES

60 ml	beurre ou margarine	1/4 tasse
30 ml	oignon vert, haché	2 c. à table
15 ml	ail dégermé et haché fin	1 c. à table
2 ml	ciboulette hachée	1/2 c. à thé
1 ml	thym frais haché (séché : 1 pincée)	1/4 c. à thé
4	demi-poitrines de poulet désossées, sans peau	4
60 ml	beurre ou margarine fondu	1/4 tasse
160 ml	chapelure	2/3 tasse
2 ml	sel	1/2 c. à thé
1 ml	poivre	1/4 c. à thé

• Préchauffer le four à 180 °C (350 °F). • Dans un bol, mélanger avec une cuillère en bois le beurre en pommade (à température de la pièce), l'oignon, l'ail, la ciboulette et le thym. • Séparer la garniture en 6 portions égales façonnées en rectangles de 3 cm par 5 cm (1 1/2 à 2 pouces) Mettre au congélateur environ 10 à 15 minutes. • Aplatir les poitrines de poulet, à environ 0,5 cm (1/4 pouce) d'épaisseur, entre 2 feuilles de papier ciré. • Déposer une portion de beurre aux herbes sur chaque poitrine. • Rabattre les extrémités de la poitrine vers le centre, sur la pièce de beurre. • Badigeonner les poitrines de beurre fondu, les assaisonner et les enrober de chapelure. Déposer le poulet sur un plat beurré allant au four. • Cuire au four 20 à 25 minutes ou jusqu'à ce que les jus de cuisson soient clairs. • Servir aussitôt.

Temps de préparation : 30 min	Temps de cuisson : 20-25 min
Nombre de portions : 4	

BLANCS DE POULET AU FENOUIL

Ce plat fait un clin d'oeil aux légumes et aux saveurs du potager. Inspiré d'une recette du chef Eugenio Bozzo de Montréal.

4	demi-poitrines de poulet désossées, sans peau	4
2 ml	sel	1/2 c. à thé
1 ml	poivre	1/4 c. à thé
125 g	chair de poitrine ou de cuisse désossée, sans peau	1/4 lb
125 ml	crème 35 % ou 15 % champêtre	1/2 tasse
30 ml	beurre ou margarine	2 c. à table
125 ml	bulbe de fenouil frais, émincé	1/2 tasse
8	grandes lanières de carottes	8
9	feuilles vertes de poireaux	9

Sauce :

125 ml	fenouil haché	1/2 tasse
125 ml	vin blanc	1/2 tasse
350 ml	bouillon de poulet	1 1/3 tasse
15 ml	beurre ou margarine (roux)	1 c. à table
15 ml	farine (roux)	1 c. à table

• Inciser les poitrines dans le sens de l'épaisseur et ouvrir en deux. Aplatir et assaisonner l'intérieur, réserver au frais. • Dans un bol à robot culinaire, réduire en charpie la chair de poulet, assaisonner et ajouter graduellement la crème. Réserver au frais. • Dans une poêle, faire étuver au beurre le fenouil 4 à 5 minutes et réserver. • Trancher les carottes en lanières et les blanchir. Faire blanchir les feuilles de poireaux et les ouvrir en deux. • Une fois le fenouil refroidi, le déposer sur les poitrines et enfermer la garniture de façon à ce que le poulet ait une forme carrée. Fermer hermétiquement en dessous. • Tapisser le dessus de la poitrine avec la farce puis ceinturer les poitrines de carottes et de feuilles de poireaux de façon à contenir la farce lors de la cuisson. Réserver au réfrigérateur 30 minutes. • Cuire à la vapeur 20 minutes. • Faire suer le fenouil au beurre et déglacer au vin; réduire de moitié. • Mouiller avec le bouillon et lier légèrement avec un roux blanc préalablement préparé avec 15 ml (1 c. à table) de beurre et 15 ml (1 c. à table) de farine. • Cuire 10 à 15 minutes et rectifier l'assaisonnement. • Dresser les poitrines tranchées dans les assiettes chaudes et napper de sauce.

Temps de préparation : 25-30 min	Temps de cuisson : 35-40 min
Nombre de portions : 4	

La *crème* est très utilisée en cuisine parce qu'elle confère aux aliments une saveur douce et une texture onctueuse. Cependant, vous pouvez lui substituer des produits moins gras comme le yogourt, le lait évaporé, le lait, le babeurre ou la crème sure.

Équivalences du GAC

Produits céréaliers	—
Légumes et fruits	5 1/2
Produits laitiers	—
Viandes et substituts	3 à 5
Matières grasses	6

L'artichaut, cet aliment plein de vertus et de goût, s'harmonise avec le poulet. Une recette remplie de saveurs, inspirée par celle du docteur Richard Huot de Fabreville (Laval).

15 ml	beurre ou margarine	1 c. à table
15 ml	huile	1 c. à table
1 ml ch.	sel et poivre	1/4 c. à thé
4	demi-poitrines de poulet désossées, sans peau	4
3	échalotes françaises hachées finement	3
225 g	champignons de Paris émincés	1/2 lb
1 boîte	coeurs d'artichauts émincés	14 oz
	ou 5 à 6 coeurs d'artichauts frais	
125 ml	vin blanc	1/2 tasse
250 ml	bouillon de poulet	1 tasse
250 ml	crème à 35 % ou 15 % champêtre	1 tasse
Au goût	sel et poivre	au goût
15 ml	moutarde de Dijon ou moutarde de Meaux	1 c. à table

• Préchauffer le four à 180 °C (350 °F). • Dans une poêle, faire chauffer le beurre et l'huile. Assaisonner les poitrines. Donner une belle coloration aux poitrines et réserver au chaud. • Dans la même poêle, faire revenir les échalotes, les champignons et les coeurs d'artichauts. • Déglacer au vin, mouiller du bouillon et réduire de moitié. • Ajouter la crème, le sel, le poivre et réduire encore de moitié. • Ajouter la moutarde et prendre bien soin de ne pas la faire bouillir. • Étendre les poitrines de poulet, réserver dans un plat allant au four; les couvrir de la sauce aux artichauts et cuire au four 30 minutes ou jusqu'à ce que le poulet soit tendre. • Servir aussitôt.

Temps de préparation : 20 min	Temps de cuisson : 40-45 min
Nombre de portions : 4	

Au moyen âge, l'**artichaut** était une denrée que l'on soupçonnait d'être aphrodisiaque. De nos jours, il est abondamment cultivé en Europe et dans le sud des États-Unis. Lorsque le temps vous presse, des coeurs d'artichauts prêts à manger sont offerts en conserve ou en pots de verre dans une eau salée, non salée ou additionnée de vinaigre et parfois assaisonnés.

La **crème** est très utilisée en cuisine parce qu'elle confère aux aliments une saveur douce et une texture onctueuse. Cependant, vous pouvez lui substituer des produits moins gras comme le yogourt, le lait évaporé, le lait, le babeurre ou la crème sure.

Équivalences du GAC

Produits céréaliers	—
Légumes et fruits	4
Produits laitiers	—
Viandes et substituts	2 à 4
Matières grasses	8

BLANCS DE POULET AUX SAVEURS DES BOIS

Un plat rempli de saveurs et de coloris inspiré d'une recette du chef et styliste culinaire Stéphane Drouin de Montréal.

15 ml	huile	1 c. à table
15 ml	vinaigre de framboises	1 c. à table
80 ml	miel liquide ou sirop d'érable	1/3 tasse
15 ml	thym frais haché (séché : 5 ml/1 à thé)	1 c. à table
2 ml	graines de moutarde	1/2 c. à thé
2 ml	sel	1/2 c. à thé
1 ml	poivre	1/4 c. à thé
6	demi-poitrines de poulet désossées, sans peau	6
15 ml	beurre ou margarine	1 c. à table
15 ml	huile	1 c. à table
80 ml	vinaigre de framboises	1/3 tasse
250 ml	bouillon de poulet	1 tasse
15 ml	moutarde de Dijon	1 c. à table
30	framboises fraîches	30
6	brindilles de thym pour la garniture (facultatif)	6

• Préchauffer le four à 180 °C (350 °F). • Dans un bol, mélanger l'huile, 15 ml (1 c. à table) de vinaigre, le miel ou le sirop, le thym, les graines de moutarde, le sel et le poivre. • Déposer le poulet dans la marinade et laisser macérer 2 à 3 heures. Retirer et éponger les poitrines. • Dans une poêle, faire chauffer le beurre et l'huile. • Cuire les poitrines en les colorant des 2 côtés et terminer la cuisson dans un plat beurré au four durant 20 à 25 minutes. Réserver au chaud. • Déglacer la poêle au vinaigre et réduire de moitié. Mouiller avec le bouillon, réduire jusqu'à l'obtention d'une sauce sirupeuse. Ajouter la moutarde et réchauffer les framboises dans la sauce 2 à 3 minutes. • Escaloper les suprêmes et napper de la sauce. Garnir avec les framboises et les brindilles de thym.

Temps de préparation : 20 min	Temps de macération : 2-3 heures
Temps de cuisson : 35-40 min	Nombre de portions : 6

On peut remplacer le vinaigre de framboises par du vinaigre balsamique,

Saviez-vous que les framboises sont une excellente source de vitamine C.

Équivalences du GAC

Produits céréaliers	—
Légumes et fruits	1
Produits laitiers	—
Viandes et substituts	4 à 6
Matières grasses	3

Les **câpres**, boutons floraux du câprier, acquièrent leur saveur distinctive en étant saumurées ou confites, au vinaigre et au sel. Plus la câpre est petite, plus sa saveur est fine.

La saveur aigrelette et amère des câpres relève délicatement le parfum du poulet.

5 ml	sauge fraîche hachée (séchée : 2 ml/1/2 c. à thé)	1 c. à thé
15 ml	jus de citron	1 c. à table
10 ml	huile d'olive	2 c. à thé
1	gousse d'ail hachée	1
6	demi-poitrines de poulet désossées, sans peau	6
30 ml	beurre ou margarine	2 c. à table
15 ml	huile	1 c. à table
125 ml	champignons portobella ou blancs en lamelles	1/2 tasse
250 ml	tomates étuvées, concassées (fraîches ou en conserve)	1 tasse
125 ml	vin blanc	1/2 tasse
125 ml	bouillon de poulet	1/2 tasse
60 ml	câpres égouttées	1/4 tasse
2 ml	sel	1/2 c. à thé
1 ml	poivre	1/4 c. à thé

• Mélanger dans un bol la sauge, le jus de citron, l'huile et l'ail.
• Badigeonner les poitrines de poulet sur toutes leurs faces et laisser macérer dans la marinade durant 1 heure. • Dans une poêle, faire chauffer 15 ml de beurre et l'huile puis y faire cuire à feu vif le poulet (préalablement égoutté et épongé) de 4 à 5 minutes de chaque côté ou jusqu'à ce que la chair ait perdu sa couleur rosée. Réserver au chaud. • Dans la même poêle, ajouter le reste du beurre et faire cuire les champignons et les tomates 3 à 4 minutes. • Déglacer la poêle au vin et mouiller avec le bouillon et la marinade. Porter à ébullition, ajouter les câpres et rectifier l'assaisonnement. • Réduire l'intensité du feu et remettre le poulet dans la sauce.
• Réchauffer le poulet 3 à 4 minutes et servir bien chaud dans des plats de service.

Temps de préparation : 20 min	Temps de macération : 1 heure
Temps de cuisson : 20-25 min	Nombre de portions : 6

Équivalences du GAC

Produits céréaliers	—
Légumes et fruits	2 1/2
Produits laitiers	—
Viandes et substituts	4 à 6
Matières grasses	2

BLANCS DE POULET ET LEUR TUILE DE FILO AU SÉSAME

Cette recette de poulet permet une présentation qui sort de l'ordinaire. Et bonne nouvelle, elle est très simple et facilement réalisable.

15 ml	beurre ou margarine	1 c. à table
15 ml	huile	1 c. à table
2 ml	sel	1/2 c. à thé
1 ml	poivre	1/4 c. à thé
4	demi-poitrines de poulet désossées, sans peau	4
5 ml	origan frais (séché : 1 ml/1/4 c. à thé)	1 c. à thé
12	feuilles de pâte feuilletée de type filo	12
125 ml	beurre clarifié ou margarine fondue	1/2 tasse
30 ml	graines de sésame	2 c. à table
1	poivron rouge	1
15 ml	crème à 15 %	1 c. à table
3	poivrons (1 rouge, 1 vert, 1 jaune)	3
1	oignon émincé	1
30 ml	huile d'olive	2 c. à table
45 ml	coriandre ou poivre en grains concassés	3 c. à table
30 ml	persil	2 c. à table
160 ml	bouillon de poulet	2/3 tasse

• Préchauffer le four à 180 °C (350 °F). • Dans une poêle, faire chauffer le beurre et l'huile. • Assaisonner les poitrines et les cuire de 15 à 20 min jusqu'à ce que les jus de cuisson qui s'en écoulent soient clairs. • Ajouter l'origan, retirer le poulet et réserver au chaud. • Badigeonner une feuille de pâte filo de beurre fondu et recouvrir d'une autre feuille. Badigeonner à nouveau et couvrir d'une dernière feuille. Donner une fine couche de beurre sur le dessus des feuilles, tailler dans la forme désirée et saupoudrer de graines de sésame. Répéter l'opération pour les 3 autres portions. • Cuire au four à 180 °C (350 °F) entre 5 et 10 minutes ou jusqu'à ce que la pâte soit bien colorée.
• Badigeonner un des poivrons rouges d'huile et le mettre au four dans une assiette en aluminium. Cuire jusqu'à ce qu'il commence à noircir ou jusqu'à ce que la peau se soulève.
• À ce moment, enfermer le poivron 5 minutes dans un sac en plastique. • Retirer ensuite la peau, le coeur, les pépins et passer la chair au mélangeur avec la crème. Rectifier l'assaisonnement.
• Réserver au chaud. • Tailler les 3 autres poivrons en lamelles.
• Dans une poêle, faire chauffer l'huile et faire revenir les légumes à feu moyen jusqu'à ce qu'ils deviennent tendres.
• Assaisonner, ajouter la coriandre et le persil. • Réserver au chaud et déglacer la poêle avec le bouillon. • Réduire de moitié, rectifier l'assaisonnement et ajouter une noix de beurre en fouettant énergiquement (monter au beurre).
• Dresser dans les assiettes de service, un petit nid de légumes, déposer dessus le poulet escalopé et recouvrir de la feuille de pâte filo. • Verser la sauce en demi-cercle devant le poulet.

Temps de préparation : 30 à 35 min	Temps de cuisson : 45-55 min
Nombre de portions : 4	

Des emballages de **pâte feuilletée de type filo** sont vendus dans la plupart des supermarchés, section des produits congelés. Décongelez le paquet mais sortez la pâte de l'emballage juste au moment de vous en servir. Lors de l'utilisation, recouvrez les feuilles de pâte filo d'un linge humide pour les empêcher de sécher. Remballez les feuilles non utilisées et remettez-les au congélateur le plus tôt possible.

La **crème** est très utilisée en cuisine parce qu'elle confère aux aliments une saveur douce et une texture onctueuse. Cependant, vous pouvez lui substituer des produits moins gras comme le yogourt, le lait évaporé, le lait, le babeurre ou la crème sure.

Équivalences du GAC

Produits céréaliers	4
Légumes et fruits	7 1/2
Produits laitiers	—
Viandes et substituts	2 à 4
Matières grasses	12 1/2

*Le **basilic** est une des fines herbes les plus riches en vitamine A. Il aromatise poissons, fruits de mer, oeufs, fromages, volailles, agneau, porc et lapin. Sa saveur diffère selon les variétés; elle peut rappeler le citron, le jasmin, le clou de girofle, l'anis ou le thym. Vous pouvez conserver ses feuilles fraîches au réfrigérateur dans un sac en plastique, dans de l'huile d'olive légèrement salée ou dans un contenant hermétiquement fermé et gardé au réfrigérateur. Vous pouvez aussi conserver du basilic au congélateur, sous forme de purée en faisant des cubes dans le bac à glaçons.au paprika, au citron, etc.*

Équivalences du GAC

Produits céréaliers	—
Légumes et fruits	—
Produits laitiers	—
Viandes et substituts	4 à 6
Matières grasses	3 1/2

Un plat inspiré d'une recette du docteur Raymond Charest de St-Jérôme, pour les friands de moutarde.

6	*grosses demi-poitrines de poulet désossées, sans peau*	6
Q.S.	*farine*	Q.S.
15 ml	*beurre ou margarine*	1 c. à table
15 ml	*huile*	1 c. à table
60 ml	*vin blanc*	1/4 tasse
250 ml	*crème à 10 %*	1 tasse
10 ml	*basilic frais (séché : 30 ml/2 c. à table)*	2 c. à thé
30 ml	*moutarde de Dijon*	2 c. à table
30 ml	*moutarde de Meaux à l'ancienne*	2 c. à table
30 ml	*moutarde d'estragon*	2 c. à table

• Nettoyer et parer les poitrines. • Assaisonner et enrober d'une mince couche de farine. • Dans une poêle, faire chauffer le beurre et l'huile. • Donner une belle coloration aux poitrines et réserver au chaud. • Déglacer la poêle avec le vin, réduire de moitié. • Ajouter la crème et réduire jusqu'à l'obtention d'une consistance de sauce. Remettre le poulet dans la poêle. • Incorporer le basilic et laisser mijoter 4 à 5 minutes. • Ajouter les moutardes et cuire 5 minutes sans faire bouillir la sauce.
• Servir aussitôt avec des pâtes ou encore une salade d'épinard.

Temps de préparation : 15 min	*Temps de cuisson : 15-20 min*
Nombre de portions : 6	

BLANCS DE POULET FARCIS À LA RHUBARBE ET À L'ÉRABLE

Un plat québécois original dont l'inspiration provient d'une recette du chef Normand Corriveau de la ville d'Oka. De doux parfums qui vous feront plaisir.

250 ml	sirop d'érable	1 tasse
500 ml	rhubarbe fraîche en cubes	2 tasses
4	demi-poitrines de poulet désossées, sans peau	4
10 ml	huile	2 c. à thé
10 ml	beurre doux ou margarine	2 c. à thé
10	baies de genièvre ou coriandre écrasées	10
Q.S.	farine	Q.S.
1 ml ch.	sel et poivre	1/4 c. à thé
15 ml	beurre doux ou margarine	1 c. à table

• Préchauffer le four à 190 °C (375 °F). • Dans une casserole, porter à ébullition 3/4 tasse de sirop d'érable et y ajouter la rhubarbe. • Cuire environ 5 minutes ou jusqu'à ce que le mélange donne une purée lisse. • Passer le mélange dans un tamis fin de façon à séparer le liquide de la pulpe. Conserver le liquide (coulis) au chaud, il servira à confectionner la sauce tandis que la pulpe servira à farcir les poitrines. • Inciser les poitrines, les assaisonner et les farcir de la pulpe de la rhubarbe. Refermer les poitrines et les enrober d'une fine couche de farine. • Dans une poêle, faire chauffer le beurre et l'huile. Y faire colorer les poitrines des deux côtés et terminer la cuisson au four environ 10 à 15 minutes. • Dans une casserole, faire chauffer le coulis (160 ml ou 2/3 tasse) puis y ajouter le reste du sirop d'érable et les baies. • Cuire 2 à 3 minutes et incorporer le beurre en fouettant vigoureusement. • Servir chaud et napper de sauce. Servir avec des asperges ou des crosses de fougères.

Temps de préparation : 35 min	Temps de cuisson : 25 min
Nombre de portions : 4	

Pour préparer la **rhubarbe fraîche**, coupez les deux extrémités de la tige pour enlever la feuille et la base, lavez les tiges puis sectionnez en morceaux de 2 cm (1 po). Pelez la tige uniquement si elle est trop fibreuse; procédez comme avec un céleri, en tirant sur les fibres. La rhubarbe est à son meilleur au printemps lorsque ses tiges sont encore jeunes et tendres. Comme c'est un aliment très acide, il est préférable de le faire cuire dans une casserole en verre, en émail ou en acier inoxydable pour prévenir la décoloration.

Les **baies de genièvre** sont les fruits du genévrier, un arbre qui ressemble un peu au sapin. Ses feuilles produisent de petites baies noir violacé qui ressemblent à des bleuets. Elles sont très utilisées dans le nord de l'Europe pour aromatiser volaille, gibier, porc, lapin, choucroute, marinades, quiches, courts-bouillons et charcuterie.

Équivalences du GAC	
Produits céréaliers	—
Légumes et fruits	2
Produits laitiers	—
Viandes et substituts	2 à 4
Matières grasses	2

Un plat aux saveurs d'automne que l'on peut déguster tout au long de l'année. Inspiré d'une recette du chef Joël Zaetta de Trois-Rivières.

6	demi-poitrines de poulet désossées, sans peau	6
2 ml	sel	1/2 c. à thé
1 ml	poivre	1/4 c. à thé
180 ml	champignons blancs hachés finement	3/4 tasse
3	échalotes sèches hachées finement	3
250 ml	farine	1 tasse
2	oeufs battus	2
250 ml	chapelure de pain assaisonnée	1 tasse
15 ml	beurre ou margarine	1 c. à table
15 ml	huile	1 c. à table
2	échalotes sèches, hachées	2
60 ml	vin blanc	1/4 tasse
250 ml	bouillon de poulet	1 tasse
60 ml	miel liquide	1/4 tasse
Q.S.	fécule de maïs	Q.S.

• Préchauffer le four à 200 °C (400 °F). • Inciser les poitrines dans le sens de l'épaisseur et les ouvrir en deux. • Assaisonner l'intérieur des poitrines puis y déposer les champignons et les échalotes. • Rouler la poitrine de façon à enfermer hermétiquement la garniture dans la chair. Réserver au frigo 30 minutes. • Paner à l'anglaise, c'est-à-dire rouler dans la farine en enlevant l'excédent, plonger ensuite dans les oeufs battus et finalement enrober d'une couche de chapelure. • Dans la poêle, faire chauffer le beurre et l'huile. • Cuire les poitrines à feu moyen durant 8 à 10 minutes et leur donner une belle coloration. • Lorsque le poulet a perdu sa couleur rosée, retirer de la poêle et réserver au chaud. • Dégraisser la poêle et faire suer les échalotes au beurre durant 3 à 4 minutes. • Déglacer avec le vin et mouiller avec le bouillon. • Réduire de moitié, ajouter le miel et rectifier l'assaisonnement. • Lier avec de la fécule au besoin. • Découper le poulet en biseaux et dresser dans des assiettes chaudes. Napper de sauce et servir.

Temps de préparation : 15-20 min	Temps de repos : 30 min
Temps de cuisson : 10-12 min	Nombre de portions : 6

Les *variétés d'échalotes* les plus cultivées sont l'échalote grise très petite, l'échalote de Jersey plutôt ronde et l'échalote cuisse de poulet qui, vous l'aurez deviné, rappelle la cuisse de cette volaille. Toutes donnent une touche raffinée aux sauces, vinaigrettes, volailles, etc. Les caïeux entiers aromatisent à merveille le vinaigre; il suffit de les laisser macérer une quinzaine de jours. Oignon vert et échalote sont deux légumes complètement différents : l'oignon vert est un bulbe d'oignon jaune cueilli avant maturité tandis que l'échalote est un légume qui ressemble davantage à l'ail qu'à l'oignon.

Équivalences du GAC

Produits céréaliers	2
Légumes et fruits	1/2
Produits laitiers	—
Viandes et substituts	4 à 6
Matières grasses	2

BLANCS DE POULET FARCIS AUX MÛRES DES BOIS

Un plat champêtre inspiré d'une recette du chef Normand Hamel de Versabec.

125 ml	persil haché finement	1/2 tasse
1	petit oignon haché finement	1
250 ml	champignons émincés	1 tasse
2 ml	sel	1/2 c. à thé
1 ml	poivre	1/4 c. à thé
160 ml	fromage cottage égoutté	2/3 tasse
125 ml	fromage cheddar fort râpé	1/2 tasse
12	grandes feuilles d'épinards	12
6	demi-poitrines de poulet désossées, sans peau	6
30 ml	beurre ou margarine fondu	2 c. à table
225 g	mûres	1/2 lb
160 ml	sucre brun (cassonade)	2/3 tasse
1 pincée	sel	1 pincée
60 ml	jus de citron	1/4 tasse
15 ml	liqueur de cassis (facultatif)	1 c. à table
18	mûres pour la garniture (facultatif)	18
6	feuilles de basilic	6

• Préchauffer le four à 180 °C (350 °F). Dans une poêle, faire sauter sans corps gras l'oignon, les champignons, le sel et le poivre. • Cuire 3 à 4 minutes ou jusqu'à ce que les légumes aient rejeté leur jus. Retirer de la poêle et égoutter; incorporer les fromages et le persil au mélange. • Préparer et nettoyer les épinards à grande eau. Les faire blanchir 30 secondes à l'eau bouillante salée. • Inciser les poitrines de poulet dans le sens de la longueur, les ouvrir en 2 et tapisser l'intérieur avec les feuilles d'épinards puis refermer les poitrines en les roulant. Assaisonner. • Badigeonner les rouleaux de beurre fondu et les déposer dans un plat beurré allant au four. • Cuire au four durant 20 minutes en arrosant régulièrement avec le jus de cuisson. • Dans une casserole, faire cuire à feu doux les mûres durant 20 à 25 minutes avec le sucre, le sel et le jus de citron. Réduire en coulis au malaxeur et ajouter la liqueur de cassis. • Au besoin, lier légèrement avec de la fécule de maïs. Dresser les suprêmes escalopés, napper de sauce puis garnir de mûres et d'une feuille de basilic.

Temps de préparation : 45 min   Temps de cuisson : 40-45 min
Nombre de portions : 6

Le fromage cottage est fait de lait de vache qui a été caillé par l'ajout d'acide lactique. Contrairement à la croyance populaire, le cottage n'est pas un fromage riche en calcium.

Équivalences du GAC

Produits céréaliers	—
Légumes et fruits	8
Produits laitiers	1
Viandes et substituts	6
Matières grasses	2

Si le temps vous presse, le **homard** s'achète aussi surgelé ou en conserve. La queue du homard contient plus d'éléments nutritifs que les pinces. Il est riche en sels minéraux, particulièrement en potassium et en phosphore.

La **crème** est très utilisée en cuisine parce qu'elle confère aux aliments une saveur douce et une texture onctueuse. Cependant, vous pouvez lui substituer des produits moins gras comme le yogourt, le lait évaporé, le lait, le babeurre ou la crème sure.

Équivalences du GAC

Produits céréaliers	—
Légumes et fruits	—
Produits laitiers	—
Viandes et substituts	6
Matières grasses	1 1/2

Cette recette offre un coup d'oeil rempli de contrastes : le blanc du poulet, le rose du homard et le vert de l'épinard.

160 g	chair de homard cuit (conserver les pinces pour la présentation)	1/3 lb
1	blanc d'oeuf	1
60 ml	crème 35 % ou 15 % champêtre	4 c. à table
2 ml	sel	1/2 . à thé
1 ml	poivre	1/4 c. à thé
6	demi-poitrines de poulet désossées, sans peau (600 g/1 lb 3 oz chacun)	6
Q.S.	feuilles d'épinard fraîches	Q.S.

• Préchauffer le four à 200 °C (400 °F). • Passer la chair de homard au robot culinaire. • Ajouter le blanc d'oeuf et la crème. • Mélanger jusqu'à ce que le tout devienne homogène. • Assaisonner et réserver au frais. • Aplatir les poitrines de poulet entre 2 feuilles de papier ciré. • Assaisonner les poitrines et en tapisser l'intérieur d'une feuille d'épinard. • Étendre le mélange sur les feuilles d'épinard et enfermer la farce dans les poitrines. • Rouler les boudins bien serrés dans du papier d'aluminium et attacher les extrémités au besoin. • Cuire dans un plat allant au four pendant 20 minutes. • Enlever le papier et réserver au chaud. • Couper les boudins en rondelles et servir avec une crème au vin blanc.

Temps de préparation : 20 min   Temps de cuisson : 20-25 min
Nombre de portions : 6

BLANCS DE POULET GLACÉS AU CHÈVRE ET AU SIROP D'ÉRABLE

Un plat exceptionnel typiquement québécois, inspiré d'une recette du chef Denis Courcy.

60 ml	jus de pommes non sucré	1/4 tasse
60 ml	sirop d'érable	1/4 tasse
250 ml	bouillon de poulet	1 tasse
60 ml	beurre doux ou margarine	1/4 tasse
4	demi-poitrines ou hauts de cuisse de poulet désossés, sans peau	4
Au goût	sel et poivre	au goût
60 ml	crème 35 % ou 15 % champêtre	1/4 tasse
250 g	fromage de chèvre	9 oz
Au goût	persil frais, haché fin	au goût
2	pommes en fines lamelles	2

• Dans un poêlon, mettre le jus, le sirop, le bouillon et 30 ml (2 c. à table) de beurre. • Porter à ébullition et ajouter les poitrines préalablement assaisonnées. Cuire à couvert, à feu doux pendant 15 minutes environ. • Retirer et réserver au chaud. • Ajouter la crème au jus de cuisson et laisser réduire jusqu'à consistance sirupeuse (la sauce devra coller un peu au dos d'une cuillère). • Ajouter le reste du beurre, 30 ml (2 c. à table) et rectifier l'assaisonnement. • Tailler le fromage de chèvre en rondelles et enrober celles-ci de persil frais haché. • Découper les poitrines en fines lamelles, superposer les rondelles de fromage et le poulet en couches successives. • Dresser au centre d'une assiette et mettre au four quelques minutes pour que le fromage se détende. • Napper d'un cordon de sauce et disposer les pommes en éventail. Servir avec une salade d'endives et de noisettes.

Temps de préparation : 20 min	Temps de cuisson : 15 à 20 min
Nombre de portions : 6	

BOUCHÉES DE POULET

Voici une recette qui fera fureur dans les fêtes d'enfants. Il suffit de l'accompagner de leur sauce préférée et le tour est joué.

4	demi-poitrines de poulet désossées, sans peau	4
125 ml	flocons de maïs émiettés	1/2 tasse
60 ml	farine de maïs	1/4 tasse
2 ml	thym séché	1/2 c. à thé
30 ml	parmesan râpé	2 c. à table
2 ml	coriandre et/ou thym et/ou basilic moulu	1/2 c. à thé
1	oeuf	1
15 ml	lait	1 c. à table
2 ml	sel	1/2 c. à thé
1 ml	poivre	1/4 c. à thé

La crème est très utilisée en cuisine parce qu'elle confère aux aliments une saveur douce et une texture onctueuse. Cependant, vous pouvez lui substituer des produits moins gras comme le yogourt, le lait évaporé, le lait, le babeurre ou la crème sure.

Équivalences du GAC

Produits céréaliers	—
Légumes et fruits	3
Produits laitiers	5
Viandes et substituts	2
Matières grasses	5

Vous pouvez également cuire les morceaux de poulet enrobés dans un grand poêlon ou au four à micro-ondes à puissance élevée (100 %) de 4 à 6 minutes ou jusqu'à ce que les jus de cuisson soient clairs.

• Préchauffer le four à 180 °C (350 °F). • Tailler chaque poitrine en 4 ou 6 morceaux de forme régulière. • Dans un bol, préparer le mélange à base de flocons de maïs, de farine, de thym, de parmesan et de coriandre. • Battre l'oeuf et le lait dans un plat. • Assaisonner les morceaux de poulet et les recouvrir d'une fine couche de farine tout en enlevant l'excédent. • Les tremper dans le mélange d'oeuf et de lait puis les enrober du mélange sec. • Faire chauffer l'huile dans une friteuse à 190 °C (375 °F). Cuire le poulet à grande friture de façon à lui donner une belle coloration, environ 6 à 8 minutes. • Terminer la cuisson au four durant 10 à 12 minutes ou cuire entièrement au four pendant environ 20 minutes. • Servir avec des crudités taillées en formes amusantes.

Temps de préparation : 20-25 min	Temps de cuisson : 15-20 min
Nombre de portions : 4	

BROCHETTES AU POULET ET TOFU

Une recette qui permet un échange incroyable de saveurs entre le tofu et les autres ingrédients.

4	demi-poitrines de poulet désossées, sans peau	4
250 ml	tofu	1 tasse
45 ml	sauce aux huîtres	3 c. à table
30 ml	sauce soya	2 c. à table
10 ml	jus de lime	2 c. à thé
5 ml	miel liquide ou sirop d'érable	1 c. à thé
1	poivron rouge	1
16	champignons (petits)	16

• Aplatir les poitrines, préalablement incisées et ouvertes, entre 2 feuilles de papier ciré. Les trancher de façon à obtenir 8 lanières par poitrines. • Découper 250 ml de tofu en cubes. • Dans un bol, mélanger la sauce aux huîtres, la sauce soya, le jus de lime et le miel. • Y laisser macérer les cubes de tofu et les lanières de poulet. • Enfiler les cubes de tofu et les lanières sur les brochettes en intercalant les cubes de poivron et les champignons. • Cuire sur le gril ou au four à 180 °C (350 °F) de 8 à 10 minutes en retournant durant la cuisson. Badigeonner à quelques reprises. Au moment de servir, si désiré, décorer de persil italien ou de coriandre fraîche.

Temps de préparation : 15 min	Temps de macération : 1 heure
Temps de cuisson : 8-10 min	Nombre de portions : 4

Équivalences du GAC

Produits céréaliers	1
Légumes et fruits	—
Produits laitiers	—
Viandes et substituts	2 à 4
Matières grasses	—

La **sauce aux huîtres** est une sauce brune épaisse et délicieuse faite d'huîtres et de sauce soya. Étonnamment, elle ne goûte aucunement le poisson. On la trouve dans les épiceries chinoises et quelques supermarchés, dans la section des produits exotiques.

Utiliser de grandes brochettes de bois.

Équivalences du GAC

Produits céréaliers	—
Légumes et fruits	2 1/2
Produits laitiers	—
Viandes et substituts	5 à 7
Matières grasses	—

CROQUANTS DE SUPRÊME DE POULET AUX POMMES DE TERRE

Une façon originale et savoureuse de combiner pommes de terre et poulet.

30 ml	moutarde à l'ancienne	2 c. à table
2	gousses d'ail dégermées, hachées	2
15 ml	sauce Worcestershire	1 c. à table
15 ml	vin blanc sec	1 c. à table
2 ml	sel	1/2 c. à thé
1 ml	poivre	1/4 c. à thé
4	demi-poitrines de poulet désossées, sans peau	4
10 ml	beurre ou margarine en pommade	2 c. à thé
375 ml	pommes de terre râpées	1 1/2 tasse
1 pincée	muscade moulue	1 pincée
	beurre salé fondu (facultatif)	

• Préchauffer le four à 200 °C (400 °F). • Préparer le mélange de moutarde, d'ail, de sauce et de vin. • Assaisonner les poitrines et les badigeonner du mélange de moutarde. Réserver au frais. • Dans un plat, mélanger ensemble le beurre en pommade (à température de la pièce), les pommes de terre, la muscade, le sel et le poivre. • Enrober les poitrines de poulet et les déposer dans un plat beurré allant au four. • Cuire au four 30 à 35 minutes ou jusqu'à ce que le poulet soit tendre et les pommes de terre bien dorées. • Dresser les croquants dans des assiettes chaudes puis garnir avec des quartiers de citron et un bouquet de persil. Arroser la poitrine d'un peu de beurre salé fondu. Servir aussitôt.

Temps de préparation : 20 min	Temps de cuisson : 35 min
Nombre de portions : 4	

ESCALOPES DE POULET AU POIVRE VERT

Le goût piquant du poivre et de la moutarde relève savoureusement la douceur du poulet.

6	demi-poitrines de poulet désossées, sans peau	6
30 ml	huile	2 c. à table
60 ml	miel de trèfle liquide	1/4 tasse
60 ml	moutarde de Dijon	1/4 tasse
30 ml	vin blanc	2 c. à table
2	gousses d'ail dégermées, hachées	2
2 ml	sel	1/2 c. à thé
1 ml	poivre vert en grains concassés	1/4 c. à thé
15 ml	beurre ou margarine	1 c. à table
15 ml	huile	1 c. à table
80 ml	crème 35 % ou 15 % champêtre	1/3 tasse

Contrairement à la croyance générale, la **pomme de terre** est nourrissante et peu calorifique (90 calories pour une pomme de terre cuite au four, soit environ 1 1/4 tranche de pain). En fait, c'est ce qu'on lui ajoute (beurre, crème sure, sauce...) qui l'enrichit de calories. Elle constitue une bonne source de potassium, de vitamines du complexe B et de vitamine C.

Équivalences du GAC

Produits céréaliers	—
Légumes et fruits	3
Produits laitiers	—
Viandes et substituts	2 à 4
Matières grasses	1

Demandez à votre boucher de préparer les **escalopes** comme vous les aimez.

Le **poivre vert** est un poivre cueilli avant maturité. On le consomme séché, dans le vinaigre ou saumuré. Il est moins piquant que le poivre noir mais plus fruité. Quand il a été séché au soleil, il devient ce que l'on appelle du poivre noir.

La **crème** est très utilisée en cuisine parce qu'elle confère aux aliments une saveur douce et une texture onctueuse. Cependant, vous pouvez lui substituer des produits moins gras comme le yogourt, le lait évaporé, le lait, le babeurre ou la crème sure.

*Blancs de poulet
et leur trio de moutarde* (page 89)

*Rouelles de poulet
aux légumes* (page 104)

*Roulades de poulet
au parfum des champs* (page 105)

Roulades de poulet
aux deux fromages **(page 107)**

Équivalences du GAC

Produits céréaliers	—
Légumes et fruits	—
Produits laitiers	—
Viandes et substituts	4 à 6
Matières grasses	6

*La **crème** est très utilisée en cuisine parce qu'elle confère aux aliments une saveur douce et une texture onctueuse. Cependant, vous pouvez lui substituer des produits moins gras comme le yogourt, le lait évaporé, le lait, le babeurre ou la crème sure.*

On peut remplacer le pleurote par tout autre champignon.

Équivalences du GAC

Produits céréaliers	6
Légumes et fruits	1 1/2
Produits laitiers	—
Viandes et substituts	4 à 6
Matières grasses	17

• Aplatir la poitrine de poulet entre deux feuilles de papier ciré ou couper en tranches fines selon l'épaisseur désirée. • Dans un bol, mélanger l'huile, le miel, la moutarde, le vin, l'ail, le sel et le poivre. • Ajouter les escalopes à la marinade et laisser macérer 1 heure. • Retirer de la marinade et essuyer. • Dans une poêle, faire chauffer le beurre et l'huile. • Colorer les escalopes des deux côtés; cuire 5 à 7 minutes. Réserver au chaud. • Déglacer la poêle avec la marinade et laisser réduire de moitié. • Ajouter la crème et réduire jusqu'à l'obtention d'une sauce crémeuse. • Dresser les escalopes dans les assiettes chaudes et napper de sauce. • Servir le tout accompagné de pâtes fraîches à l'huile d'olive et aux légumes.

Temps de préparation : 10 min	Temps de macération : 1 heure
Temps de cuisson : 15 min	Nombre de portions : 6

FEUILLETÉ DE BLANC DE POULET, CRÈME DE PLEUROTES

Le pleurote est un champignon fort répandu au Québec. Il donne à cette recette une saveur particulièrement fine.

6	demi-poitrines de poulet désossées, sans peau	6
Au goût	sel et poivre	au goût
500 ml	crème à 35 % ou 15 % champêtre	2 tasses
45 ml	beurre ou margarine non salé	3 c. à table
375 ml	champignons pleurotes frais nettoyés et hachés	1 1/2 tasse
250 ml	bouillon de poulet	1 tasse
2 ml	poivre	1/2 c. à thé
1 ml	sel	1/4 c. à thé
454 g	pâte feuilletée commerciale	1 lb
1	jaune d'oeuf	1
30 ml	beurre ou margarine	2 c. à table
125 ml	champignons pleurotes pour la garniture	1/2 tasse

• Assaisonner les poitrines et les déposer dans un plat. • Ajouter la crème et laisser mariner 3 à 4 heures au frais. Réserver les poitrines, récupérer la crème et faire chauffer. • Pocher les poitrines dans cette crème; cuire de 7 à 10 minutes. Retirer le poulet et réserver, conserver la crème. • Faire suer les pleurotes au beurre pendant 2 à 3 minutes, assaisonner. • Mouiller de bouillon et cuire à feu moyen 5 à 7 minutes. Ajouter la crème de cuisson et passer la sauce au mélangeur. Réserver au chaud. • Préchauffer le four à 200 °C (400 °F). • Enrober individuellement les poitrines dans la pâte feuilletée. • Badigeonner chaque portion de jaune d'oeuf battu. Cuire au four 15 à 20 minutes. • Réchauffer la sauce puis, hors du feu, incorporer une noix de beurre en fouettant énergiquement. • Verser la sauce dans le fond des assiettes. Disposer le poulet escalopé sur la sauce. • Décorer avec quelques pleurotes étuvés au beurre.

Temps de préparation : 1 heure	Temps de macération : 3-4 heures
Temps de cuisson : 35-40 min	Nombre de portions : 6

MÉDAILLONS DE POULET À L'INFUSION DE FENOUIL TOMATÉE

Les tomates et le fenouil donnent à ce plat inspiré d'une recette du chef Hugues Boutin de l'I.T.H.Q. des couleurs et des arômes merveilleux.

4	demi-poitrines de poulet désossées, sans peau	4
2 ml	sel	1/2 c. à thé
1 ml	poivre	1/4 c. à thé
150 g	chair de poitrines ou de cuisses de poulet désossées, sans peau	1/3 lb
100 g	crevettes cuites	1/4 lb
3	échalotes sèches	3
2	gousses d'ail	2
4	haricots blanchis	4
2	feuilles d'algues Nori ou épinards blanchis	2
6	tomates mûres, sans pédoncule	6
1	bulbe de fenouil	1
15 ml	beurre ou margarine	1 c. à table
Au goût	aneth frais, ciselé (au goût)	au goût

• Aplatir les poitrines de poulet entre 2 feuilles de papier ciré. Les assaisonner et les réserver au frais. • Réduire la chair en charpie au robot culinaire, réserver au frais. • Dans le bol du robot culinaire, déposer les crevettes, l'échalote, l'ail, le sel et le poivre. Réduire en purée. • Mélanger à la spatule le mélange de crevettes et de chair de poulet haché, jusqu'à l'obtention d'une pâte homogène. • Tapisser les poitrines de poulet de cette farce et y déposer les haricots. Fermer hermétiquement les poitrines sur la garniture et enrouler dans une pellicule plastique pour former un saucisson. Ficeler les extrémités au besoin. • Cuire les rouleaux 8 à 10 minutes à la vapeur. Enlever la pellicule et enrouler dans une feuille d'algue Nori légèrement humidifiée avec les doigts. Trancher les poitrines farcies en trois et réserver au chaud. • Réduire les tomates en purée au robot culinaire et filtrer en foulant le mélange. • Émincer le fenouil finement et l'ajouter au jus de tomates. Verser ce mélange dans une casserole et porter à ébullition. • Cuire jusqu'à ce que le fenouil soit tendre (4 à 5 minutes). Filtrer à nouveau au tamis. • Ajouter une noix de beurre et fouetter énergiquement hors du feu. • Napper avec l'infusion de fenouil, ajouter l'aneth puis déposer les médaillons dans un plat de service.

Temps de préparation : 20-25 min	Temps de cuisson : 15 min
Nombre de portions : 4	

Équivalences du GAC

Produits céréaliers	—
Légumes et fruits	9 1/2
Produits laitiers	—
Viandes et substituts	4 à 6
Matières grasses	1

Équivalences du GAC

Produits céréaliers	—
Légumes et fruits	3
Produits laitiers	—
Viandes et substituts	4 à 6
Matières grasses	12

MOUSSE DE POULET AUX HERBES ET SA GARNITURE DE CHAIR DE GRENOUILLE

Une recette facile et originale inspirée de celle du docteur J. Thibaudeau de Sherbrooke. Un plat plein de délicatesse tant par sa texture que par son goût.

250 g	demi-poitrines de poulet désossées, sans peau	1/2 lb
2 ml	paprika	1/2 c. à thé
1	gousse d'ail	1
2 ml	sel	1/2 c. à thé
1 ml	poivre	1/4 c. à thé
2	blancs d'oeufs	2
500 ml	crème 35 % ou 15 % champêtre	2 tasses
350 ml	bouillon de poulet	1 1/3 tasse
12 paires	cuisses de grenouilles	12 paires
1	carotte	1
1	blanc de poireau	1
2 ml	persil ou ciboulette haché finement	1/2 c. à thé

• Préchauffer le four à 180 °C (350 °F). • Découper les poitrines en lanières et y ajouter le paprika, l'ail, le sel, le poivre et les blancs d'oeufs. • Mettre le tout au robot culinaire et ajouter peu à peu 250 ml (1 tasse) de crème pour obtenir une mousse bien lisse et souple. Réserver au frais. • Faire pocher les cuisses de grenouilles 6 à 8 minutes dans le bouillon. Égoutter et retirer la chair des os. Remettre les os de grenouilles dans le bouillon et réduire le liquide de moitié. Filtrer au tamis. • Ajouter le reste de la crème au bouillon réduit et réduire à nouveau de moitié. • Entre-temps, tailler en juliennes fines la carotte et le poireau. Cuire à l'eau bouillante salée durant 2 à 3 minutes. • Mélanger quelques cuillerées de la sauce à la chair de grenouille et à quelques filaments de carotte et de poireau. • Beurrer des moules individuels ou une terrine creuse. Tapisser le fond et les parois de la mousse de poulet. Remplir le centre du moule de la préparation de chair de grenouille et recouvrir du reste de la mousse de poulet. • Cuire au four dans une rôtissoire contenant de l'eau (bain-marie) durant 30 minutes. Pour vérifier la cuisson, piquer le centre de la mousse avec la pointe d'un couteau; celui-ci doit en ressortir propre. • Rectifier l'assaisonnement de la sauce et y ajouter le persil ou la ciboulette. • Démouler; dresser au centre d'une assiette de service et disposer la sauce autour de la mousse. Ajouter ensuite la julienne de légumes.

Temps de préparation : 45 à 50 min   Temps de cuisson : 45 min
Nombre de portions : 6

PAPILLOTES DE POULET ET LEURS LÉGUMES

Il est intéressant de préparer le poulet en papillote, car vous aurez le plaisir de déballer ce sachet tout en découvrant les arômes qu'il enferme.

6	demi-poitrines ou hauts de cuisse de poulet désossés, sans peau	6
5 ml	miel liquide	1 c. à thé
3	courgettes en tranches	3
4	tomates en tranches	4
3	oignons en tranches	3
1	poivron rouge tranché en bâtonnets	1
1	poivron vert tranché en bâtonnets	1
2 ml	sel	1/2 c. à thé
1 ml	poivre	1/2 c. à thé
80 ml	huile	1/3 tasse
80 ml	vin rouge ou vinaigre de vin	1/3 tasse
15 ml	sauge fraîche, hachée (séchée : 2 ml/1/2 c. à thé)	1 c. à table
15 ml	origan frais, haché (séché : 2 ml/1/2 c. à thé)	1 c. à table
1	gousse d'ail	1

• Préparer 6 carrés de papier d'aluminium de 26 cm (10 pouces) de côté et les badigeonner d'huile. Déposer les poitrines au centre de chaque carré et les badigeonner de miel. • Recouvrir avec les tranches de courgettes, de tomates et d'oignons ainsi que les bâtonnets des poivrons. • Assaisonner les poitrines et les légumes. • Dans un petit bol, préparer la vinaigrette à base d'huile, de vin, de sauge, d'origan et d'ail. • Verser 30 ml (2 c. à table) de ce mélange sur chaque poitrine. Fermer hermétiquement le papier d'aluminium de façon à obtenir une papillote. • Au besoin, enrober la papillote d'une autre couche de papier d'aluminium. Mettre au four préalablement chauffé à 180 °C (350 °F) ou au barbecue à feu moyen-vif. • Cuire 20 à 30 minutes pour une poitrine et environ 40 à 45 minutes pour un haut de cuisse, ou jusqu'à ce que les jus qui s'en écoulent soient clairs. Il est important de retourner la papillote à mi-cuisson. Servir avec du riz ou des pâtes.

Temps de préparation : 25 min	Temps de cuisson : 20 à 30 min
Nombre de portions : 6	

*Demandez à votre boucher de préparer vos **hauts de cuisse de poulet** comme vous les aimez soit sans dos, désossés, coupés en lanières ou en cubes.*

*La **courgette** fait partie de la catégorie des courges d'été. Crue, elle est délicieuse dans les salades, les sandwichs ou telle quelle. Cuite, elle fait un malheur dans les plats cuisinés comme la ratatouille. Elle possède une teneur élevée en vitamine C.*

Équivalences du GAC

Produits céréaliers	—
Légumes et fruits	14 à 16
Produits laitiers	—
Viandes et substituts	4 à 6
Matières grasses	5 1/2

Beurre clarifié, voir page 216.

Qu'est ce que l'hydromel? *Il s'agit d'une boisson souvent fermentée faite à partir du miel. On peut en faire du vin et du vinaigre. L'hydromel est offert dans certaines succursales de la S.A.Q.; on peut le remplacer par tout autre vin de miel comme La Verge d'or.*

*La **crème** est très utilisée en cuisine parce qu'elle confère aux aliments une saveur douce et une texture onctueuse. Cependant, vous pouvez lui substituer des produits moins gras comme le yogourt, le lait évaporé, le lait, le babeurre ou la crème sure.*

Équivalences du GAC

Produits céréaliers	—
Légumes et fruits	1
Produits laitiers	—
Viandes et substituts	2 à 4
Matières grasses	5 1/2

Un plat inspiré d'une recette du chef Patrice Lafrenière de Trois-Rivières.

180 ml	cannberges fraîches ou congelées	3/4 tasse
80 ml	miel liquide	1/3 tasse
4	demi-poitrines de poulet désossées, sans peau	4
60 ml	beurre clarifié	1/4 tasse
1	échalote sèche, hachée	1
45 ml	hydromel	3 c. à table
180 ml	bouillon de poulet	3/4 tasse
1 ml ch.	sel et poivre	1/4 c. à thé
60 ml	crème 35 % ou 15 % champêtre	1/4 tasse
30 ml	fromage de chèvre	2 c. à table

• Préchauffer le four à 180 °C (350 °F). • Dans une poêle, faire caraméliser rapidement le tiers (1/3) des cannberges avec le tiers (1/3) du miel. • Inciser les poitrines de poulet sur l'épaisseur et y introduire les cannberges caramélisées. • Mettre dans un plat beurré allant au four, badigeonner les poitrines de beurre et cuire 15 à 20 minutes au four. • Dans une casserole, suer l'échalote au beurre puis ajouter le reste des cannberges et du miel. Cuire 2 à 3 minutes. • Déglacer au vin et mouiller avec le bouillon qui aura été un peu lié au préalable avec de la fécule de maïs. • Rectifier l'assaisonnement et passer la sauce au tamis fin. • Remettre sur le feu et ajouter la crème, réduire jusqu'à consistance désirée. Ajouter le fromage et laisser fondre en mélangeant. • Servir aussitôt et napper de la sauce. Accompagner d'une jardinière de légumes frais et de pommes de terre parisiennes sautées.

Temps de préparation : 20-25 min	*Temps de cuisson : 30-35 min*
Nombre de portions : 4	

POT-AU-FEU DE POULET

Le chef Alain Monod de l'I.T.H.Q. disait : «Je reconnais un bon chef à ces petits plats simples qui renferment une multitude de goûts. Qu'un plat soit goûteux, c'est primordial en cuisine.»

500 ml	bouillon de poulet	2 tasses
1	poireau nettoyé, coupé en tronçons	1
20	oignons perlés	20
125 ml	céleri émincé grossièrement en biseaux	1/2 tasse
125 ml	carotte coupée en tronçons	1/2 tasse
125 ml	pois mange-tout ou pois vert	1/2 tasse
8	pommes de terre grelots coupées en 2	8
12	radis lavés ou tomates épépinées coupées en quartiers	12
12	champignons blancs (boutons)	12
4	demi-poitrines de poulet désossées, sans peau	4
1	bouquet garni	1

• Dans une casserole, porter le bouillon à ébullition. • Préparer les différents légumes du pot-au-feu en les nettoyant à grande eau et en les taillant à votre façon. • Déposer tous les légumes dans le fond d'une cocotte. • Placer les poitrines sur les légumes. • Mouiller avec le bouillon bouillant. • Ajouter le bouquet garni et cuire à couvert 15 à 20 minutes. • Servir les poitrines dans un plat creux avec les légumes et le bouillon.

Temps de préparation : 20-25 min	Temps de cuisson : 20 min
Nombre de portions : 4	

Comment préparer les poireaux?
Coupez la partie filamenteuse de la racine, puis enlever les couches extérieures défraîchies. Pour débarrasser le poireau de la terre et du sable emprisonnés entre ses feuilles, coupez-le en deux sur la longueur et lavez-le soigneusement à l'eau.

Bouquet garni, voir page 63.

Équivalences du GAC

Produits céréaliers	—
Légumes et fruits	12
Produits laitiers	—
Viandes et substituts	2 à 4
Matières grasses	—

POULET EN CÔTELETTES AU VIN DE MIEL

Cette recette est une gracieuseté du chef André Moreau, président de la Cuisine régionale.

12	côtelettes de poitrine de poulet	12
200 ml	farine	3/4 tasse
9 ml	sel	2 c. à thé
1 pincée	poivre	1 pincée
15 ml	beurre	1 c. à table
500 ml	hydromel	2 tasses
1 pincée	fleur de thym	1 pincée
5 ml	julienne de gingembre	1 c. à thé
250 ml	crème 35 % ou 15% champêtre	1 tasse
	sel, poivre au goût (pour la sauce)	

• Faire revenir les côtelettes dans le beurre et huile après les avoir passer dans le mélange farine, sel et poivre. • Les mettre au four à 150 ºC (320 ºF)pour finir la cuisson (15 à 20 minutes). • Dans une poêle, faire réduire de moitié l'hydromel avec le thym et le gingembre. • Ajouter la crème, saler et poivrer. • Napper les côtelettes avec la sauce.

Temps de préparation : 20 à 25 min	Temps de cuisson : 30 min
Nombre de portions : 6	

Demandez à votre boucher de préparer vos côtelettes de poulet comme vous les aimez.

Qu'est ce que l'hydromel? Il s'agit d'une boisson souvent fermentée faite à partir du miel. On peut en faire du vin et du vinaigre. L'hydromel est offert dans certaines succursales de la S.A.Q.; on peut le remplacer par tout autre vin de miel comme La Verge d'or.

La crème est très utilisée en cuisine parce qu'elle confère aux aliments une saveur douce et une texture onctueuse. Cependant, vous pouvez lui substituer des produits moins gras comme le yogourt, le lait évaporé, le lait, le babeurre ou la crème sure.

Équivalences du GAC

Produits céréaliers	—
Légumes et fruits	—
Produits laitiers	—
Viandes et substituts	6
Matières grasses	6

Cette recette présente un type de marinade à base d'alcool. Avec le vin blanc, le romarin prend toute sa saveur.

800 g	demi-poitrines ou hauts de cuisse désossés, sans peau	1 3/4 lb
180 ml	vin blanc sec	3/4 tasse
60 ml	huile de tournesol	1/4 tasse
15 ml	jus de citron	1 c. à table
2	gousses d'ail dégermées et hachées	2
2 ml	romarin frais haché (séché : une pincée)	1/2 c. à thé
1 ml ch.	sel et poivre	1/4 c. à thé
2	oignons en quartier	2
1	poivron rouge ou vert en cubes	1
12	gros champignons en quartiers	12
15 ml	fécule de maïs	1 c. à table
60 ml	eau froide	1/4 tasse

• Parer les poitrines de poulet et les couper en cubes. • Dans un grand bol, préparer la marinade en combinant le vin, l'huile, le jus de citron, l'ail, le romarin, le sel et le poivre. Bien mélanger et verser sur les cubes de poulet. • Ajouter les légumes à la marinade et laisser mariner une autre heure. • Retirer le tout de la marinade et monter les brochettes en faisant alterner harmonieusement les légumes et le poulet. • Badigeonner de marinade et retourner de façon à ce que les brochettes cuisent régulièrement. • Dans une petite casserole, porter la marinade à ébullition et faire la liaison avec la fécule délayée dans de l'eau froide; cuire de 4 à 5 minutes à feu doux. • Servir les brochettes sur un lit de pâtes et napper de sauce.

Temps de préparation : 15-20 min	Temps de macération : 3-4 heures
Temps de cuisson : 20 min	Nombre de portions : 6

Si vous utilisez des brochettes de bois, faites-les tremper dans l'eau au moins 30 minutes. Bien humides, les brochettes ne brûleront pas.

Équivalences du GAC

Produits céréaliers	—
Légumes et fruits	5 1/2
Produits laitiers	—
Viandes et substituts	6
Matières grasses	4

ROUELLES DE POULET AUX LÉGUMES

Cette recette de poitrines de poulet farcies fait honneur aux légumes de saison du Québec. Un plat aux effluves d'automne inspiré d'une recette du chef Stéphane Drouin de Montréal.

15 ml	beurre ou margarine	1 c. à table
15 ml	huile	1 c. à table
60 ml ch.	juliennes de carottes et de courgettes	1/4 tasse ch.
5 ml	basilic frais haché (séché : 2 ml/1/2 c. à thé)	1 c. à thé
125 ml	vermicelle de riz cuit	1/2 tasse
2 ml	sel	1/2 c. à thé
1 ml	poivre	1/4 c. à thé
6	demi-poitrines de poulet désossées, sans peau	6

Sauce :

15 ml	beurre ou margarine	1 c. à table
15 ml	huile	1 c. à table
1	oignon moyen émincé	1
400 ml	bouillon de poulet brun	1 1/2 tasse
250 ml	thé anglais (Earl Grey)	1 tasse
Au goût	sel et poivre	au goût
10 ml	coriandre fraîche hachée (séchée : 4 ml/3/4 c. à thé)	2 c. à thé
10 ml	fécule de maïs	2 c. à thé
45 ml	petits dés d'aubergine (1 cm²/1/2 pouce²)	3 c. à table
45 ml	petits dés de tomate (1 cm²/1/2 pouce²)	3 c. à table

• Dans une poêle, faire chauffer le beurre et l'huile. • Y cuire les légumes en juliennes avec le basilic de 2 à 3 minutes ou jusqu'à ce qu'ils soient tendres mais encore croquants. • Ajouter le vermicelle de riz, assaisonner et réserver. • Aplatir le poulet entre deux feuilles de papier ciré en tapant à l'aide d'un rouleau à pâte. • Assaisonner les poitrines et répartir les légumes cuits refroidis sur chacune des poitrines. • Rouler les poitrines et enfermer hermétiquement la garniture dans la chair. • Utiliser des cure-dents au besoin. Réserver au réfrigérateur 30 minutes.

Sauce :

• Dans une casserole, faire chauffer le beurre et l'huile. • Suer l'oignon 4 à 5 minutes et mouiller avec le bouillon. • Réduire de moitié puis ajouter le thé, le sel, le poivre et la coriandre. Réduire à nouveau de moitié. • Diluer la fécule dans la même quantité d'eau et rectifier la liaison du jus de cuisson. Ajouter les dés d'aubergine et de tomate. • Cuire le poulet à la vapeur durant 15 à 20 minutes. • Trancher, dresser en éventail et napper de sauce.

Temps de préparation : 45 min	Temps de repos : 30 min
Temps de cuisson : 30-35 min	Nombre de portions : 6

Les **vermicelles de riz** sont très fins et de couleur blanche. Ils ne prennent que deux minutes à cuire.

Une croyance attribue au sel le pouvoir d'atténuer l'amertume de l'aubergine. Mais le fait de faire dégorger celle-ci en la couvrant de sel n'est pas nécessairement bon pour la santé. La substance amère étant soluble à l'eau, il est préférable de la faire tremper une quinzaine de minutes. Vous pouvez aussi la peler puisque la substance amère est logée sous la peau.

L'aubergine a la réputation d'être élevée en calories, cela vient du fait qu'elle est souvent frite et qu'elle absorbe le gras à la manière d'une éponge. Optez pour un autre mode de cuisson! Vous pouvez la cuire au four (entière ou en morceaux), à l'eau, à la vapeur ou au four à micro-ondes.

Équivalences du GAC

Produits céréaliers	1
Légumes et fruits	2
Produits laitiers	—
Viandes et substituts	4 à 6
Matières grasses	4

Les pharaons associaient les champignons à une nourriture des dieux; les Romains croyaient que ces végétaux donnaient de la force à leurs soldats. Quoiqu'il en soit, on cultive aujourd'hui plusieurs espèces de champignons dont le bolet, la chanterelle, la morille, l'enoki, le shiitake, la truffe, le pleurote, le portobella, le café, et le psalliote des prés (ou champêtre). Ce

dernier est le plus commun sur le marché et est aussi connu sous le nom de «champignon de couche» ou «champignon de Paris». Si vous ne disposez pas des trois types de champignons, vous pouvez compléter avec des champignons de Paris (champignons blancs).

Beurre clarifié, voir page 216.

Voici une recette pleine de fraîcheur et de saveurs d'automne.

30 ml	*beurre ou margarine*	2 c. à table
60 ml	*oignons émincés*	1/4 tasse
60 ml	*juliennes de poivron rouge*	1/4 tasse
60 ml	*juliennes de poivron vert*	1/4 tasse
30 ml	*champignons de Paris*	2 c. à table
30 ml	*champignons portobella*	2 c. à table
30 ml	*champignons pleurote*	2 c. à table
1 ml ch.	*sel et poivre*	1/4 c. à thé
2 ml	*thym frais haché (séché : une pincée)*	1/2 c. à thé
6	*demi-poitrines de poulet désossées, sans peau*	6
18 feuilles	*pâte feuilletée de type filo*	18
125 ml	*beurre clarifié*	1/2 tasse
250 ml	*coulis ou sirop de framboises*	1 tasse
6	*branches de thym frais (facultatif)*	6

• Dans une poêle, faire suer l'oignon et les poivrons au beurre. Cuire 1 à 2 minutes et ajouter les champignons. Assaisonner, ajouter le thym et cuire environ 5 minutes. • Diviser la garniture en 6 portions égales. Aplatir les poitrines entre deux feuilles de papier ciré, puis les assaisonner et y déposer la garniture.
• Rouler de façon à enrober parfaitement la garniture.
• Badigeonner une feuille de pâte filo avec du beurre clarifié et étendre une autre feuille par-dessus. Répéter de façon à obtenir 3 couches successives de pâte. Reproduire la même opération afin d'obtenir 6 surfaces de pâte feuilletée. • Déposer les poitrines sur le bord de la pâte filo (tout en les centrant). Rabattre les 2 extrémités du carré au centre du rouleau.
• Rouler en enfermant hermétiquement la poitrine dans la pâte filo. Badigeonner le cylindre de beurre et déposer sur une plaque à cuisson allant au four. • Cuire au four à 200 °C (400 °F) durant 12 à 15 minutes ou jusqu'à ce que le rouleau soit bien coloré.
• Trancher en biseau et disposer en demi-cercle avec un coulis ou encore avec un sirop chaud de framboises. Déposer sur le coulis une branche de thym frais.

Temps de préparation : 30 à 35 min	*Temps de cuisson : 20-25 min*
Nombre de portions : 6	

Équivalences du GAC

Produits céréaliers	6
Légumes et fruits	2
Produits laitiers	—
Viandes et substituts	4 à 6
Matières grasses	10

ROULADES DE POULET
AUX CHAMPIGNONS ET AU FROMAGE DE CHÈVRE

Inspiré d'une recette du chef Steve Beauchemin de North Hatley,
ce plat marie délicatement diverses saveurs recherchées.

4	demi-poitrines de poulet désossées sans peau	4
4	oignons verts hachés	4
1/2	gousse d'ail	1/2
5 ml	thym frais (séché : 1 ml/1/4 c. à thé)	1 c. à thé
80 ml	champignons pleurote hachés	1/3 tasse
80 ml	champignons portobella hachés	1/3 tasse
80 ml	champignons blancs de Paris hachés	1/3 tasse
1 pincée	sel et poivre	1 pincée
10 ml	miel	2 c. à thé
100 g	fromage de chèvre	3 oz

• Ouvrir le suprême de poulet en deux à l'aide d'un couteau.
Le mettre entre 2 feuilles de papier ciré et l'aplatir à l'aide d'un
marteau de cuisine pour en faire une escalope mince.

Farce :

• Suer les oignons, l'ail et le thym. Ajouter les champignons
et suer jusqu'à ce qu'ils soient à moitié tombés. Ajouter le sel,
le poivre et le miel. Quand tout est cuit, mélanger avec
le fromage de chèvre. • Appliquer une mince couche de farce sur
le suprême. Rouler l'escalope en faisant une spirale. • Déposer
le boudin sur un papier plastique et fermer hermétiquement à
chaque extrémité. • Cuire à la vapeur environ 15 minutes ou
dans l'eau bouillante 10 minutes. • Retirer de la cuisson, enlever
le papier et couper le boudin en rondelles de 1 cm (1/2 pouce)
d'épaisseur. • Ce plat se sert très bien avec une sauce au romarin
et avec du riz sauvage, accompagné de légumes de saison.

Temps de préparation : 20 min	Temps de cuisson : 20 à 25 min
Nombre de portions : 4	

*Le **thym** rappelle le
goût très prononcé
de la cannelle.
Séchez-le
vous-même, il
conservera
parfaitement sa
saveur et il sera
bien meilleur que
celui du commerce.
Pour le faire sécher,
suspendez les
bouquets dans une
pièce chaude, puis
frottez pour
recueillir les
feuilles.*

*On peut utiliser
uniquement des
champignons
blancs à défaut
d'avoir les trois
variétés.*

Équivalences du GAC

Produits céréaliers	—
Légumes et fruits	2
Produits laitiers	2
Viandes et substituts	2 à 4
Matières grasses	

Saviez-vous que le ricotta est un fromage maigre. Son contenu en matières grasses varie de 0 à 10 %. Originaire d'Italie, il est fabriqué à base de petit-lait de vache ou de brebis.

Voici une façon délicieuse d'intégrer du fromage à votre menu : une bonne source de calcium.

4	*demi-poitrines de poulet désossées sans peau*	4
125 ml	*fromage Ricotta*	1/2 tasse
125 ml	*fromage Oka râpé*	1/2 tasse
1	*gousse d'ail dégermée, hachée*	1
15 ml	*basilic frais haché (séché : 5 ml/1 c. à thé)*	1 c. à table
2 ml	*poivre en grains concassés*	1/2 c. à thé
8	*grandes feuilles d'épinard lavées, égouttées*	8
15 ml	*beurre ou margarine*	1 c. à table
15 ml	*huile*	1 c. à table
125 ml	*bouillon de poulet*	1/2 tasse

• Aplatir les poitrines de poulet en les tapant entre 2 feuilles de papier ciré à l'aide d'un rouleau à pâte. • Dans un bol, mélanger le fromage, l'ail, le basilic et le poivre. • Assaisonner les poitrines et les tapisser de deux feuilles d'épinard. • Répartir le mélange de fromage en 4 portions égales et l'étendre sur les feuilles d'épinard. • Rouler les poitrines, attacher avec des cure-dents ou ficeler. • Laisser reposer 30 minutes au réfrigérateur. • Dans une poêle, faire chauffer le beurre et l'huile. • Cuire les poitrines farcies en donnant une belle coloration à toutes leurs faces durant 4 à 5 minutes. • Mouiller avec le bouillon et cuire 10 à 15 minutes à feu moyen-doux. Retirer le poulet et réserver au chaud. • Réduire le jus de cuisson de moitié. • Servir le poulet tranché en rondelles et napper du jus réduit.

Temps de préparation : 15-20 min	Temps de repos : 30 min
Temps de cuisson : 15-20 min	Nombre de portions : 4

Équivalences du GAC

Produits céréaliers	—
Légumes et fruits	1/2
Produits laitiers	4
Viandes et substituts	4
Matières grasses	2

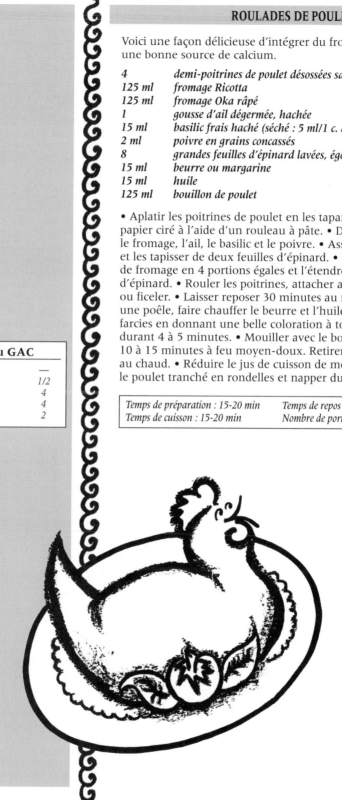

107

SUPRÊMES DE POULET AU PAMPLEMOUSSE «RUBIS»

Inspiré d'une recette du chef Roger Szor de la Station Touristique Mont-Gabriel, ce plat à saveur délicate surprendra plus d'un convive.

4	demi-poitrines de poulet désossées sans peau	4
2 ml	sel	1/2 c. à thé
1 ml	poivre	1/4 c. à thé
Q.S.	farine	Q.S.
30 ml	beurre ou margarine	2 c. à table
15 ml	huile	1 c. à table
1	pamplemousse «rubis» pelé à vif et tranché en quatre	1
60 ml	échalotes sèches hachées	1/4 tasse
125 ml	vin blanc sec	1/2 tasse
125 ml	jus de pamplemousse	1/2 tasse
250 ml	bouillon de poulet	1 tasse
80 ml	crème 35 % ou 15 % champêtre	1/3 tasse

• Préchauffer le four à 180 °C (350 °F). • Assaisonner les poitrines et les enrober d'une fine couche de farine. • Dans une poêle, faire chauffer le beurre et l'huile. • Cuire les poitrines sur les deux côtés en leur donnant une belle coloration durant 3 à 4 minutes. Retirer et réserver dans un plat beurré allant au four. • Dégraisser la poêle et faire colorer les tranches de pamplemousse au beurre à feu vif. • Déposer les tranches sur les poitrines et cuire au four 15 à 20 minutes. • Dans la même poêle, faire suer au beurre les échalotes durant 3 à 4 minutes. • Déglacez la poêle avec le vin et mouiller avec le jus de pamplemousse. • Réduire de moitié et mouiller avec le bouillon. • Porter à ébullition et réduire de moitié. • Crémer la sauce et réduire jusqu'à consistance onctueuse. • Dresser les poitrines dans des assiettes chaudes et recouvrir d'une tranche de pamplemousse. Napper de sauce et servir.

Temps de préparation : 15 min	Temps de cuisson : 35-40 min
Nombre de portions : 4	

On appelle **pamplemousse** ce que les américains nomment pomélo ou «grapefruit», ce qui fait référence au fait que ce fruit pousse en grappe. Le pomélo rose est très riche en vitamine A. Il renferme également de bonnes quantités de fibres, de potassium, de vitamine C et d'acide folique.

La **crème** est très utilisée en cuisine parce qu'elle confère aux aliments une saveur douce et une texture onctueuse. Cependant, vous pouvez lui substituer des produits moins gras comme le yogourt, le lait évaporé, le lait, le babeurre ou la crème sure.

Équivalences du GAC

Produits céréaliers	—
Légumes et fruits	3
Produits laitiers	—
Viandes et substituts	2 à 4
Matières grasses	5

Équivalences du GAC

Produits céréaliers	—
Légumes et fruits	6
Produits laitiers	—
Viandes et substituts	4 à 6
Matières grasses	11

SUPRÊMES DE POULET AU PARFUM DE FENOUIL

La saveur douce du fenouil relève agréablement le goût du poulet.

15 ml	huile d'olive	1 c. à table
1	gousse d'ail dégermée, hachée	1
1 ml	poivre	1/4 c. à thé
2 ml	sel	1/2 c. à thé
6	demi-poitrines de poulet désossées sans peau	6
15 ml	huile d'olive	1 c. à table
15 ml	beurre ou margarine	1 c. à table
1	oignon moyen émincé	1
1	gousse d'ail dégermée, hachée	1
1/2	bulbe de fenouil émincé	1/2
30 ml	beurre ou margarine	2 c. à table
30 ml	farine	2 c. à table
250 ml	bouillon de poulet chaud	1 tasse
250 ml	crème 35 % ou 15 % champêtre	1 tasse
15 ml	fenouil frais, haché	1 c. à table
6	brindilles de fenouil pour garniture (facultatif)	6

• Dans un bol, mélanger l'huile, l'ail, le poivre et le sel. Badigeonner les poitrines et les faire saisir dans l'huile. • Cuire le poulet durant 8 à 10 minutes en lui donnant une belle coloration. Retirer de la poêle et réserver au chaud. • Dans une poêle, faire chauffer le beurre et suer les oignons, l'ail et le fenouil émincé. Terminer la cuisson à feu doux et à couvert durant 10 minutes. • Retirer les légumes, réserver avec le poulet et conserver le jus des légumes dans la poêle. • Dans une petite casserole, préparer un roux avec le beurre et la farine; refroidir. Mouiller le roux du bouillon et du jus de cuisson des légumes. • Porter à ébullition et cuire pour lier. Ajouter la crème et le fenouil haché. • Cuire jusqu'à l'obtention d'une sauce. • Dresser les légumes dans le fond d'un plat de service et y déposer les suprêmes de poulet. Napper de sauce et garnir d'une brindille de fenouil.

Temps de préparation : 1 heure	Temps de cuisson : 30-35 min
Nombre de portions : 6	

SUPRÊMES DE POULET AUX AGRUMES À L'ITALIENNE

Ce délicieux plat de poulet est inspiré d'une recette du chef
Gilles Deschênes, du restaurant le Pen-Castel.

4	*demi-poitrines de poulet désossées, sans peau*	4
2	*carottes émincées en lamelles*	2
15 ml	*thym frais haché (séché : 2 ml/1/2 c. à thé)*	1 c. à table
60 ml	*vin blanc sec*	1/4 tasse
60 ml	*jus de pamplemousse*	1/4 tasse
60 ml	*bouillon de poulet*	1/4 tasse
15 ml	*paprika*	1 c. à table
1	*bouteille de vinaigrette légère à l'italienne*	1
1	*orange pelée à vif, coupée en tranches*	1
1	*pamplemousse blanc pelé à vif, coupé en tranches*	1
4	*brindilles de thym*	4

• Préchauffer le four à 180 °C (350 °F). • Parer les poitrines
de poulet et les assaisonner. • Dans un plat beurré allant au four,
déposer les carottes, la moitié du thym, le vin, le jus de
pamplemousse, le bouillon et la moitié du paprika. • Déposer
les poitrines de poulet sur les carottes et verser la vinaigrette
sur le poulet. • Parsemer du reste de paprika et de thym. • Cuire
à couvert au four environ 30 minutes ou jusqu'à ce que les jus
de cuisson soient clairs. • Dans une casserole, laisser réduire
le jus de cuisson de moitié. • Dresser le poulet escalopé et napper
de sauce. • Garnir de tranches d'agrumes pelés à vif
et d'une brindille de thym.

Temps de préparation : 20 min   Temps de cuisson : 30 min
Nombre de portions : 4

SUPRÊMES DE POULET AUX PÉPITES DE SUCRE D'ÉRABLE

Une recette rapide à servir qui met l'érable en vedette.

30 ml	*farine*	2 c. à table
1 pincée	*poivre de Cayenne*	1 pincée
5 ml	*paprika*	1 c. à thé
2 ml	*muscade*	1/2 c. à thé
2 ml	*sel*	1/2 c. à thé
1 ml	*poivre*	1/4 c. à thé
6	*demi-poitrines de poulet désossées sans peau*	6
10 ml	*beurre ou margarine*	2 c. à thé
10 ml	*huile*	2 c. à thé
60 ml	*sirop d'érable*	1/4 tasse
125 ml	*bouillon de poulet*	1/2 tasse
80 ml	*pépites de sucre d'érable (facultatif)*	1/3 tasse

Équivalences du GAC

Produits céréaliers	—
Légumes et fruits	5
Produits laitiers	—
Viandes et substituts	2 à 4
Matières grasses	—

*La **noix
de muscade**
conserve plus de
saveur lorsqu'elle
est entière que si
elle est déjà
moulue. Râpez la
quantité voulue de
noix de muscade au
fur à mesure des
besoins. Vous la
trouverez au rayon
des épices.*

*Le **sucre d'érable**
est un produit
dérivé du sirop
d'érable que l'on a
cuit jusqu'à
température de
104 °C (210 °F).
Conservez-le à la
température de la
pièce, dans un
endroit sec. On
trouve les pépites de
sucre d'érable au
rayon des épices ou
dans les fruiteries.*

*La **crème** est très utilisée en cuisine parce qu'elle confère aux aliments une saveur douce et une texture onctueuse. Cependant, vous pouvez lui substituer des produits moins gras comme le yogourt, le lait évaporé, le lait, le babeurre ou la crème sure.*

On peut remplacer la laitue romaine par d'autres laitues.

Coulis de tomates et basilic, voir page 196.

• Préchauffer le four à 180 °C (350 °F). • Dans un bol, mélanger la farine, le poivre de Cayenne, le paprika et la muscade. • Assaisonner les poitrines de poulet et les enrober d'une fine couche du mélange de farine. • Dans une poêle, faire chauffer le beurre et l'huile. • Colorer les poitrines sur les deux côtés. Déglacer la poêle avec le sirop d'érable. • Déposer le poulet avec le sirop d'érable dans un plat allant au four. Mouiller du bouillon. • Cuire au four à découvert environ 20 minutes ou jusqu'à ce que les jus de cuisson soient clairs. • Arroser régulièrement durant la cuisson. • Dresser dans des assiettes chaudes, napper du jus de cuisson et parsemer de sucre d'érable.

Temps de préparation : 20 min	Temps de cuisson : 25 min
Nombre de portions : 6	

SUPRÊMES DE POULET CHEMISÉS DE LAITUE ET LEUR COULIS DE TOMATES

Ce plat se prépare rapidement et produit un effet spectaculaire. Une fois de plus, le poulet vous éblouira, tant par son allure que par sa saveur.

2 ml	sel	1/2 c. à thé
1 ml	poivre	1/4 c. à thé
6	demi-poitrines de poulet désossées sans peau	6
500 ml	crème à 35 % ou 15 % champêtre	2 tasses
6	grandes feuilles de laitue romaine blanchies	6
Q.S.	eau	Q.S.
500 ml	sauce tomate ou coulis	2 tasses

• Assaisonner les poitrines de poulet et laisser tremper dans la crème pendant 2 heures, au frais. • Égoutter et assécher la chair des poitrines. • Enrober chaque poitrine d'une feuille de laitue. • Cuire les poitrines à la vapeur dans une marguerite à couvert, pendant 12 à 15 minutes.

Temps de préparation : 15 à 20 min	Temps de macération : 2 heures
Temps de cuisson : 15 min	Nombre de portions : 6

SUPRÊMES DE POULET ET LEUR FONDUE DE POIREAUX

6	demi-poitrines de poulet désossées sans peau	6
250 g	chair de cuisse de poulet hachée	1/2 lb
6	feuilles de basilic frais (séché : 5 ml/1 c. à thé)	6
1	blanc d'oeuf	1
80 ml	crème 35 % ou 15 % champêtre	1/3 tasse
2 ml	sel	1/2 c. à thé
1 ml	poivre	1/4 c. à thé
15 ml	beurre ou margarine	1 c. à table
4	blancs de poireaux émincés	4
3	échalotes sèches hachées	3
1/2	pomme de terre émincée finement	1/2
125 ml	vin blanc	1/2 tasse
80 ml	crème 35 % ou 15 % champêtre	1/3 tasse
45 ml	gruyère râpé	3 c. à table

• Inciser les poitrines dans le sens de l'épaisseur et les ouvrir
en deux. • Dans un robot culinaire, réduire en purée la chair
de cuisse de poulet, le basilic et le blanc d'oeuf. Ajouter
graduellement la crème et assaisonner la farce. • Assaisonner
les poitrines et les tapisser de la farce au basilic. Rouler
les poitrines en les enfermant hermétiquement dans une feuille
de papier plastique. • Répéter l'opération pour les cinq autres
poitrines et conserver au réfrigérateur 30 minutes. • Cuire
à la vapeur 10 à 12 minutes, enlever le papier plastique
et réserver au chaud. • Dans une casserole, faire suer au beurre
les blancs de poireaux, la pomme de terre et les échalotes durant
8 à 10 minutes. • Mouiller avec le vin et réduire de moitié.
Passer les légumes au mélangeur et remettre la purée dans
la casserole. • Crémer la purée, rectifier l'assaisonnement
et cuire en mélangeant durant 6 à 8 minutes. • Incorporer
le gruyère à la sauce et faire fondre sans ébullition. • Trancher
les roulades et servir dans des assiettes chaudes. Napper
de la fondue de poireaux.

Temps de préparation : 20-25 min	Temps de repos : 30 min
Temps de cuisson : 30-35 min	Nombre de portions : 6

*Vous pouvez
remplacer le **vin**
par du bouillon,
au goût.*

*La **crème** est très
utilisée en cuisine
parce qu'elle
confère aux
aliments une
saveur douce et une
texture onctueuse.
Cependant, vous
pouvez lui
substituer des
produits moins gras
comme le yogourt,
le lait évaporé, le
lait, le babeurre ou
la crème sure.*

Équivalences du GAC

Produits céréaliers	—
Légumes et fruits	6 1/2
Produits laitiers	—
Viandes et substituts	6
Matières grasses	5

SUPRÊMES DE POULET FARCIS AUX CREVETTES ET AUX ALGUES

Cette recette est inspirée d'un plat réalisé par Caroline McCann, de LaSalle, grande gagnante du concours national des apprentis-cuisiniers de 1995.

250 g	crevettes cuites avec la carapace	1/2 lb
4	blancs d'oeuf	4
30 ml	crème 35 % ou 15 % champêtre	2 c. à table
2 ml	sel	1/2 c. à thé
1 ml	poivre	1/4 c. à thé
10 ml	vin blanc	2 c. à thé
4	demi-poitrines de poulet avec le pilon de l'aile	4
2	feuilles d'algues Nori ou feuilles d'épinards	2
500 ml	bouillon de poulet	2 tasses

Mousse :

• Décortiquer les crevettes et les déposer dans le bol d'un robot culinaire. Réduire en purée et ajouter graduellement les blancs d'oeufs et la crème. Assaisonner et ajouter le vin. • Mélanger jusqu'à ce que la pâte devienne homogène. Réserver au frais.

Poitrines farcies :

• Inciser les poitrines de poulet dans le sens de l'épaisseur et ouvrir en deux, en gardant les pilons intacts. • Assaisonner le poulet et tapisser d'une couche de mousse. • Recouvrir d'une feuille d'algue et tapisser à nouveau d'une couche de farce. • Rouler les poitrines de façon à enfermer hermétiquement la garniture dans la chair et recouvrir d'une pellicule plastique. • Cuire les rouleaux à la vapeur pendant 8 à 10 minutes. • Retirer la pellicule et réserver au chaud.

Sauce :

• Dans une casserole, faire réduire au trois quarts le bouillon; y ajouter les carapaces des crevettes en fin de cuisson. Filtrer et rectifier l'assaisonnement. • Escaloper les rouleaux de poulet et les servir dans une assiette chaude. Napper de sauce. Servir avec des légumes tels que tomates confites et légumes de saison.

Temps de préparation : 20 min	Temps de cuisson : 15-20 min
Nombre de portions : 4	

Équivalences du GAC

Produits céréaliers	—
Légumes et fruits	—
Produits laitiers	—
Viandes et substituts	4 à 5
Matières grasses	1

SUPRÊMES DE POULET FARCIS, SAUCE AUX OIGNONS VERTS ET CAMEMBERT

Le camembert, ce fromage à pâte molle et à croûte fleurie, se marie à merveille au poulet dans cette recette. Un autre plat fascinant inspiré d'une recette du chef Vicky Cloutier de Ste-Agathe-des-Monts.

4	demi-poitrines de poulet désossées, sans peau	4
80 ml	poivrons rouges en brunoise	1/3 tasse
125 ml	vert de poireaux en julienne	1/2 tasse
300 ml	champignons en quartiers	1 1/4 tasse
30 ml	huile	2 c. à table
45 ml	beurre ou margarine	3 c. à table
250 g	cuisses de poulet désossées sans peau ou poulet haché	1/2 lb
30 ml	vin blanc	2 c. à table
2	blancs d'oeufs	2
125 ml	crème 35 % ou 15 % champêtre	1/2 tasse
2 ml	sel	1/2 c. à thé
1 ml	poivre	1/4 c. à thé
15 ml	beurre ou margarine	1 c. à table
1	oignon vert	1
30 ml	échalotes sèches hachées	2 c. à table
125 ml	vin blanc	1/2 tasse
125 ml	bouillon de poulet	1/2 tasse
250 ml	crème 35 % ou 15 % champêtre	1 tasse
125 g	fromage camembert	1/4 lb

• Préchauffer le four à 190 °C (375 °F). • Inciser les poitrines de poulet dans le sens de l'épaisseur et ouvrir en deux.

Farce :

• Dans une eau bouillante salée, faire blanchir les poivrons puis la julienne de poireaux. Égoutter, essorer et réserver les légumes. • Dans une poêle, faire chauffer l'huile et la moitié du beurre. Y faire sauter les champignons 3 à 4 minutes et réserver. • Dans un robot culinaire, réduire en charpie les cuisses de poulet ou utiliser du poulet haché. • Ajouter le vin, les blancs d'oeufs, la crème et les assaisonnements. • Mélanger de façon à rendre la farce homogène. • Dans un bol, mélanger délicatement les légumes à la farce; vous conserverez ainsi la forme des légumes. • Assaisonner les poitrines et les farcir du mélange. • Faire chauffer l'autre moitié du beurre dans une poêle et y colorer les poitrines sur toutes leurs faces. Terminer la cuisson au four 10 minutes.

Sauce :

• Dans une casserole, faire suer au beurre le blanc de l'oignon haché et les échalotes 3 à 4 minutes. • Déglacer au vin et laisser réduire de moitié. • Mouiller avec le bouillon et la crème, porter à ébullition et réduire du tiers. • Verser la sauce dans un mélangeur puis ajouter le vert de l'oignon haché et le fromage. Rectifier l'assaisonnement et réchauffer avant de servir. • Dresser le poulet coupé en escalopes et napper de sauce.

Temps de préparation : 30-40 min	Temps de cuisson : 35-40 min
Nombre de portions : 4	

Demandez à votre boucher de préparer votre **poulet haché** comme vous l'aimez : avec de la poitrine, des cuisses ou un mélange des deux. Vous pouvez aussi le faire vous-même à l'aide d'un robot; vous n'avez qu'à demander au boucher de désosser les cuisses.

La **crème** est très utilisée en cuisine parce qu'elle confère aux aliments une saveur douce et une texture onctueuse. Cependant, vous pouvez lui substituer des produits moins gras comme le yogourt, le lait évaporé, le lait, le babeurre ou la crème sure.

Équivalences du GAC

Produits céréaliers	—
Légumes et fruits	3
Produits laitiers	2 à 3
Viandes et substituts	4 à 6
Matières grasses	15

Équivalences du GAC

Produits céréaliers	—
Légumes et fruits	2 1/2
Produits laitiers	—
Viandes et substituts	4
Matières grasses	4 1/2

SUPRÊMES DE POULET FARCIS, SAUCE AUX POIRES ET VIN ROUGE

Voici une variante de la recette de Stéphane Chapdelaine d'Anjou, qui lui a valu le prix du public lors du concours des apprentis-cuisiniers en février 1995.

250 g	chair de poitrine ou de cuisse de poulet désossée sans peau	1/2 lb
1	branche de thym frais, haché (séché : 1 pincée)	1
1	échalote sèche hachée	1
80 ml	crème 35 % ou 15 % champêtre	1/3 tasse
2 ml	sel	1/2 c. à thé
1 ml	poivre	1/4 c. à thé

Sauce :

160 ml	vin rouge sec	2/3 tasse
5 ml	poivre noir concassé	1 c. à thé
4	demi-poitrines de poulet désossées, avec peau	4
30 ml	beurre ou margarine	2 c. à table
1	échalote sèche hachée	1
2	poires en tranches	2
80 ml	bouillon de poulet	1/3 tasse
30 ml	crème à 35 %	2 c. à table

• Préchauffer le four à 190 °C (375 °F). • Dans le bol d'un robot culinaire, incorporer ensemble la chair de poulet, le thym, les échalotes et ajouter graduellement la crème. • Mélanger jusqu'à homogénéité. Assaisonner et réserver au frais. • Dans une petite casserole, combiner le vin et le poivre; réduire de moitié. Filtrer au tamis et conserver les grains de poivre. • À l'aide de vos doigts, détacher la peau des poitrines par l'intérieur sans la détacher des parois. Introduire la farce entre la chair et la peau. Façonner les poitrines en forme ovale et réserver 1/2 heure au réfrigérateur 30 minutes. • Dans une poêle, faire chauffer le beurre et saisir les poitrines en leur donnant une belle coloration. Déposer le poulet dans un plat allant au four, côté peau sur le dessus et cuire 20 à 25 minutes.

Sauce :

• Dans une poêle, faire chauffer le beurre puis y faire suer les échalotes et les poires. Cuire 3 à 4 minutes. • Mouiller avec le vin et le bouillon. Porter à ébullition et laisser mijoter 8 à 10 minutes. Réduire le mélange en purée et filtrer au tamis. • Remettre dans la casserole, ajouter la crème, porter à ébullition et rectifier l'assaisonnement. • Verser un peu de sauce dans le fond des assiettes et dresser le poulet escalopé en éventail. Parsemer de grains de poivre. Accompagner de légumes de saison.

Temps de préparation : 20 min	Temps de cuisson : 30-40 min
Nombre de portions : 4	

SUPRÊMES DE POULET GLACÉS AU MIEL ET BLEUETS

Ce plat aux airs d'été est inspiré d'une recette du chef Martin Desbiens, de Dolbeau. Une fois de plus, le poulet se marie à merveille aux produits de chez nous.

10 ml	beurre ou margarine	2 c. à thé
10 ml	huile	2 c. à thé
4	demi-poitrines de poulet désossées sans peau	4
1 ml ch.	sel et poivre	1/4 c. à thé
80 ml	miel liquide	1/3 tasse
125 ml	sirop de bleuets ou 80 ml (1/3 tasse) de confiture	1/2 tasse
160 ml	demi-glace commerciale en sachet	2/3 tasse
160 ml	bleuets frais	2/3 tasse

• Préchauffer le four à 220 °C (425 °F). • Dans une poêle, faire chauffer le beurre et l'huile. • Assaisonner le poulet et lui donner une belle coloration. • Déposer dans un plat beurré allant au four et badigeonner de miel et de sirop. Cuire au four 15 à 20 minutes. Durant la cuisson, badigeonner à trois reprises. • Ajouter le reste du miel et le sirop de bleuets dans la poêle contenant les sucs du poulet. Mouiller de la demi-glace et cuire 5 à 6 minutes. • À la fin de la cuisson, ajouter les bleuets et réserver au chaud. • Servir aussitôt, napper le poulet de la sauce et accompagner de salade de cresson.

Temps de préparation : 10 min	Temps de cuisson : 25-30 min
Nombre de portions : 4	

SUPRÊMES DE POULET LUSTRÉS AU MIEL DE THYM

Cette recette se prépare très rapidement et révèle des parfums délicats de thym et d'orange.

1 ml ch.	sel et poivre	1/4 c. à thé
6	demi-poitrines de poulet désossées sans peau	6
80 ml	farine ou fécule de maïs	1/3 tasse
15 ml	huile d'olive	1 c. à table
15 ml	beurre ou margarine	1 c. à table
15 ml	vin blanc	1 c. à table
45 ml	miel de thym ou de trèfle liquide	3 c. à table
15 ml	zeste d'orange	1 c. à table
5 ml	thym frais, haché (séché : 1 ml/1/4 c. à thé)	1 c. à thé

Équivalences du GAC

Produits céréaliers	—
Légumes et fruits	1
Produits laitiers	—
Viandes et substituts	2 à 4
Matières grasses	1

Selon les espèces de plantes butinées par les abeilles, le miel prend différentes couleurs allant du blanc au presque noir en passant par des teintes de brun, de roux et de blond. Plus il est foncé, plus sa saveur est prononcée. Par exemple, le miel de sarrasin est foncé et de saveur forte.

•Préchauffer le four à 180 °C (350 °F). • Assaisonner les poitrines et les couvrir d'une légère couche de farine en prenant bien soin d'enlever l'excédent. • Faire chauffer le beurre et l'huile dans une poêle à feu moyen. • Une fois la poêle bien chaude, y déposer le poulet et cuire environ 5 minutes de façon à ce que les poitrines soient bien dorées des deux côtés. • Terminer la cuisson dans un plat allant au four en cuisant environ 10 à 15 minutes. • Dégraisser la poêle tout en conservant les sucs attachés au fond. Déglacer avec le vin et réduire presque à sec, c'est-à-dire lorsque le liquide s'est à peu près complètement évaporé. • Incorporer le miel, le zeste d'orange, le thym et porter à ébullition. Cuire 2 à 3 minutes. • Recouvrir les poitrines de cette sauce à l'aide d'un pinceau ou tout simplement en les déposant dans le sirop. • Les remettre au four quelques instants pour leur donner un aspect lustré.

Temps de préparation : 20 min	Temps de cuisson : 20-25 min
Nombre de portions : 6	

SUPRÊMES DE POULET AU «BLANC DE PÉPINS» ET À LA SAUGE

La cidrerie de Michel Jodoin, située sur la rue Petite Caroline à Rougemont, est ouverte au public. La chaleur du service qu'on y trouve n'a d'égale que la qualité de ses produits.

6	demi-poitrines de poulet désossées, sans peau	6
12	feuilles de sauge fraîche	12
	(séchée : 10 ml/2 c. à thé)	
2 ml	sel	1/2 c. à thé
1 ml	poivre en grains concassés	1/4 c. à thé
2 ml	graines de moutarde	1/2 c. à thé
15 ml	beurre ou margarine	1 c. à table
15 ml	huile d'olive	1 c. à table
125 ml	cidre (cuvée Blanc de pépins) ou jus de pommes	1/2 tasse
80 ml	crème 35 % ou 15 % champêtre	1/3 tasse
15 ml	moutarde de Meaux ou de Dijon	1 c. à table
6	feuilles de sauge entières pour la présentation	6

• Inciser les poitrines dans le sens de l'épaisseur et les ouvrir en deux. • Ciseler 6 feuilles de sauge et en tapisser les poitrines. • Assaisonner et saupoudrer de graines de moutarde. • Enrouler les poitrines de façon à emprisonner hermétiquement la garniture. Vous pouvez les fixer avec des cure-dents au besoin. • Dans une poêle, faire chauffer à feu moyen le beurre et l'huile et y colorer les poitrines de 4 à 5 minutes sur toutes leurs faces. • Déglacer avec le cidre et cuire à couvert 5 minutes. Ciseler le reste de la sauge et l'incorporer à la préparation. • Retirer le poulet lorsque la chair a perdu sa couleur rosée. Verser la crème dans la sauce et assaisonner. • Réduire jusqu'à consistance désirée. Ajouter la moutarde et cuire 2 à 3 minutes sans ébullition. Servir les poitrines escalopées et napper de sauce.

Temps de préparation : 25 min	Temps de cuisson : 20-25 min
Nombre de portions : 6	

Équivalences du GAC

Produits céréaliers	—
Légumes et fruits	—
Produits laitiers	—
Viandes et substituts	4 à 6
Matières grasses	2

*Le **cidre** est une boisson obtenue par la fermentation du jus de pomme. Vous trouverez le cidre dans la plupart des épiceries, dépanneurs ou dans les succursales de la S.A.Q.*

*La **crème** est très utilisée en cuisine parce qu'elle confère aux aliments une saveur douce et une texture onctueuse. Cependant, vous pouvez lui substituer des produits moins gras comme le yogourt, le lait évaporé, le lait, le babeurre ou la crème sure.*

Équivalences du GAC

Produits céréaliers	—
Légumes et fruits	—
Produits laitiers	—
Viandes et substituts	3 à 6
Matières grasses	4

SUPRÊMES DE POULET
ET LEUR CROÛTE DE YOGOURT AUX HERBES

Cette recette de poulet n'a pas besoin de sauce car sa croûte contient déjà toutes les saveurs et préserve l'humidité du poulet, ce qui empêche le dessèchement des chairs.

6	demi-poitrines de poulet désossées sans peau	6
2 ml	sel	1/2 c. à thé
1 ml	poivre	1/4 c. à thé
Q.S.	farine	Q.S.
180 ml	yogourt nature	3/4 tasse
1 ml	basilic frais haché (séché : 1 pincée)	1/4 c. à thé
1 ml	thym	1/4 c. à thé
1 ml	origan	1/4 c. à thé
15 ml	oignon vert haché fin	1 c. à table
10 ml	jus de citron	2 c. à thé
250 ml	chapelure	1 tasse
125 ml	fromage parmesan râpé	1/2 tasse

• Préchauffer le four à 180 °C (350 °F) • Parer, assaisonner les poitrines et les enrober d'une fine couche de farine. • Dans un bol, mélanger le yogourt, le basilic, le thym, l'origan, l'oignon et le jus de citron. • Badigeonner le poulet sur toutes ses faces. • Dans un autre bol, mélanger la chapelure et le fromage puis en enrober le poulet. • Déposer les poitrines de poulet dans un plat allant au four et enfourner 30 à 35 minutes ou jusqu'à ce que la chapelure soit croustillante et que le poulet soit tendre.

Temps de préparation : 20 min	Temps de cuisson : 30 à 35 min
Nombre de portions : 6	

TRESSE DE LIÈVRE ET POULET, SAUCE MADÈRE

Mariage original aux saveurs d'automne, inspiré d'une recette du docteur Sophie Nadeau de Québec. Un plat qui ne manquera pas d'étonner vos invités.

2	grosses demi-poitrines de poulet désossées sans peau	2
1	râble de lièvre ou de lapin	1
15 ml	beurre ou margarine	1 c. à table
15 ml	huile de tournesol	1 c. à table
1 ml ch.	sel et poivre	1/4 c. à thé
250 ml	bouillon de poulet	1 tasse
15 ml	beurre ou margarine	1 c. à table
15 ml	farine	1 c. à table
30 ml	crème 35 % ou 15 % champêtre	2 c. à table
30 ml	vin de Madère	2 c. à table
1 ml	poivre	1/4 c. à thé

Appartenant à la famille des pâtes dures, le **fromage parmesan** possède une saveur prononcée et il se conserve longtemps. C'est un excellent fromage à râper et à gratiner. Parmi les meilleurs parmesan, on retrouve les doux : Sardo (Argentine) et Sbrinz (Suisse); les mi-forts : Grana Padano (Italie) et les forts : Reggiano (Italie).

Équivalences du GAC

Produits céréaliers	2
Légumes et fruits	—
Produits laitiers	2
Viandes et substituts	4 à 6
Matières grasses	—

À défaut de lapin ou de lièvre, utiliser un filet de porc. Le râble est la partie inférieure du dos, charnue et blanche, souvent considérée comme la meilleure partie du lapin.

La **crème** est très utilisée en cuisine parce qu'elle confère aux aliments une saveur douce et une texture onctueuse. Cependant, vous pouvez lui substituer des produits moins gras comme le yogourt, le lait évaporé, le lait, le babeurre ou la crème sure.

Le **vin de Madère** est un vin du Portugal élaboré à partir de quatre (4) principaux cépages (sercial, verdelho, buhal et malmsey). Il existe des madères plus secs, qui sont plus parfumés et plus doux, caractérisés par leurs arômes de miel. On peut remplacer le vin de Madère par du cognac ou du brandy.

• Découper les poitrines pour obtenir 4 lanières de chair de 3 cm (1 pouce) de largeur, 15 cm (5 pouces) de longueur et 1 cm (1/2 pouce) d'épaisseur. • Fendre les lanières sur la longueur en prenant soin de laisser la partie du haut liée sur 1,5 cm (1/2 pouce). • Découper les muscles du râble en contournant la colonne vertébrale. Faire 4 lanières de 3 cm (1 pouce) de largeur, 15 cm (5 pouces) de longueur et 1 cm (1/2 pouce) d'épaisseur. • Faire une tresse, fixer avec des ficelles les extrémités et assaisonner. • Dans une poêle, faire chauffer le beurre et l'huile. Cuire les tresses à feu vif pour donner une belle coloration sur les deux faces et puis terminer la cuisson à feu moyen, pendant 10 à 15 minutes. • Couper les ficelles et réserver au chaud. Dans une casserole, faire fondre le beurre et ajouter la farine. Laisser cuire quelques minutes de façon à ce que le roux soit blond et homogène; refroidir.
• Dans une autre casserole, faire suer l'échalote avec une noix de beurre. Déglacer avec le vin de Madère et réduire de moitié. Ajouter le bouillon et porter à ébullition. Assaisonner. • Ajouter le bouillon chaud au roux en fouettant régulièrement et cuire de façon à terminer la liaison. Détendre la sauce avec la crème.
• Dresser une tresse dans une assiette de service et napper de la sauce chaude.

Temps de préparation : 30 min	Temps de cuisson : 20 à 25 min
Nombre de portions : 4	

ESCALOPES DE POULET ET LEUR GARNITURE LÉGÈRE

Une recette facile et rapide pour les jours de dur labeur.
Une bonne façon de bien manger lorsque le temps manque.

6	escalopes de poulet (environ 100 g/1/4 lb chacune)	6
6	tranches de jambon prosciutto	6
6	tranches de fromage Oka (fines)	6
12 à 18	asperges vertes blanchies	12 à 18
1 ml ch.	sel et poivre	1/4 c. à thé
15 ml	beurre ou margarine	1 c. à table
15 ml	huile	1 c. à table
45 ml	vin blanc	3 c. à table

• Préchauffer le four à 180 ° C (350 ° F). • Assaisonner les escalopes et y déposer une tranche de jambon. • Ajouter le fromage puis les asperges. • Enfermer la garniture dans l'escalope. • Dans une poêle faire chauffer le beurre et l'huile.
• Faire colorer les escalopes des deux côtés et terminer la cuisson dans un plat beurré allant au four durant 10 à 15 minutes.
• Réserver le poulet au chaud et déglacer la poêle avec le vin.
• Réduire de moitié, ajouter le jus de cuisson du poulet.
• Ajouter une noix de beurre et battre vivement avec un fouet de façon à donner une bonne consistance au jus.

Temps de préparation : 20 min	Temps de cuisson : 15-20 min
Nombre de portions : 6	

Équivalences du GAC

Produits céréaliers	—
Légumes et fruits	—
Produits laitiers	—
Viandes et substituts	4 à 6
Matières grasses	3 1/2

*Le **prosciutto** est en fait un jambon cru qui a été séché, saumuré et fumé; c'est une charcuterie typiquement italienne. Son contenu en sel est évidemment très élevé. Vous pouvez le remplacer par tout autre jambon cuit, coupé en tranches minces.*

Équivalences du GAC

Produits céréaliers	—
Légumes et fruits	4 1/2
Produits laitiers	—
Viandes et substituts	6
Matières grasses	2

ESCALOPES DE POULET GRILLÉES AUX POIRES

On peut croquer dans une poire fraîche dès la mi-juillet mais elle est à son meilleur du début de septembre à la fin de janvier.

125 ml	huile	1/2 tasse
15 ml	sauce soya	1 c. à table
15 ml	pâte de tomates	1 c. à table
5 ml	moutarde de Dijon	1 c. à thé
15 ml	miel liquide	1 c. à table
15 ml	vinaigre de vin rouge	1 c. à table
5 ml	ail dégermé haché	1 c. à thé
10 ml	oignon vert haché	2 c. à thé
2 ml	sel	1/2 c. à thé
1 ml	poivre	1/4 c. à thé
6	escalopes de poulet	6
3	poires en tranches	3

• Dans un bol, mélanger l'huile, la sauce soya, la pâte de tomates, la moutarde, le miel, le vinaigre, l'ail, l'oignon, le sel et le poivre. • Verser la marinade sur les escalopes et laisser mariner 1 heure. • Retirer le poulet de la marinade, assécher et cuire sur un gril à feu moyen de 4 à 6 minutes ou jusqu'à ce que les jus de cuisson soient clairs. • Badigeonner régulièrement durant la cuisson. • Griller les tranches de poires en ayant pris soin d'avoir huilé la grille. • Donner une belle coloration au fruit en le badigeonnant régulièrement de miel durant la cuisson. • Servir le poulet avec les poires dans une assiette chaude.

Temps de préparation : 15 min	Temps de macération : 1 heure
Temps de cuisson : 10 min	Nombre de portions : 6

CASSEROLE DE FILETS DE POULET AUX MINI-MAÏS

Les mini-maïs égaieront ce plat aux couleurs vives et aux parfums d'automne.

15 ml	beurre ou margarine	1 c. à table
15 ml	huile	1 c. à table
1	oignon moyen, émincé	1
1	gousse d'ail dégermée hachée	1
1	poivron rouge	1
500 g	filets de poitrine de poulet	1 lb
1	tomate bien mûre mondée, concassée	1
45 ml	bouillon de poulet	3 c. à table
1 ml	poivre en grains concassés	1/4 c. à thé
2 ml	sel	1/2 c. à thé
180 ml	mini-maïs coupés en deux	3/4 tasse
30 ml	feuilles de coriandre hachées ou persil frais (séché : 10 ml/2 c. à thé)	2 c. à table

Équivalences du GAC

Produits céréaliers	—
Légumes et fruits	3
Produits laitiers	—
Viandes et substituts	6
Matières grasses	8

• Dans une grande poêle, faire chauffer le beurre et l'huile.
• Faire suer l'oignon, l'ail et les poivrons. Cuire 2 à 3 minutes jusqu'à ce que les légumes soient tendres. Réserver au chaud.
• Dans la même poêle, faire cuire les filets de poitrine de poulet en leur donnant une belle coloration ou jusqu'à ce que la chair ait perdu sa couleur rosée, environ 4 à 5 minutes. • Ajouter les mini-maïs tranchés en deux sur la longueur et les légumes réservés. • Réchauffer et dresser dans des bols creux ; parsemer de coriandre.

Temps de préparation : 20 min	Temps de cuisson : 15 min
Nombre de portions : 4	

DUALITÉ, FILETS DE POULET ET AUBERGINE

Dualité parce que les deux éléments, recouverts d'une même préparation, ont des textures et des goûts très différents.

250 ml	chapelure de pain	1 tasse
5 ml	graines de fenouil	1 c. à thé
2 ml	thym frais haché (séché : une pincée)	1/2 c. à thé
4 ml	sel	3/4 c. à thé
2 ml	poivre de Cayenne	1/2 c. à thé
5 ml	graines de coriandre concassées	1 c. à thé
2 ml	poivre noir moulu	1/2 c. à thé
1	aubergine moyenne	1
500 g	filets de poitrine de poulet	1 lb
3	oeufs	3
45 ml	lait	3 c. à table
125 ml	farine	1/2 tasse
45 ml	huile d'olive	3 c. à table
45 ml	beurre ou margarine	3 c. à table

• Dans un bol, mélanger ensemble la chapelure, les graines de fenouil, le thym, le sel, le poivre de Cayenne, la coriandre et le poivre. • Parer l'aubergine en enlevant les 2 extrémités. Trancher l'aubergine en 8 tranches épaisses. • Parer les filets de poitrine de poulet et les assaisonner. • Dans un grand bol, battre les oeufs et le lait puis déposer la farine dans un autre plat. • Paner les tranches d'aubergine d'abord en les enrobant d'une fine couche de farine, les tremper ensuite dans le liquide et finalement les enrober du mélange sec. Presser légèrement pour que l'aubergine s'imprègne bien du mélange sec. • Répéter ces opérations pour les filets de poitrine de poulet. • Dans une poêle, faire chauffer le tiers de l'huile et du beurre. Faire cuire une partie de l'aubergine de 6 à 8 minutes. • Retourner à mi-cuisson et retirer lorsqu'elle a une belle coloration.
• Cuire la deuxième partie de l'aubergine avec un autre tiers du beurre et de l'huile. • Finalement, chauffer le reste de l'huile et du beurre et cuire les filets de poitrine de poulet comme l'aubergine de 7 à 10 minutes. • Servir aussitôt avec un coulis de tomates et basilic chaud (voir page 196).

Temps de préparation : 25 min	Temps de cuisson : 20 min
Nombre de portions : 4	

FILETS DE POULET À LA FARINE DE SEIGLE

La farine de seigle donne aux filets de poulet une belle texture croquante.

30 ml	farine de seigle ou tout usage	2 c. à table
2 ml	graines de carvi concassées	1/2 c. à thé
250 g	filets ou escalopes de poulet	1/2 lb
2 ml	sel	1/2 c. à thé
1 ml	poivre	1/4 c. à thé
10 ml	beurre ou margarine	2 c. à thé
10 ml	huile	2 c. à thé
5 ml	beurre	1 c. à thé
2	échalotes sèches hachées	2
1	gousse d'ail dégermée hachée	1
5 ml	vin blanc	1 c. à thé
60 ml	bouillon de poulet	1/4 tasse
60 ml	crème sure 7 % ou yogourt nature	1/4 tasse
2 ml	moutarde de Dijon	1/2 c. à thé

• Dans un bol, mélanger ensemble la farine et le carvi.
• Assaisonner les filets de poulet et les enrober d'une fine couche du mélange de farine. • Dans une poêle, faire chauffer le beurre et l'huile. • Faire cuire le poulet 6 à 8 minutes ou jusqu'à ce que la chair ait perdu sa couleur rosée. • Retirer et réserver au chaud. • Ajouter dans la poêle une noix de beurre puis faire suer les échalotes et l'ail 2 à 3 minutes. • Déglacer avec le vin et mouiller avec le bouillon. • Porter à ébullition et réduire de moitié. • Ajouter la crème sure et la moutarde; cuire 3 à 4 minutes sans ébullition en remuant régulièrement.
• Dresser les filets de poulet dans une assiette chaude et napper de sauce.

Temps de préparation : 25 min	Temps de cuisson : 15-20 min
Nombre de portions : 2	

FILETS DE POULET AU SIROP DE FRUITS

Les jus des fruits vous dévoileront toutes sortes de secrets dans cette recette à la fois rapide, économique et somptueuse.

10 ml	beurre ou margarine	2 c. à thé
10 ml	huile	2 c. à thé
500 g	filets ou escalopes de poulet	1 lb
2	oignons verts hachés	2
1 ml	origan frais haché (séché : une pincée)	1/4 c. à thé
2 ml	sel	1/2 c. à thé
1 ml	poivre	1/4 c. à thé
125 ml	jus de pamplemousse rose	1/2 tasse
125 ml	jus de canneberges	1/2 tasse
	quartiers de fruits pour la décoration	

Plus la farine est raffinée, plus elle est blanche et plus la perte de valeur nutritive est élevée. La farine de seigle possède une valeur nutritive comparable à celle de la farine de blé.

Équivalences du GAC

Produits céréaliers	—
Légumes et fruits	—
Produits laitiers	—
Viandes et substituts	2
Matières grasses	2

Le jus de canneberges se vend en bouteille ou sous forme de concentré congelé. On se sert des canneberges pour traiter des infections urinaires. En raison de leur saveur aigrelette, on les utilise cuites et dans diverses préparations (muffins, pains, gâteaux, tartes, sorbets, crêpes, compote, gelées et confitures).

122

Vous trouverez le
jus de pruneaux
dans la plupart des
supermarchés. Les
pruneaux sont
offerts en conserve
(398 ml/14 oz) ou
en sac de 375
grammes. Vous
pouvez remplacer le
jus de pruneaux
par du jus d'orange
ou un autre jus.

• Dans une poêle, faire chauffer le beurre et l'huile. • Sauter les filets de poulet en leur donnant une belle coloration de 1 à 2 minutes. • Ajouter les oignons, l'origan, le sel et le poivre puis cuire 2 à 3 minutes. • Mouiller avec les jus de fruits. Porter à ébullition et cuire à couvert durant 5 minutes. • Retirer le poulet de la sauce et réserver au chaud. • Laisser réduire le jus de cuisson jusqu'à l'obtention d'une sauce qui nappe. • Dresser les filets sur un lit de riz et arroser de sauce. Décorer avec des quartiers de fruits tels que pamplemousse ou canneberges.

Temps de préparation : 15 min	*Temps de cuisson : 15 min*
Nombre de portions : 4	

FILETS DE POULET AUX PRUNES ET AUX ABRICOTS

Les fruits secs ont des parfums et des goûts très concentrés. Dans cette recette, ils vous étonneront agréablement.

80 ml	oignons perlés ou oignons hachés	1/3 tasse
10 ml	beurre ou margarine	2 c. à thé
10 ml	huile	2 c. à thé
60 ml	jus de pruneaux	1/4 tasse
	zeste d'un citron ou d'une orange	
80 ml	pruneaux dénoyautés hachés	1/3 tasse
80 ml	abricots secs hachés	1/3 tasse
180 ml	bouillon de poulet	3/4 tasse
1 ml	poivre en grains concassés	1/4 c. à thé
2 ml	sel	1/2 c. à thé
750 g	filets de poulet	1 2/3 lb

• Dans une casserole, faire suer l'oignon au beurre et à l'huile. • Mouiller avec le jus et ajouter le zeste. • Ajouter les fruits secs, le bouillon, le sel et le poivre. • Y déposer les filets de poulet, mélanger et porter à ébullition. • Cuire à couvert pendant 10 minutes, jusqu'à ce que le poulet soit tendre. Après les 5 premières minutes, remuer le mélange de façon à ce que le poulet et les fruits soient encore immergés. • Servir bien chaud dans une cocotte.

Temps de préparation : 15 min	*Temps de cuisson : 25 min*
Nombre de portions : 6	

FILETS DE POULET DU POTAGER

Une recette d'automne qui vous permettra de profiter au maximum de la récolte de votre potager.

60 ml	beurre ou margarine	1/4 tasse
30 ml	huile d'arachide	2 c. à table
3	poivrons (1 rouge, 1 vert, 1 jaune)	3
2	blancs de poireaux émincés	2
30 ml	bouillon de poulet	2 c. à table
250 ml	brocoli en fleurettes	1 tasse
250 ml	chou-fleur en fleurettes	1 tasse
2 ml	sel	1/2 c. à thé
1 ml	poivre	1/4 c. à thé
15 ml	basilic frais haché (séché : 5 ml/1 c. à thé)	1 c. à table
500 g	filets de poitrines de poulet	1 lb
45 ml	vin blanc	3 c. à table
	branche de basilic frais (facultatif)	

• Dans un wok ou une casserole, faire chauffer 15 ml (1 c. à table) de beurre et 15 ml (1 c. à table) d'huile. • Faire suer les poivrons, le poireau et cuire en mélangeant régulièrement, environ 5 minutes. Ajouter le bouillon, le brocoli et le chou-fleur et cuire 5 autres minutes ou jusqu'à ce que les légumes soient tendres. • Assaisonner, ajouter le basilic et mélanger de nouveau. Réserver au chaud. • Dans une poêle, faire chauffer le reste du beurre à feu vif et sauter les filets de poitrine de poulet de façon à ce qu'ils soient bien colorés. • Ajouter le vin, couvrir et poursuivre la cuisson à feu moyen jusqu'à ce que les filets deviennent tendres. • Ajouter au poulet les légumes réservés, rectifier l'assaisonnement, mélanger et servir dans une cocotte avec un bouquet de basilic frais. • Accompagner d'un riz blanc parfumé.

Temps de préparation : 15 min	Temps de cuisson : 20 min
Nombre de portions : 4	

BROCHETTES DE BACON ET DE FOIES DE POULET

Le foie de poulet donne une texture très intéressante et différente de ce que l'on attend habituellement d'une brochette.

8	tranches de bacon	8
375 g	foies de poulet	3/4 lb
45 ml	huile d'olive	3 c. à table
45 ml	porto ou vin rouge	3 c. à table
1	oignon vert haché	1
15 ml	sucre brun (cassonade)	1 c. à table
5 ml	origan frais, haché (séché : 1 ml/1/4 c. à thé)	1 c. à thé
20	oignons perlés ou têtes de champignons	20
20	cubes de poivron rouge ou vert	20

Le **brocoli** est un légume-fleur qui renferme un grand nombre d'éléments nutritifs dont l'acide folique, la vitamine C, le bêta-carotène, le calcium et le fer. De plus, il est une source élevé de fibres. Un véritable trésor alimentaire! avantageux de laisser la portion de tige qui relie les fleurs au coeur. Le chou-fleur est un légume qui cuit très rapidement. Il faut donc le surveiller car il se défait, devient vite pâteux et perd sa valeur nutritive ainsi que sa saveur.

Les **petites feuilles vertes du chou-fleur** sont remplies de vitamines et de minéraux. Il apparaît donc

Le filet est la partie du poulet qui se trouve entre les côtes et le muscle de la poitrine.

Équivalences du GAC

Produits céréaliers	—
Légumes et fruits	11
Produits laitiers	—
Viandes et substituts	4
Matières grasses	6

Le **foie de poulet** est une excellente source de vitamine A (comme tous les foies). Il fournit une quantité importante de folates. L'acide folique, appartenant au groupe des vitamines B est essentiel à la formation de globules rouges. Le foie de poulet est aussi une excellente source de fer, une importante source de thiamine, de riboflavine et de niacine, trois vitamines essentielles à l'utilisation de l'énergie dans l'organisme. Comme tous les abats, il renferme une certaine quantité de cholestérol. Cependant, une consommation occasionnelle ne pose pas de problème.

On peut remplacer le porto par du cognac ou du brandy.

La **chicoutai** est offerte dans les succursales de la S.A.Q.. Il s'agit d'une liqueur qu'on utilise localement pour faire des confitures et des pâtisseries. On la déguste également sur glaçons, comme digestif.

La **crème** est très utilisée en cuisine parce qu'elle confère aux aliments une saveur douce et une texture onctueuse. Cependant, vous pouvez lui substituer des produits moins gras comme le yogourt, le lait évaporé, le lait, le babeurre ou la crème sure.

• Couper les tranches de bacon en quatre. Nettoyer et dénerver les foies de poulet. • Dans un bol, mélanger l'huile, le porto, l'oignon, le sucre et l'origan. Y laisser mariner le bacon et les foies pendant 1 à 2 heures. • Enfiler les foies de poulet en intercalant avec le bacon roulé, les oignons perlés et le poivron rouge. • Cuire sur le gril ou au four à 180 °C (350 °F) de 8 à 10 minutes en badigeonnant durant la cuisson et en retournant de temps en temps.

Temps de préparation : 15 min	Temps de macération : 1-2 heures
Temps de cuisson : 8-10 min	Nombre de portions : 4

MOUSSE DE FOIES DE POULET AUX RAISINS DE CORINTHE ET CHICOUTAI

La chicoutai est un produit typiquement québécois élaboré à partir de la chicouté, une baie récoltée dans les marais de la basse Côte-Nord. Elle dégage un parfum suave et à la fois sauvage.

80 ml	bouillon de poulet	1/3 tasse
75 ml	porto	1/3 tasse
60 ml	raisins de Corinthe	1/4 tasse
500 g	foies de poulet nettoyés	1 lb
60 ml	beurre clarifié	1/4 tasse
60 ml	chicoutai	1/4 tasse
1	gousse d'ail dégermée hachée finement	1
1 ml	thym frais (séché : une pincée)	1/4 c. à thé
60 ml	beurre ou margarine en pommade	1/4 tasse
30 ml	crème 35 % ou 15 % champêtre	2 c. à table
15 ml	jus de citron	1 c. à table
2 ml	sel	1/2 c. à thé
1 ml	poivre	1/4 c. à thé

• Dans une casserole, amener à ébullition le bouillon, le porto et les raisins. Réserver hors du feu environ 10 minutes. • Laver et assécher les foies de poulet. • Dans une poêle, faire chauffer un peu de beurre clarifié et lorsqu'il est bien chaud, y déposer les foies de poulet. Cuire à feu vif environ 5 minutes. • Réserver au chaud. • Déglacer la poêle avec 15 ml (1 c. à table) de chicoutai et ajouter le liquide aux foies. • Passer au robot culinaire les foies, le reste de la chicoutai, l'ail, le thym, le beurre, la crème et le jus de citron. • Assaisonner et incorporer les raisins gonflés au mélange à l'aide d'une cuillère en bois. • Mouler la préparation dans des ramequins ou dans une terrine. • Réfrigérer 6 à 8 heures.

Temps de préparation : 25 min	Temps de cuisson : 15-20 min
Nombre de portions : 6	

HAUTS DE CUISSE À LA BASQUE

2 ml	sel	1/2 c. à thé
1 ml	poivre	1/4 c. à thé
6	hauts de cuisse de poulet avec ou sans peau, avec ou sans dos	6
1	oignon moyen émincé	1
4	tomates mûres épépinées, concassées	4
1	poivron rouge en dés	1
125 ml	coeurs d'artichauts en conserve	1/2 tasse
60 ml	olives noires dénoyautées	1/4 tasse
125 ml	vin blanc	1/2 tasse
80 ml	bouillon brun de poulet	1/3 tasse
1	bouquet garni	1

• Faire chauffer le beurre et l'huile. • Dans une casserole, colorer les hauts de cuisse assaisonnés sur toutes leurs faces de 4 à 5 minutes. • Retirer de la casserole et réserver. • Faire suer l'oignon durant 2 minutes et ajouter les tomates, le poivron, les coeurs d'artichauts, les olives et l'ail. • Poursuivre la cuisson 3 à 4 minutes, ajouter le vin et le bouillon. • Porter à ébullition et ajouter le bouquet garni. • Cuire à couvert sur un feu doux environ 35 minutes ou jusqu'à ce que les jus de cuisson du poulet soient clairs. • Rectifier l'assaisonnement. • Dresser dans les plats de service avec la sauce. Cette recette peut aussi se faire avec de la poitrine de poulet désossée.

Temps de préparation : 20 min	Temps de cuisson : 40-45 min
Nombre de portions : 6	

HAUTS DE CUISSE À LA BIÈRE ET AU RIZ

15 ml	huile d'olive	1 c. à table
2 ml	sel	1/2 c. à thé
1 ml	poivre	1/4 c. à thé
4	hauts de cuisse de poulet sans peau, avec ou sans dos	4
1	oignon moyen haché	1
2	poivrons verts	2
45 ml	sauge fraîche hachée (séchée : 5 ml/1 c. à thé)	3 c. à table
2	gousses d'ail dégermées, hachées	2
250 ml	bière	1 tasse
500 ml	bouillon de poulet	2 tasses
250 ml	riz à grains longs	1 tasse

• Dans une casserole, faire chauffer l'huile. • Assaisonner les hauts de cuisse puis les colorer sur toutes leurs faces et cuire 6 à 8 minutes. • Ajouter l'oignon, les poivrons, la sauge et l'ail. • Assaisonner et mouiller avec la bière. • Porter à ébullition et cuire à feu doux, couvert. • Après 20 minutes de cuisson, ajouter le bouillon et le riz. • Cuire à la même intensité 20 minutes de plus. • Servir lorsque le riz aura absorbé tout le bouillon.

Temps de préparation : 10 min	Temps de cuisson : 50 min
Nombre de portions : 4	

L'artichaut nous vient de l'Europe et des États-Unis, mais, fait étonnant, il est aussi cultivé au Québec. Il est riche en potassium, phosphore, sodium et fer. On le dit excellent pour le foie. Les coeurs d'artichauts se vendent frais, en conserve ou marinés.

Équivalences du GAC

Produits céréaliers	—
Légumes et fruits	6
Produits laitiers	—
Viandes et substituts	6
Matières grasses	—

Connaissez-vous la sauge? Il existe plus de 500 variétés de sauge mais les plus utilisées en raison de leurs propriétés médicinales sont la sauge officinale et, plus encore, la sauge sclarée. Elle est excellente contre la digestion lente, les ballonnements et les flatulences. On peut la servir en infusion ou l'ajouter fraîche aux mets.

Équivalences du GAC

Produits céréaliers	5
Légumes et fruits	4
Produits laitiers	—
Viandes et substituts	4
Matières grasses	1

Pour la chapelure, voir page 83.

Saviez-vous que le paprika est une épice provenant de certaines variétés de piments rouges doux.

Quand vous mangez du yogourt, de la crème sure, du fromage ricotta ou cottage, ne jetez pas le liquide qui flotte à la surface. C'est ce qu'on appelle le petit lait. Il contient beaucoup de vitamines B, des minéraux et très

peu de matières grasses. Réintroduisez-le en le brassant avec la matière solide.

Équivalences du GAC

Produits céréaliers	3 1/2
Légumes et fruits	3
Produits laitiers	—
Viandes et substituts	6
Matières grasses	10 1/2

HAUTS DE CUISSE À LA CRÈME SURE ET À LA CIBOULETTE

Une recette originale qui convient bien à un repas en famille ou entre amis.

500 ml	chapelure	2 tasses
2 ml	sel	1/2 c. à thé
1 ml	poivre	1/4 c. à thé
1 ml	ail haché	1/4 c. à thé
1 ml	paprika	1/4 c. à thé
125 ml	beurre ou margarine fondu	1/2 tasse
6	hauts de cuisse ou pilons de poulet, avec ou sans peau	6
3	petits oignons jaunes émincés	3

Sauce :

15 ml	beurre ou margarine	1 c. à table
15 ml	farine	1 c. à table
250 ml	crème sure	1 tasse
1 ml	poivre en grains concassés	1/4 c. à thé
Q.S.	lait	Q.S.
30 ml	ciboulette fraîche hachée (séché : 10 ml/2 c. à thé)	2 c. à table

• Préchauffer le four à 180 °C (350 °F). • Dans un bol, mélanger la chapelure, le sel, le poivre, l'ail et le paprika. • Badigeonner les hauts de cuisse de poulet avec une partie du beurre fondu et les enrober du mélange. • Déposer le poulet dans un plat beurré allant au four. • Ajouter l'oignon et parsemer du reste de la chapelure et du beurre fondu. • Cuire en arrosant de temps à autre, pendant 40 à 45 minutes ou jusqu'à ce que les jus de cuisson soient clairs. Réserver au chaud.

Sauce :

• Dans une casserole, faire fondre le beurre. Ajouter la farine et cuire quelques minutes jusqu'à ce que le mélange devienne homogène et mousseux (roux). • Réduire le feu, ajouter la crème sure et le poivre. Cuire 2 à 3 minutes en mélangeant régulièrement. • Rectifier la consistance avec le lait. • Dresser le poulet chaud dans des assiettes de service. • Napper de sauce et parsemer de ciboulette.

Temps de préparation : 20 min	Temps de cuisson : 40 à 45 min
Nombre de portions : 6	

HAUTS DE CUISSE À LA GELÉE D'ABRICOTS

La gelée d'abricots donnera à ce plat une saveur douce et délicieuse. D'autres gelées de fruits peuvent aussi être utilisées.

30 ml	gelée d'abricots	2 c. à table
15 ml	moutarde de Dijon	1 c. à table
2 ml	jus de citron	1/2 c. à thé
5 ml	estragon frais haché (séché : 1 ml/1/4 c. à thé)	1 c. à thé
1 ml ch.	sel et poivre	1/4 c. à thé
4	hauts de cuisse de poulet avec ou sans peau, avec ou sans dos	4

• Préchauffer le four à 180 °C (350 °F). • Dans un petit bol, incorporer ensemble la gelée, la moutarde, le jus de citron, l'estragon, le sel et le poivre. • Déposer les hauts de cuisse de poulet dans un plat beurré allant au four et assaisonner.
• Badigeonner les pièces de poulet du mélange et cuire au four 30 à 35 minutes ou jusqu'à ce que les jus de cuisson soient clairs. Continuer de badigeonner les pièces tout au long de la cuisson.
• Servir.

Temps de préparation : 10 min	Temps de cuisson : 30 à 35 min
Nombre de portions : 4	

Vers la fin de la cuisson, vous pouvez parsemer le poulet d'abricots séchés, entiers ou en morceaux. Ils sont riches en fibres et en fer.

Équivalences du GAC

Produits céréaliers	—
Légumes et fruits	—
Produits laitiers	—
Viandes et substituts	4
Matières grasses	—

HAUTS DE CUISSE À LA MARMELADE D'ORANGE ET AUX AMANDES

Voici une recette qui se prépare très bien en toutes saisons et que l'on déguste en famille avec plaisir.

60 ml	marmelade à l'orange	1/4 tasse
2 ml	gingembre moulu	1/2 c. à thé
2 ml	sel	1/2 c. à thé
1 ml	poivre	1/4 c. à thé
5 ml	sauce Worcestershire	1 c. à thé
45 ml	yogourt nature	3 c. à table
45 ml	sauce soya	3 c. à table
375 ml	chapelure fraîche	1 1/2 tasse
80 ml	amandes effilées	1/3 tasse
4 à 6	hauts de cuisse de poulet avec ou sans peau, avec ou sans dos	4 à 6

• Préchauffer le four à 180 °C (350 °F). • Dans un bol, mélanger marmelade, gingembre, sel et poivre. • Dans un autre bol, préparer le mélange à base de sauce Worcestershire, de yogourt, de sauce soya, de chapelure et d'amandes. • Assaisonner les hauts de cuisse de poulet et les badigeonner du mélange à la marmelade. • Les enrober du mélange de chapelure et les déposer dans un plat beurré allant au four. • Cuire au four 30 à 35 minutes ou jusqu'à ce que le poulet ait perdu sa couleur rosée. • Servir avec une salade d'épinards à l'orange.

Temps de préparation : 15-20 min	Temps de cuisson : 35 min
Nombre de portions : 4	

*Le **yogourt nature** léger est tout indiqué lorsque vous souhaitez réduire la quantité de gras de votre alimentation. La plupart du temps, il peut même remplacer la crème sure.*

Vous pouvez utiliser le haut de cuisse désossé, le pilon ou la cuisse entière.

Équivalences du GAC

Produits céréaliers	3
Légumes et fruits	—
Produits laitiers	—
Viandes et substituts	4 à 6
Matières grasses	—

Haut de cuisse
et haut de cuisse
désossé en melon

Lanières de poitrine
ou de haut de cuisse

Paupiette poitrine
ou cuisse et poitrine
gourmet

Pilons de cuisse
et tranches de pilons

*Suprêmes de poulet
au parfum de fenouil* (page 109)

Suprêmes de poulet
aux pépites de sucre d'érable (page 110)

Suprêmes de poulet chemisés de laitue et leur coulis de tomates **(page 111)**

*Escalopes de poulet
et leur garniture légère* (page 119)

*Filets de poulet
du potager* **(page 124)**

Pour le yogourt
nature, voir
page 128.

HAUTS DE CUISSE CROQUANTS
À LA SAUCE DE YOGOURT ET CONCOMBRE

Le concombre et le yogourt, deux saveurs qui se mêlent bien et, depuis belle lurette. Un accompagnement judicieux pour ce plat de poulet.

125 ml	yogourt nature	1/2 tasse
80 ml	concombre pelé et râpé	1/3 tasse
2 ml	thym frais haché (séché : une pincée)	1/2 c. à thé
2 ml	sel	1/2 c. à thé
1 ml	poivre	1/4 c. à thé
15 ml	beurre ou margarine en pommade	1 c. à table
15 ml	moutarde sèche	1 c. à table
80 ml	chapelure	1/3 tasse
45 ml	gruyère râpé	3 c. à table
2 ml	ail dégermé haché	1/2 c. à thé
1 ml	estragon frais haché (séché : une pincée)	1/4 c. à thé
2 ml	sel	1/2 c. à thé
1 ml	poivre	1/4 c. à thé
6	hauts de cuisse de poulet avec ou sans peau, avec ou sans dos	6

• Préchauffer le four à 180 °C (350 °F). • Dans un bol, préparer la sauce en mélangeant le yogourt, le concombre, le thym, le sel et le poivre. Lorsque le mélange est homogène, réserver au réfrigérateur. • Préparer le mélange de beurre en pommade (à la température de la pièce) et de moutarde. • Dans un autre bol, incorporer ensemble la chapelure, le gruyère, l'ail, l'estragon, le sel et le poivre. • Enrober les hauts de cuisse de poulet du mélange de beurre et recouvrir le tout du mélange de chapelure. • Déposer les hauts de cuisse dans un plat beurré allant au four. • Cuire de 35 à 40 minutes ou jusqu'à ce que le poulet ait perdu sa couleur rosée et que la chapelure soit bien dorée. • Dresser dans des plats chauds et napper de sauce au yogourt.

Temps de préparation : 15 min   Temps de cuisson : 40 min
Nombre de portions : 4-6

Équivalences du GAC

Produits céréaliers	—
Légumes et fruits	1/2
Produits laitiers	1
Viandes et substituts	6
Matières grasses	1

HAUTS DE CUISSE AU SÉSAME, SAUCE AU MIEL

Une recette généreusement garnie de sésame. Les graines
de sésame peuvent être consommées natures, rôties ou crues.

6	hauts de cuisse de poulet sans peau, avec ou sans dos	6
60 ml	sauce aux huîtres	1/4 tasse
10 ml	sauce soya	2 c. à thé
20 ml	miel liquide	4 c. à thé
10 ml	moutarde de Meaux ou de Dijon	2 c. à thé
5 ml	huile	1 c. à thé
2 ml	sel	1/2 c. à thé
2 ml	poivre noir en grains concassés	1/2 c. à thé
125 ml	graines de sésame blanches ou noires, grillées	1/2 tasse
80 ml	miel	1/3 tasse
400 ml	bouillon de poulet	1 2/3 tasse
15 ml	fécule de maïs	1 c. à table

• Préchauffer le four à 190 °C (350 °F). • Dans un bol, mélanger
ensemble la sauce aux huîtres, la sauce soya, le miel,
la moutarde, l'huile, le sel et le poivre. • En badigeonner
le poulet sur toutes ses faces. • Enrober du mélange de graines
de sésame et déposer dans un plat allant au four. • Cuire au four
40 minutes ou jusqu'à ce que les jus de cuisson soient clairs.
• Dans une casserole, porter le miel et le bouillon à ébullition,
cuire 5 minutes pour réduire du tiers. Assaisonner. • Faire
la liaison avec la fécule diluée dans l'eau (15 ml/1 c. à table)
et cuire 5 à 8 minutes. • Dresser dans une assiette chaude avec
des juliennes de carotte, céleri, zucchini, etc.

Temps de préparation : 20 min	Temps de cuisson : 50-55 min
Nombre de portions : 4-6	

HAUTS DE CUISSE AU VINAIGRE DE VIN ROUGE

Cette recette peut être préparée avec d'autres sortes de vinaigre
dont la base est le vin rouge, ou tout autre vinaigre de couleur
foncée.

15 ml	beurre ou margarine	1 c. à table
15 ml	huile	1 c. à table
8 à 10	hauts de cuisse de poulet avec ou sans peau, avec ou sans dos	8 à 10
6	gousses d'ail dégermées hachées	6
250 ml	vinaigre de vin rouge	1 tasse
3	tomates mondées épépinées, concassées	3
500 ml	bouillon de poulet	2 tasses
60 ml	crème 35 % ou 15 % champêtre	1/4 tasse
6	brindilles de thym frais (facultatif)	6

Équivalences du GAC

Produits céréaliers	—
Légumes et fruits	—
Produits laitiers	—
Viandes et substituts	6
Matières grasses	1/2

• Dans une casserole, faire chauffer le beurre et l'huile. • Colorer les hauts de cuisse de poulet sur toutes leurs faces; cuire pendant 8 à 10 minutes. • Assaisonner et ajouter l'ail. • Déglacer avec le vinaigre et porter à ébullition. • Déposer les tomates sur le poulet et cuire à couvert durant 40 à 45 minutes à feu doux. • Retirer les hauts de cuisse de la casserole et réserver au chaud. • Mouiller la garniture du bouillon et détacher les sucs collés au fond de la casserole. • Porter à ébullition et réduire de moitié. • Passer la sauce au tamis et remettre dans une casserole. • Crémer et réduire jusqu'à consistance désirée. • Rectifier l'assaisonnement et réserver au chaud. • Dresser les hauts de cuisse dans des assiettes chaudes et napper de sauce. • Garnir d'une brindille d'herbe fraîche.

Temps de préparation : 20 min   *Temps de cuisson : 60-70 min*
Nombre de portions : 6

HAUTS DE CUISSE AUX EFFLUVES D'ANETH

Lorsque vous exécuterez cette recette, les émanations subtiles de l'aneth et du poivre noir vous feront redécouvrir le sens du mot effluve.

15 ml	*beurre ou margarine*	1 c. à table
15 ml	*huile*	1 c. à table
6	*hauts de cuisse de poulet, avec ou sans peau, avec ou sans dos*	6
2 ml	*sel*	1/2 c. à thé
2 ml	*poivre en grains concassés*	1/2 c. à thé
2 ml	*graines d'aneth écrasées*	1/2 c. à thé
60 ml	*vin blanc*	1/4 tasse
125 ml	*bouillon de poulet*	1/2 tasse
250 ml	*crème 35 % ou 15 % champêtre*	1 tasse
30 ml	*aneth frais, haché (séché : 10 ml/2 c. à thé)*	2 c. à table
10 ml	*ciboulette fraîche ciselée*	2 c. à thé
	brindilles d'aneth frais (facultatif)	

• Préchauffer le four à 180 °C (350 °F). • Dans une poêle, faire chauffer le beurre et l'huile. • Saler les hauts de cuisse de poulet puis les saupoudrer de poivre en grains concassés et de graines d'aneth. • Donner une belle coloration sur toutes leurs faces et déposer dans un plat beurré allant au four. • Cuire 30 minutes au four ou jusqu'à ce que les jus de cuisson soient clairs. Arroser régulièrement durant la cuisson. Réserver au chaud. • Dégraisser la poêle; déglacer au vin et au bouillon. • Réduire de moitié ou jusqu'à consistance désirée. • Hors du feu, ajouter l'aneth, la ciboulette et le jus de cuisson du poulet tout en mélangeant. • Rectifier l'assaisonnement et dresser les hauts de cuisse dans les assiettes. Les napper de sauce. Déposer une brindille d'aneth fraîche.

Temps de préparation : 20 min   *Temps de cuisson : 45 min*
Nombre de portions : 6

Équivalences du GAC

Produits céréaliers	—
Légumes et fruits	*1*
Produits laitiers	—
Viandes et substituts	*8 à 10*
Matières grasses	*3 1/2*

*La **crème** est très utilisée en cuisine parce qu'elle confère aux aliments une saveur douce et une texture onctueuse. Cependant, vous pouvez lui substituer des produits moins gras comme le yogourt, le lait évaporé, le lait, le babeurre ou la crème sure.*

Équivalences du GAC

Produits céréaliers	—
Légumes et fruits	—
Produits laitiers	—
Viandes et substituts	*4 à 6*
Matières grasses	*8*

HAUTS DE CUISSE AU SIROP DE MIEL ET ROMARIN

Le miel, un autre produit bien de chez nous. Une façon de cuisiner le poulet pour les p'tits becs sucrés.

2	échalotes sèches hachées	2
80 ml	beurre ou margarine	1/3 tasse
150 ml	miel de trèfle	1/2 tasse
80 ml	jus de citron	1/3 tasse
300 ml	bouillon de poulet	1 1/4 tasse
1 ml ch.	sel et poivre	1/4 c. à thé
1	branche de romarin (séché : 2 ml/1/2 c. à thé)	1
6	hauts de cuisse de poulet, avec ou sans peau, avec ou sans dos	6
6	petites branches de romarin (facultatif)	6

• Dans une poêle, faire suer les échalotes avec la moitié du beurre. • Incorporer le miel et cuire quelques minutes. • Ajouter le jus de citron et le bouillon de poulet. • Assaisonner et déposer le romarin entier dans la sauce. • Laisser cuire environ 10 minutes, retirer la branche de romarin et réserver au chaud. • Dans une poêle, faire fondre le reste du beurre. • Cuire les hauts de cuisse de poulet 30 à 35 minutes à feu moyen de façon à leur donner une belle coloration. • Déposer les hauts de cuisse dans des assiettes de service et napper du sirop. • Servir aussitôt.

Temps de préparation : 15 min	Temps de cuisson : 45 à 50 min
Nombre de portions : 6	

HAUTS DE CUISSE DE POULET AUX GOMBOS

Voici une recette simple qui vous permettra de découvrir un nouveau légume extrêmement facile à cultiver sous notre climat québécois.

1	paquet de gombos «Okra» congelés	1
15 ml	beurre ou margarine	1 c. à table
15 ml	huile	1 c. à table
6	hauts de cuisse de poulet, avec ou sans peau, avec ou sans dos	6
2	oignons moyens émincés	2
1	poivron rouge en lamelles	1
2	gousses d'ail dégermées, hachées	2
250 ml	bouillon de poulet	1 tasse
250 ml	tomates en cubes, fraîches ou en conserve, avec le jus	1 tasse
30 ml	basilic frais haché (séché : 10 ml/2 c. à thé)	2 c. à table
2 ml	sel	1/2 c. à thé
1 ml	poivre	1/4 c. à thé

L'échalote française ou sèche ressemble à une gousse d'ail. Sa peau extérieure est de couleur jaunâtre. En magasin, vous la trouverez dans la section des oignons, sur tablette ou dans un panier. À défaut d'échalote sèche, utilisez un petit oignon haché fin et une demi-gousse d'ail ou tout simplement le blanc de l'oignon vert.

Équivalences du GAC

Produits céréaliers	—
Légumes et fruits	—
Produits laitiers	—
Viandes et substituts	6
Matières grasses	5

La saveur du gombo s'apparente à celle de l'aubergine. Il est riche en vitamines A et C, acide folique, calcium, magnésium, phosphore et fibres. On le trouve dans la section des produits surgelés et frais, à certaines périodes de l'année.

Le gombo se mange cuit, en vinaigrette ou comme légume d'accompagnement. Il peut remplacer l'asperge dans la plupart des recettes.

Vous pouvez remplacer le lard salé par du bacon, du jambon, du beurre ou de la margarine.

• Préchauffer le four à 180 °C (350 °F). • Trancher en rondelles les trois quarts des gombos (3/4) et réserver les autres entiers. • Dans une casserole, faire chauffer le beurre et l'huile. • Cuire les hauts de cuisse de poulet en leur donnant une belle coloration sur toutes leurs faces, environ 6 à 8 minutes. Retirer et réserver au chaud. • Ajouter dans la casserole les oignons, le poivron, l'ail et cuire 4 à 5 minutes. • Mouiller les tomates et les gombos tranchés avec le bouillon. • Incorporer le basilic, assaisonner et porter à ébullition. • Remettre le poulet sur la garniture et cuire à couvert au four durant 30 minutes. • Un peu avant la fin de la cuisson, ajouter les gombos entiers et terminer la cuisson 5 minutes à couvert. • Servir chaud sur un lit de riz.

Temps de préparation : 15 min	*Temps de cuisson : 50 min*
Nombre de portions : 6	

HAUTS DE CUISSE DE POULET ET LEUR GARNITURE À L'ÉRABLE

Voici une recette qui marie harmonieusement le poulet à l'érable au goût aigre-doux du ketchup de fruits.

4	*hauts de cuisse de poulet, avec ou sans peau, avec ou sans dos*	4
10 ml	*moutarde forte (type Dijon)*	2 c. à thé
Au goût	*sel et poivre*	au goût
125 g	*lard salé*	1/4 lb
1	*oignon émincé*	1
1	*gousse d'ail hachée*	1
250 ml	*sirop d'érable*	1 tasse
500 ml	*bouillon de poulet*	2 tasses
250 ml	*ketchup de fruits*	1 tasse
3	*clous de girofle*	3
1	*feuille de laurier*	1

• Préchauffer le four à 180 °C (350 °F). • Badigeonner les hauts de cuisse de poulet avec la moutarde et saupoudrer de sel et de poivre. • Dans une poêle, faire sauter le lard et y dorer le poulet des deux côtés. Ajouter l'oignon, l'ail et le sirop d'érable. • Cuire à couvert durant 35 à 40 minutes ou jusqu'à ce que les jus de cuisson soient clairs. • Réserver le poulet au chaud. Mouiller avec le bouillon de poulet. Ajouter le ketchup, le vinaigre, le clou et le laurier. • Cuire la sauce quelques minutes jusqu'à l'obtention d'une bonne consistance. Ajouter le poulet et cuire 5 minutes. • Servir aussitôt.

Temps de préparation : 15 min	*Temps de cuisson : 45 à 50 min*
Nombre de portions : 4	

POULET GLACÉ AU CHILI

Donnez un air sud-américain à votre repas en accompagnant ce plat de tortillas de blé ou d'une guacamole.

Pour la guacamole, voir page 197.

30 ml	sauce soya	2 c. à table
15 ml	vinaigre de cidre	1 c. à table
15 ml	jus de citron	1 c. à table
2	gousses d'ail dégermées hachées	2
30 ml	graines de chili (ou chili moulu)	2 c. à table
30 ml	miel liquide	2 c. à table
4	hauts de cuisse de poulet, avec ou sans peau, avec ou sans dos (750 g/1 1/2 lb chacun)	4

• Préchauffer le four à 180 °C (350 °F). • Dans un bol, mélanger ensemble la sauce soya, le vinaigre, le jus de citron, l'ail, le chili et le miel. • Assaisonner les hauts de cuisse de poulet et les badigeonner du mélange de miel. • Déposer le poulet dans un plat beurré allant au four et cuire environ 35 minutes. Arroser les hauts de cuisse toutes les 5 minutes de façon à obtenir un glaçage régulier.

Temps de préparation : 10 min	Temps de cuisson : 35 min
Nombre de portions : 4	

Équivalences du GAC

Produits céréaliers	—
Légumes et fruits	—
Produits laitiers	—
Viandes et substituts	6
Matières grasses	—

ALLIAGE DE CRABE ET POULET EN SAINT-JACQUES

10 ml	beurre ou margarine	2 c. à thé
10 ml	huile	2 c. à thé
500 g	lanières de poitrines ou de hauts de cuisse de poulet	1 lb
500 g	crabe	2 tasses
1	gousse d'ail dégermée hachée	1
30 ml	vin blanc sec	2 c. à table
15 ml	aneth frais haché (séché : 2 ml/1/2 c. à thé)	1 c. à table
45 ml	beurre ou margarine fondu	3 c. à table
125 ml	chapelure	1/2 tasse
5 ml	graines d'aneth	1 c. à thé
6	coquilles Saint-Jacques propres (servant de contenants)	6

• Dans une poêle, faire chauffer le beurre et l'huile. • Sauter le poulet rapidement de façon à lui donner une belle coloration, environ 2 minutes. • Ajouter le crabe, l'ail, le vin et l'aneth. • Assaisonner et cuire à couvert sur un feu doux de 8 à 10 minutes ou jusqu'à ce que le poulet soit tendre. • Dans un bol, incorporer ensemble le beurre, la chapelure et les graines d'aneth. • Déposer la préparation dans les coquilles et saupoudrer du mélange de chapelure. • Terminer la cuisson au four à «gril» pour bien colorer la chapelure. • Servir avec des juliennes de carottes et des bouquets de brocoli.

Temps de préparation : 15 min	Temps de cuisson : 20-25 min
Nombre de portions : 6	

Demandez à votre boucher de préparer vos lanières de poulet comme vous les aimez : avec la poitrine, le filet ou la cuisse (hauts de cuisse). Sinon, achetez des poitrines ou des hauts de cuisse désossés et préparez-les vous-même.

On peut se procurer la chair de crabe fraîche, en conserve ou surgelée. Il existe aussi sur le marché de l'imitation de crabe. La chair de crabe contient des vitamines du complexe B, du calcium, du phosphore, du magnésium, du cuivre et du zinc.

Équivalences du GAC

Produits céréaliers	1
Légumes et fruits	—
Produits laitiers	—
Viandes et substituts	6
Matières grasses	4

La saveur piquante et légèrement camphrée de la sauge aromatise agréablement ce plat de poulet.

15 ml	beurre ou margarine	1 c. à table
15 ml	huile d'olive	1 c. à table
2	oignons moyens émincés	2
2	gousses d'ail dégermées et hachées finement	2
750 g	lanières de poitrines ou de hauts de cuisse de poulet	1 1/2 lb
375 ml	bouillon de poulet	1 1/2 tasse
30 ml	pâte de tomates	2 c. à table
5 ml	sauge en feuilles fraîches (sèche : 2 ml/1/2 c. à thé)	1 c. à thé
2 ml	graines de coriandre	1/2 c. à thé
2 ml	sel	1/2 c. à thé
1 ml	poivre	1/4 c. à thé
250 g	petits champignons blancs (boutons)	1/2 lb
100 g 1/4 lb	coeurs d'artichauts frais ou en conserve coupés en morceaux	

• Préchauffer le four à 160 °C (325 °F). • Dans une poêle, faire chauffer la moitié du beurre et de l'huile. • Faire suer les oignons et l'ail à feu moyen durant 3 minutes. • Retirer de la poêle et réserver au chaud dans une casserole couverte allant au four. • Dans la même poêle, faire chauffer le reste du beurre et de l'huile. • Y faire cuire les lanières de poulet jusqu'à ce qu'elles soient bien colorées. Cuire 3 à 5 minutes et réserver avec les légumes. • Déglacer avec le bouillon, ajouter la pâte de tomates, porter à ébullition et verser sur le poulet et les légumes. • Ajouter la sauge, la coriandre, le sel et le poivre. • Mélanger le tout et cuire à couvert au four 10 à 15 minutes ou jusqu'à ce que les jus de cuisson soient clairs. • Ajouter les champignons et les artichauts puis poursuivre la cuisson durant 5 minutes. • Servir sur un lit de pâtes et napper du jus de cuisson.

Temps de préparation : 15-20 min	Temps de cuisson : 25 min
Nombre de portions : 6	

---

*Demandez à votre boucher de préparer vos **lanières de poulet** comme vous les aimez : avec la poitrine, le filet ou la cuisse (hauts de cuisse). Sinon, achetez des poitrines ou des hauts de cuisse désossés et préparez-les vous-même.*

La sauge, plante aux propriétés médicinales, a une saveur piquante et légèrement camphrée. On dit qu'elle possède à elle seule les vertus d'une vingtaine de plantes.

On peut remplacer les graines de coriandre par du poivre en grains.

Équivalences du GAC

Produits céréaliers	—
Légumes et fruits	6
Produits laitiers	—
Viandes et substituts	6
Matières grasses	2

COURONNE DE PÂTES AU POULET OCÉANE

Depuis longtemps, le mariage du poulet et de la crevette permet de créer toutes sortes de plats tels que la paëlla et bien d'autres. À vous de jouer!

30 ml	beurre ou margarine	2 c. à table
1	oignon moyen émincé	1
250 ml	champignons émincés	1 tasse
250 g	crevettes crues sans écailles, déveinées, fraîches ou surgelées	1/2 lb
15 ml	beurre ou margarine	1 c. à table
15 ml	huile	1 c. à table
250 g	lanières de poitrines, de filets ou de hauts de cuisse de poulet	1/2 lb
125 ml	haricots verts	1/2 tasse
125 ml	haricots jaunes	1/2 tasse
60 ml	vin blanc sec ou bouillon de poulet	1/4 tasse
125 ml	crème 35 % ou 15 % champêtre	1/2 tasse
1	tomate mondée, épépinée, concassée	1
2 ml	sel	1/2 c. à thé
1 ml	poivre	1/4 c. à thé
2 ml	thym frais haché (séché : une pincée)	1/2 c. à thé
500 ml	pâtes crues (rotini, fettucini, plume)	2 tasses
Q.S.	parmesan râpé	Q.S.

• Dans une poêle, faire suer au beurre l'oignon et les champignons 3 à 4 minutes. • Incorporer les crevettes aux légumes et cuire jusqu'à ce qu'elles deviennent roses, environ 3 minutes. • Retirer de la poêle, faire chauffer un peu de beurre et d'huile puis cuire les lanières de poulet 4 à 5 minutes jusqu'à ce qu'elles soient tendres. • Ajouter les haricots et cuire 5 autres minutes. • Remettre le mélange de crevettes dans la poêle avec le poulet et ajouter le vin. • Verser la crème dans la poêle, ainsi que la tomate et les assaisonnements. • Laisser mijoter à faible intensité durant 5 minutes ou jusqu'à ce que la crème soit suffisamment réduite. • Cuire les pâtes à l'eau bouillante salée tel qu'indiqué sur l'emballage. • Servir le mélange de poulet dans la couronne de pâte et parsemer de fromage.

Temps de préparation : 15 min	Temps de cuisson : 40 min
Nombre de portions : 4	

Demandez à votre boucher de préparer vos **lanières de poulet** comme vous les aimez : avec la poitrine, le filet ou la cuisse (hauts de cuisse). Sinon, achetez des poitrines ou des hauts de cuisse désossés et préparez-les vous-même.

La **crème** est très utilisée en cuisine parce qu'elle confère aux aliments une saveur douce et une texture onctueuse. Cependant, vous pouvez lui substituer des produits moins gras comme le yogourt, le lait évaporé, le lait, le babeurre ou la crème sure.

Cette recette peut aussi être servie avec du riz. Cuisson du riz : 500 ml (2 tasses) de riz brun cru que l'on cuit dans 1,5 l (6 tasses) d'eau pendant 90 minutes ou 500 ml (2 tasses) de riz blanc à grains longs (étuvés) que l'on cuit dans environ 1 l (4 tasses) d'eau pendant 30 à 40 minutes. Pour la cuisson au micro-ondes, voir les instructions du fabricant.

Équivalences du GAC

Produits céréaliers	10
Légumes et fruits	5 1/2
Produits laitiers	—
Viandes et substituts	4
Matières grasses	7

Équivalences du GAC	
Produits céréaliers	6
Légumes et fruits	6
Produits laitiers	—
Viandes et substituts	4
Matières grasses	2

ÉMINCÉS DE POULET AUX POIS MANGE-TOUT SUR LIT DE PÂTES

Voici une recette qui se prépare rapidement en toutes occasions.

45 ml	pignons	3 c. à table
15 ml	beurre ou margarine	1 c. à table
15 ml	huile	1 c. à table
500 g	lanières de poitrines ou de hauts de cuisse de poulet	1 1/4 lb
1 ch.	poivron rouge et poivron vert tranchés en lamelles	1 ch.
125 ml	champignons blancs émincés	1/2 tasse
1	oignon moyen émincé	1
2	gousses d'ail dégermées hachées	2
80 ml	vin blanc ou bouillon	1/3 tasse
15 ml	basilic frais (séché : 5 ml/1 c. à thé)	1 c. à table
250 ml	pois mange-tout	1 tasse
750 g	pâtes cuites refroidies (plumes, coudes)	1 1/2 lb
2 ml	sel	1/2 c. à thé
1 ml	poivre	1/4 c. à thé
	feuilles de basilic (facultatif)	

• Dans une poêle, faire griller les pignons à feu vif en mélangeant sans arrêt pendant 4 à 5 minutes. Réserver. • Dans la poêle, faire chauffer le beurre et la moitié de l'huile. • Y cuire à feu vif le poulet en mélangeant régulièrement jusqu'à ce qu'il ait perdu sa couleur rosée, environ 2 à 3 minutes. • Assaisonner et réserver au chaud. Ajouter le reste de l'huile dans la poêle. • Y mettre les poivrons, les champignons, l'oignon et l'ail. Faire suer les légumes jusqu'à ce qu'ils aient rejeté leur jus. Réserver avec le poulet au chaud. • Déglacer la poêle avec le vin et verser dans une casserole. Y ajouter le bouillon, le basilic et les pois mange-tout; porter à ébullition. • Ajouter les pâtes et cuire encore 2 minutes de façon à réchauffer l'ensemble. • Incorporer le poulet et les légumes aux pâtes, rectifier l'assaisonnement. • Servir les portions dans des plats chauds et garnir d'une brindille d'herbe.

Temps de préparation : 20 min	Temps de cuisson : 15-25 min
Nombre de portions : 6	

ÉMINCÉS DE POULET ET FENOUIL EN GRATIN

Le fenouil est une plante potagère qui relève étonnamment bien le goût du poulet.

1	bulbe de fenouil lavé et coupé en cubes	1
500 ml	bouillon de poulet	2 tasses
Au goût	sel et poivre	au goût
750 g	lanières de poitrines ou	1 1/2 lb
	de hauts de cuisse de poulet	
30 ml	beurre ou margarine	2 c. à table
30 ml	farine	2 c. à table
60 ml	crème 35 % ou 15 % champêtre	1/4 tasse
125 g	parmesan râpé	1/4 lb

• Déposer les cubes de fenouil dans une casserole. • Mouiller avec le bouillon. • Assaisonner et cuire 10 à 15 minutes à couvert à feu moyen. • Égoutter le fenouil et réserver au chaud. Conserver le bouillon. • Dans le même bouillon, déposer les lanières et cuire 6 à 8 minutes à couvert jusqu'à ce que le poulet soit tendre. Réserver le poulet au chaud. • Préparer le roux en faisant fondre le beurre dans une petite casserole et en y ajoutant la farine. Cuire 2 à 3 minutes, sans coloration ; laisser refroidir. • Verser le bouillon chaud sur le roux. Fouetter énergiquement et cuire jusqu'à l'obtention de la consistance d'une sauce. • Détendre la sauce avec la crème. • Dans des bols à gratin beurrés, déposer le fenouil, le poulet, un peu de sauce et parsemer le tout de fromage. • Faire griller au four pour obtenir une belle coloration.

Temps de préparation : 20 à 25 min	Temps de cuisson 25 à 30 min
Nombre de portions : 6	

FAJITAS AU POULET ET LEUR GARNITURE DE YOGOURT ET CRÈME SURE

Ce sandwich santé aux airs exotiques ensoleillera les jours gris.

250 g	lanières de poitriness ou	1/2 lb
	de hauts de cuisse de poulet	
30 ml	jus de citron	2 c. à table
2 ml	sel	1/2 c. à thé
1 ml	poivre	1/4 c. à thé
30 ml	yogourt nature	2 c. à table
30 ml	crème sure	2 c. à table
15 ml	feuilles de coriandre fraîche, hachée finement	1 c. à table
	(moulue : 5 ml/1 c. à thé)	
1 ml	sauce Tabasco	1/4 c. à thé
1 ml	sel	1/4 c. à thé
1 ml	poudre de cari ou cumin moulu	1/4 c. à thé
1	oignon moyen émincé	1
1/2	poivron rouge en fines lanières	1/2
4	tortillas de farine blanche ou de blé	4
1	tomate tranchée finement	1

Dans cette recette, vous pouvez remplacer le bulbe de fenouil par du céleri ou encore par du cardon (un proche parent de l'artichaut et du chardon).

Vous pouvez également remplacer le parmesan par un autre fromage râpé comme le gruyère.

La **crème** est très utilisée en cuisine parce qu'elle confère aux aliments une saveur douce et une texture onctueuse. Cependant, vous pouvez lui substituer des produits moins gras comme le yogourt, le lait évaporé, le lait, le babeurre ou la crème sure.

Équivalences du GAC

Produits céréaliers	—
Légumes et fruits	6 1/2
Produits laitiers	—
Viandes et substituts	6
Matières grasses	3

Demandez à votre boucher de préparer vos **lanières de poulet** comme vous les aimez : avec la poitrine, le filet ou la cuisse (hauts de cuisse). Sinon, achetez des poitrines ou des hauts de cuisse désossés et préparez-les vous-même.

On peut remplacer les tortillas de farine par du pain pita. Pour ajouter du piquant, vous pouvez également ajouter des piments jalapenos marinés ou du poivre de Cayenne.

*Demandez à votre boucher de préparer vos **lanières de poulet** comme vous les aimez : avec la poitrine, le filet ou la cuisse (hauts de cuisse). Sinon, achetez des poitrines ou des hauts de cuisse désossés et préparez-les vous-même.*

***Le temps vous presse?** Vous pouvez remplacer les tomates fraîches par des tomates en conserve non égouttées et hachées.*

***Saviez-vous que** vous pouvez congeler les tomates fraîches, entières sans les blanchir et en avoir ainsi sous la main toute l'année.*

• Dans un bol, mélanger le jus de citron, le sel et le poivre. Y laisser macérer les lanières de poulet durant 30 minutes au réfrigérateur. • Dans un autre bol, mélanger ensemble le yogourt, la crème, la coriandre, la sauce Tabasco, le sel et le cari. • Retirer les lanières de la marinade. • Faire chauffer le beurre et l'huile dans une poêle. • Y cuire les lanières de poulet, l'oignon et le demi-poivron. • Cuire 5 à 6 minutes ou jusqu'à ce que le poulet soit tendre. • Réchauffer les tortillas dans du papier d'aluminium au four. • Lorsqu'ils sont bien chauds, les garnir de la préparation de poulet, de tomates et du mélange de yogourt. • Rouler les tortillas et servir aussitôt.

Temps de préparation : 15 min	*Temps de macération : 30 min*
Temps de cuisson : 10 min	*Nombre de portions : 4*

FILETS DE POULET TOMATÉS AUX CREVETTES

Un plat tout en couleurs pour une occasion spéciale.

10 ml	beurre ou margarine	2 c. à thé
10 ml	huile d'olive	2 c. à thé
500 g	lanières de poitrines ou de filets de poulet	1 lb
2	oignons moyens émincés	2
2	gousses d'ail dégermées hachées	2
1/2	poivron rouge en cubes	1/2
1/2	poivron vert en cubes	1/2
30 ml	pâte de tomates	2 c. à table
500 ml	tomates mondées, épépinées, concassées avec le jus (fraîches ou en conserve)	2 tasses
500 g	crevettes crues sans écailles, déveinées pâtes aux épinards (ou autres) cuites	1 lb

• Dans une casserole, faire chauffer le beurre et l'huile. • Faire colorer les lanières de poulet et cuire 4 à 5 minutes. • Lorsque le poulet a perdu sa couleur rosée, retirer de la casserole et réserver au chaud. • Dans le gras de cuisson, faire suer l'oignon, l'ail et les poivrons durant 3 minutes ou jusqu'à ce qu'ils soient transparents. • Ajouter la pâte de tomates et mélanger avec une cuillerée de bois jusqu'à ce que les oignons en soient bien imprégnés. Assaisonner. • Incorporer les tomates et leur jus ; porter à ébullition et cuire 4 à 5 minutes à feu moyen. • Ajouter les crevettes, mélanger le tout et cuire 5 minutes à couvert. • Lorsque les crevettes sont bien roses et opaques, incorporer le poulet au mélange.

Temps de préparation : 15 min	*Temps de cuisson : 15-20 min*
Nombre de portions : 4	

LANIÈRES DE POULET AUX BLANCS DE POIREAUX

Cette recette très simple vous réconciliera avec le poireau, ce légume méconnu, mais rempli de vertus et de saveurs.

500 ml	cidre sec	2 tasses
4	blancs de poireaux émincés	4
500 g	lanières de poitrines ou de hauts de cuisse de poulet	1 lb
10 ml	cari	2 c. à thé
30 ml	bouillon de poulet ou de légumes	2 c. à table
Q.S.	fécule de maïs (selon la consistance voulue)	Q.S.
Au goût	sel	au goût
60 ml	crème 35 % ou 15 % champêtre	1/4 tasse

• Dans une casserole, porter le cidre à ébullition et laisser mijoter quelques minutes. • Mettre ensuite les poireaux dans le fond de la casserole et y déposer avec soin les lanières de poulet. Saupoudrer de cari. • Cuire à couvert environ 10 minutes jusqu'à ce que le poulet soit tendre. • À l'aide d'une cuillère à trous, retirer délicatement les poireaux et le poulet. • Ajouter au cidre le bouillon et laisser réduire un peu. • Faire la liaison avec la fécule de maïs et retirer du feu. • Détendre la sauce avec la crème. • Déposer harmonieusement le poulet et la garniture de poireaux dans une assiette et napper de sauce.

Temps de préparation : 20 min	Temps de cuisson : 25 à 30 min
Nombre de portions : 4	

On peut remplacer le cidre par du vin blanc sec ou du bouillon de poulet mais le résultat sera légèrement différent.

Le *poireau*, un légume à redécouvrir... La saveur du poireau est plus douce et plus sucrée que celle de l'oignon, son proche parent. Contenant de la cellulose, il nettoie, paraît-il, le système digestif.

Demandez à votre boucher de préparer vos **lanières de poulet** comme vous les aimez : avec la poitrine, le filet ou la cuisse (hauts de cuisse). Sinon, achetez des poitrines ou des hauts de cuisse désossés et préparez-les vous-même.

Équivalences du GAC

Produits céréaliers	—
Légumes et fruits	6
Produits laitiers	—
Viandes et substituts	4
Matières grasses	1

LANIÈRES DE POULET EN CHILI

Une touche d'exotisme et de chaleur pendant nos hivers rigoureux.

1	oignon moyen haché	1
1	gousse d'ail dégermée hachée	1
500 g	lanières de poitrines ou de hauts de cuisse de poulet	1 lb
125 ml	champignons blancs émincés	1/2 tasse
4	tomates mondées, épépinées, concassées	4
80 ml	pâte de tomates	1/3 tasse
1 ml	sauce Tabasco	1/4 c. à thé
5 ml	graines de chili	1 c. à thé
5 ml	poudre de cari	1 c. à thé
1 boîte	haricots rouges en conserve (540 ml/19 oz)	1 boîte

• Dans une poêle, faire suer au beurre l'oignon et l'ail durant 3 à 4 minutes. • Ajouter les lanières de poulet et les colorer 5 à 6 minutes. • Ajouter les champignons, les tomates, la pâte de tomates, la sauce Tabasco, les graines de chili et le cari. • Porter à ébullition et cuire à feu doux, à couvert, 5 à 10 minutes. • Ajouter les haricots rouges et réchauffer à feu doux.

Temps de préparation : 10 min	Temps de cuisson : 10-15 min
Nombre de portions : 4	

La meilleure façon de conserver les champignons frais au réfrigérateur est de les entreposer dans un sac de papier brun percé de quelques trous. Le plastique favorise la condensation et l'humidité accélère l'altération des champignons.

Pour réduire la teneur en sodium, rincez les haricots rouges en conserve avant de les utiliser. Même en conserve, les haricots sont riches en fibres et faibles en matières grasses. De plus, ils s'apprêtent en un rien de temps.

Équivalences du GAC

Produits céréaliers	3
Légumes et fruits	4
Produits laitiers	—
Viandes et substituts	4
Matières grasses	—

*Demandez à votre boucher de préparer vos **lanières de poulet** comme vous les aimez : avec la poitrine, le filet ou la cuisse (hauts de cuisse). Sinon, achetez des poitrines ou des hauts de cuisse désossés et préparez-les vous-même.*

Même les plus grands classiques peuvent se prêter au poulet!

10 ml	beurre ou margarine	2 c. à thé
10 ml	huile d'olive	2 c. à thé
750 g	lanières de poitrines ou de hauts de cuisse de poulet	1 1/2 lb
2 ml	sel	1/2 c. à thé
1 ml	poivre	1/4 c. à thé
15 ml	beurre ou margarine	1 c. à table
125 ml	oignons perlés ou oignons hachés	1/2 tasse
125 ml	champignons blancs coupés en quartiers	1/2 tasse
45 ml	paprika	3 c. à table
15 ml	thym frais haché (séché : 2 ml/1/2 c. à thé)	1 c. à table
60 ml	vin blanc sec	1/4 tasse
180 ml	bouillon de poulet	3/4 tasse
125 ml	crème sure 7 % de matières grasses	1/2 tasse
60 ml	ciboulette ciselée en biseaux	1/4 tasse

• Dans une poêle, faire chauffer le beurre et l'huile. • Faire colorer les lanières de poulet 8 à 10 minutes ou jusqu'à ce que la chair ait perdu sa couleur rosée. • Assaisonner, retirer de la poêle et réserver au chaud. • Dégraisser et faire chauffer une noix de beurre. • Faire suer les oignons et les champignons 3 à 4 minutes. • Remettre le poulet avec les légumes puis parsemer de paprika et de thym. • Déglacer la poêle avec le vin et mouiller de bouillon. • Porter à ébullition et cuire 3 à 4 minutes. • Ajouter la crème sure et mélanger de façon à obtenir une sauce onctueuse. • Servir avec des pâtes et garnir de ciboulette.

Temps de préparation : 15 min	*Temps de cuisson : 15-20 min*
Nombre de portions : 6	

Équivalences du GAC

Produits céréaliers	—
Légumes et fruits	1 1/2
Produits laitiers	—
Viandes et substituts	6
Matières grasses	3

141

MARIAGE DE POIRES ET POULET
EN SALADE AVEC VINAIGRETTE TIÈDE AUX BLEUETS

Une recette pleine de fraîcheur et d'arômes d'été. Désignée pour une fête d'enfant ou pour un pique-nique

750 ml	laitue raddichio	3 tasses
250 ml	laitue iceberg	1 tasse
250 ml	laitue Boston	1 tasse
180 ml	céleri émincé en biseaux	3/4 tasse
80 ml	oignon rouge en rondelles fines	1/3 tasse
30 ml	vinaigre de cidre ou sirop de bleuets	2 c. à table
60 ml	huile de noix ou d'olive	1/4 tasse
15 ml	yogourt nature	1 c. à table
60 ml	purée de bleuets	1/4 tasse
15 ml	graines de moutarde	1 c. à table
15 ml	beurre ou margarine	1 c. à table
15 ml	huile	1 c. à table
500 g	lanières de poitrines ou de hauts de cuisse de poulet	1 lb
2	poires Bosc ou Bartlet en tranches	2
2 ml	sel	1/2 c. à thé
1 ml	poivre	1/4 c. à thé
60 ml	noisettes hachées grossièrement	1/4 tasse
125 ml	bleuets frais	1/2 tasse

• Laver, essorer et déchiqueter les laitues. • Les disposer harmonieusement dans 6 assiettes de service. • Ajouter le céleri et l'oignon. • Préparer la vinaigrette en mélangeant le vinaigre, l'huile, le yogourt, la purée de bleuets et les graines de moutarde. Réserver. • Dans une poêle, faire chauffer le beurre et l'huile. • Ajouter le poulet et cuire 3 à 5 minutes ou jusqu'à ce que l'intérieur ne soit plus rosé. • Ajouter les poires ; cuire 3 à 4 minutes et assaisonner. • Un peu avant la fin de la cuisson , ajouter les noisettes. • Réserver le poulet au chaud et déglacer la poêle avec la vinaigrette. • Répartir le poulet sur la laitue et verser la vinaigrette tiède sur le tout. • Décorer les assiettes de quelques bleuets frais.

Temps de préparation : 20 min	Temps de cuisson : 10 min
Nombre de portions : 6	

Vous pouvez facilement juger de la **valeur nutritive** d'une laitue : plus elle est vert foncé, plus sa teneur en vitamines et en minéraux est élevée. Il est important de ne sortir la laitue du réfrigérateur et de l'assaisonner qu'au moment de servir. De plus, déchiquetez la laitue à la main plutôt qu'au couteau pour l'empêcher de rouiller.

Sirop de bleuets, voir page 201.

Demandez à votre boucher de préparer vos **lanières de poulet** comme vous les aimez : avec la poitrine, le filet ou la cuisse (hauts de cuisse). Sinon, achetez des poitrines ou des hauts de cuisse désossés et préparez-les vous-même.

Les bleuets peuvent être remplacés par des fraises ou des framboises.

Équivalences du GAC

Produits céréaliers	—
Légumes et fruits	10 1/2
Produits laitiers	6
Viandes et substituts	4 1/2
Matières grasses	6

Les *crevettes* ont une faible teneur en matières grasses mais une teneur élevée en cholestérol. Elles se vendent habituellement étêtées, fraîches, surgelées ou en conserve. À l'achat, elles doivent dégager une douce odeur «d'air de mer» et leur chair doit être très ferme.

La **crème** est très utilisée en cuisine parce qu'elle confère aux aliments une saveur douce et une texture onctueuse. Cependant, vous pouvez lui substituer des produits moins gras comme le yogourt, le lait évaporé, le lait, le babeurre ou la crème sure.

Cuisson des pâtes **alimentaires** : pour que les pâtes soient savoureuses et qu'elles restent fermes, il faut les saisir; il faut également qu'elles puissent circuler librement pour ne pas coller ensemble et qu'elles aient l'espace nécessaire pour pouvoir gonfler. Il est donc recommandé de faire cuire les pâtes à découvert dans une grande marmite d'eau bouillante. L'ajout d'huile et de sel n'est pas essentiel. Compter 4 à 15 minutes de cuisson pour les pâtes déshydratées.

Équivalences du GAC

Produits céréaliers	14
Légumes et fruits	4
Produits laitiers	—
Viandes et substituts	4
Matières grasses	5

Voici une recette rapide et très plaisante à préparer. Le mariage de saveurs et de couleurs sauront égayer votre repas.

15 ml	beurre ou margarine	1 c. à table
15 ml	huile	1 c. à table
4	échalotes sèches émincées	4
250 ml	champignons blancs ou de Paris émincés	1 tasse
250 g	crevettes nordiques fraîches ou surgelées	1/2 lb
250 g	lanières de poitrines ou de hauts de cuisse de poulet	1/2 lb
250 ml	pois mange-tout	1 tasse
60 ml	vin blanc	1/4 tasse
125 ml	crème 35 % ou 15 % champêtre	1/2 tasse
1	tomate pelée et concassée	1
2 ml	thym frais (séché : 1 pincé)	1/2 c. à thé
2 ml	sel	1/2 c. à thé
1 pincée	poivre	1 pincée
700 g	pâtes cuites (coquilles ou autres pâtes)	1 1/2 lb
Au goût	parmesan râpé	au goût

• Dans une poêle, faire chauffer le beurre et l'huile, puis suer les échalotes et les champignons. • Ajouter les crevettes et cuire 2 à 3 minutes et les retirer aisi que les légumes à l'aide d'une cuillère à trous. • Dans la même poêle, sauter les lanières de poulet environ 5 minutes. • Ajouter les pois mange-tout et cuire 3 à 4 minutes. • Remettre le mélange de crevettes et de légumes dans la poêle avec le poulet; assaisonner et déglacer la poêle avec le vin. • Laisser réduire un peu et ajouter la crème, le thym, la tomate. • Cuire 4 à 5 minutes jusqu'à ce que la sauce prenne consistance et rectifier l'assaisonnement. • Servir la préparation chaude sur un lit de pâtes et saupoudrer de parmesan.

Temps de préparation : 20 min	Temps de cuisson : 20 min
Nombre de portions : 6	

SAUTÉ DE POULET AUX TÊTES D'ASPERGES

Haute en couleurs, cette recette fait place aux légumes verts qui égaieront le repas.

45 ml	huile	3 c. à table
45 ml	beurre ou margarine	3 c. à table
750 g	lanières de poitrines ou de hauts de cuisse de poulet	1 1/2 lb
2 ml	sel	1/2 c. à thé
1 ml	poivre	1/4 c. à thé
125 ml	pois mange-tout blanchis	1/2 tasse
250 ml	têtes d'asperges blanchies	1 tasse
125 ml	oignons perlés	1/2 tasse
5 ml	basilic haché frais (séché : 2 ml/1/2 c. à thé)	1 c. à thé
1	gousse d'ail dégermée hachée	1
80 ml	vin blanc	1/3 tasse
250 ml	bouillon de poulet	1 tasse
5 ml	vinaigre de riz ou blanc	1 c. à thé
5 ml	sauce soya	1 c. à thé
10 ml	miel liquide	2 c. à thé
5 ml	fécule de maïs	1 c. à thé

• Dans une poêle, faire chauffer la moitié de l'huile et du beurre.
• Sauter les lanières de poulet 3 à 4 minutes et assaisonner le tout. • Retirer et réserver au chaud. • Faire chauffer le reste de l'huile et du beurre. • Ajouter les légumes et cuire 2 minutes ou jusqu'à ce qu'ils soient cuits mais encore croquants. • Ajouter le basilic et l'ail ; cuire une autre minute et réserver au chaud avec le poulet. • Déglacer la poêle au vin et mouiller du bouillon.
• Ajouter le vinaigre, la sauce soya et le miel. Réduire à demi et lier avec la fécule diluée dans de l'eau froide. • Remettre les légumes et le poulet dans la sauce et réchauffer 2 à 3 minutes. • Rectifier l'assaisonnement et mélanger délicatement. • Servir sur un lit de pâtes ou de riz.

Temps de préparation : 20-25 min	Temps de cuisson : 15-20 min
Nombre de portions : 6	

Demandez à votre boucher de préparer vos **lanières de poulet** comme vous les aimez : avec la poitrine, le filet ou la cuisse (hauts de cuisse). Sinon, achetez des poitrines ou des hauts de cuisse désossés et préparez-les vous-même.

L'asperge, cette pousse comestible à la tige souterraine et vivace, porte aussi le nom de «turion». Elle doit être manipulée avec précaution si vous désirez qu'elle garde sa couleur et sa forme. Pour cette raison, attachez les asperges en bottes et évitez les casseroles en fer.

Saviez-vous qu'il existe sur le marché de la sauce soya à teneur réduite en sodium. Elle peut s'avérer avantageuse lorsque vous l'utilisez en grande quantité.

Équivalences du GAC

Produits céréaliers	—
Légumes et fruits	4
Produits laitiers	—
Viandes et substituts	6
Matières grasses	6

SALADE TIÈDE DE POULET ET FRUITS DE MER

En achetant vos pétoncles, assurez-vous de leur fraîcheur : la chair doit être blanche, ferme et sans odeur.

450 g	lanières de poitrines ou de hauts de cuisse de poulet de 5 mm/1/4 pouce	1 lb
30 ml	huile d'olive	2 c. à table
2 ml	sel	1/2 c. à thé
1 ml	poivre	1/4 c. à thé
225 g ch.	pétoncles et crevettes	1/2 lb ch.
80 ml	vin blanc	1/3 tasse
30 ml	jus de citron	2 c. à table
45 ml	sauce hoisin ou teriyaki	3 c. à table
30 ml	cassonade ou sirop d'érable	2 c. à table
15 ml	fécule de maïs	1 c. à table
5 ml	huile de sésame	1 c. à thé
5 ml	zeste de citron	1 c. à thé
1	laitue de Boston	1
1	laitue frisée	1
2	oranges pelées à vif et tranchées	2
2	kiwis pelés et tranchés	2
250 ml	germes de haricots mungo (fèves germées)	1 tasse
125 ml	amandes effilées grillées	1/2 tasse

• Escaloper les gros pétoncles en deux. • Décortiquer et inciser les crevettes sur le dos pour enlever la veine noire. • Dans une grande poêle, faire chauffer l'huile et y cuire les lanières de poulet environ 5 minutes ou jusqu'à ce que le poulet perde sa couleur rosée. Assaisonner. • Retirer le poulet de la poêle et réserver au chaud. • Déposer dans la poêle les crevettes et cuire de 3 à 4 minutes jusqu'à ce que les crevettes soient rosées. Retirer et réserver au chaud. Cuire dans la même poêle les pétoncles de 2 à 4 minutes ou jusqu'à ce qu'ils soient tendres et opaques. Retirer de la poêle et réserver au chaud. • Dans un bol, mélanger ensemble le vin, le jus de citron, la sauce hoisin, la cassonade, la fécule, l'huile et le zeste. • Dans une petite casserole, porter le mélange liquide à ébullition et cuire en remuant énergiquement. • Lorsque la liaison commence à se faire, y ajouter le poulet et les fruits de mer. • Laver, déchiqueter et essorer la laitue. • Dans un grand bol, mélanger les laitues, les oranges, les kiwis, les germes de haricots et la moitié des amandes effilées. • Dresser la verdure dans chaque assiette et déposer une portion de garniture au poulet sur chaque salade. • Arroser de la sauce et parsemer d'amandes.

Temps de préparation : 25-30 min   Temps de cuisson : 15-20 min
Nombre de portions : 6

Équivalences du GAC

Produits céréaliers	—
Légumes et fruits	15
Produits laitiers	—
Viandes et substituts	5 à 6
Matières grasses	2

BOUILLON BLANC DE POULET

Le fond blanc de poulet se retrouve dans une multitude de recettes. Il est intéressant de souligner que cette recette ne contient pas de sel.

1,5 kg	os ou carcasses crues de poulet	3 lb
2	oignons	2
1	branche de céleri	1
1	grosse carotte	1
1	vert de poireau	1
3 l	eau	12 tasses
1	bouquet garni	1

• Laisser dégorger les os durant une heure en faisant couler un filet d'eau dans la casserole ou les blanchir. • Tailler les légumes en grosse mirepoix. Dans une marmite, les faire suer au beurre 6 à 8 minutes. • Déposer les os dans la marmite puis mouiller complètement avec de l'eau froide. • Ajouter le bouquet garni et porter à ébullition. Écumer régulièrement durant la cuisson. • Cuire de 2 heures 30 minutes à 3 heures. • Filtrer, refroidir et réserver. • Dégraisser une fois refroidi.

Temps de préparation : 15 min   Temps de cuisson : 2 h 30 min à 3 h
Nombre de portions : 8 à 10 tasses (2 l à 2,5 l)

BOUILLON BRUN DE POULET

Une recette de base indispensable en cuisine; pour faire de bonnes sauces, il vous faut de bons fonds.

1,5 kg	os ou carcasses crues de poulet	3 lb
2	oignons	2
1	branche de céleri	1
1	grosse carotte	1
1	vert de poireau	1
2	grosses tomates	2
30 ml	pâte de tomates	2 c. à table
1	bouquet garni	1
	eau	

• Préchauffer le four à 260 °C (500 °F). • Dans une lèchefrite, déposer les os et cuire environ 25 à 30 minutes au four ou jusqu'à ce que les os soient bien colorés. • Entre-temps, tailler les légumes en grosse mirepoix. Lorsque les os sont bien colorés, y ajouter la mirepoix et la pâte de tomates puis remettre au four 4 à 5 minutes. • Retirer les os et les légumes puis déposer dans une marmite. Dégraisser la lèchefrite, la chauffer et déglacer avec 500 ml (2 tasses) d'eau froide. Mouiller complètement les os avec de l'eau froide puis ajouter le jus de déglaçage. • Porter à ébullition et ajouter le bouquet garni. Écumer régulièrement durant la cuisson. • Cuire à feu doux de 2 heures 30 minutes à 3 heures ou jusqu'à ce que le bouillon ait pris une belle couleur marron. • Filtrer, refroidir et réserver. • Dégraisser une fois refroidi.

Temps de préparation : 15 min   Temps de cuisson : 2 h 30 min à 3 h
Nombre de portions : 8 à 10 tasses (2 l à 2,5 l)

Bouquet garni : couper une branche de céleri en deux. Insérer entre ces deux parties une tige de persil, du thym, du basilic, de l'estragon, une feuille de laurier, une gousse d'ail écrasée, deux clous de girofle, dix grains de poivre noir. Ficeler le tout ou enfermer dans un coton fromage.

Ce fond ou bouillon de poulet peut se conserver trois (3) jours au réfrigérateur ou six (6) mois au congélateur. Si le fond doit servir comme base de sauce, vous pouvez l'enrichir ou l'épaissir avec de la crème, du beurre manié, de la margarine, du roux ou du yogourt.

*Demandez à votre boucher de vous préparer vos **paupiettes** comme vous les aimez avec de la poitrine ou du haut de cuisse, avec une farce, à la viande et/ou aux légumes.*

Recette de farce à la viande pour paupiette : combiner 20 grammes (1 sachet) d'assaisonnement Bouquet d'herbes fines par kilogramme de viande. Celui-ci est offert à la Fédération des producteurs de volailles de Québec.

Saviez-vous que le bulbe ou «tête d'ail» est formé d'une quantité de «caieux» couramment appelés gousse.

L'ail est connu depuis l'antiquité pour ses vertus culinaires et médicinales. Dans cette recette, il se marie parfaitement bien au poulet.

45 ml	beurre ou margarine	3 c. à table
6	paupiettes de poulet (160 g/1/3 lb chacune)	6
750 ml	courgettes émincées	3 tasses
80 ml	oignons verts émincés	1/3 tasse
30 ml	beurre ou margarine	2 c. à table
5 ml	ail dégermé haché	1 c. à thé
15 ml	farine	1 c. à table
90 g	fromage à la crème	3 oz
250 ml	bouillon de poulet chaud	1 tasse
2 ml	sel	1/2 c. à thé
1 ml	poivre	1/4 c. à thé

• Dans une poêle, faire fondre le beurre. • Cuire les paupiettes 10 à 15 minutes en leur donnant une belle coloration, retirer et réserver au chaud. • Dans la même poêle, faire cuire les courgettes et les oignons de 5 à 6 minutes. • Remuer régulièrement et arrêter la cuisson lorsque les légumes sont cuits mais encore un peu croquants (al dente). • Entre-temps, faire fondre 30 ml (2 c. à table) de beurre dans une casserole. • Ajouter l'ail et faire suer sans colorer. Incorporer la farine en mélangeant avec un fouet durant la cuisson de façon à obtenir un roux blanc homogène et mousseux. Refroidir. • Ajouter le bouillon et le fromage. • Cuire jusqu'à l'obtention d'une sauce consistante, 5 à 6 minutes. • Dresser les légumes chauds dans un plat de service. • Déposer délicatement le poulet sur les légumes et napper de la crème d'ail.

Temps de préparation : 15-20 min	Temps de cuisson : 25-30 min
Nombre de portions : 6	

Équivalences du GAC

Produits céréaliers	—
Légumes et fruits	5
Produits laitiers	—
Viandes et substituts	6 à 8
Matières grasses	5

PAUPIETTES DE POULET AUX FRAMBOISES ET POIVRE ROSE

Vous pouvez demander des paupiettes déjà toutes farcies à votre boucher ou encore acheter des escalopes et préparer vous-même votre farce.

4	paupiettes de poulet (125 g/1/4 lb chacune)	4
2 ml	sel	1/2 c. à thé
1 ml	poivre	1/4 c. à thé
Q.S.	farine	Q.S.
5 ml	beurre ou margarine	1 c. à thé
5 ml	huile	1 c. à thé
2	échalotes sèches hachées	2
15 ml	menthe fraîche hachée (séchée : 2 ml/1/2 c. à thé)	1 c. à thé
30 ml	vin blanc sec	2 c. à table
5 ml	baies de poivre rose	1 c. à thé
125 ml	bouillon de poulet	1/2 tasse
125 ml	framboises fraîches ou congelées	1/2 tasse

• Préchauffer le four à 180 °C (350 °F). • Assaisonner les paupiettes et les enfariner en enlevant l'excédent. • Dans une poêle, faire chauffer le beurre et l'huile. • Colorer les paupiettes durant 5 à 6 minutes et les déposer dans un plat beurré allant au four. • Cuire les paupiettes au four 10 à 15 minutes ou jusqu'à ce que les jus de cuisson soient clairs. • Dégraisser la poêle et y faire chauffer une noix de beurre frais. • Faire suer les échalotes et la menthe 2 à 3 minutes. Déglacer avec le vin et ajouter les baies de poivre rose. • Réduire de moitié et mouiller avec le bouillon. • Porter à ébullition et cuire 4 à 5 minutes. • Ajouter les framboises et les réchauffer en les enrobant de la sauce. • Dresser les paupiettes dans un plat chaud et napper de la sauce aux framboises. • Servir avec une feuille de menthe fraîche.

Temps de préparation : 15-20 min	Temps de cuisson : 25-30 min
Nombre de portions : 4	

PAUPIETTES DE POULET BRAISÉES AUX PRUNEAUX

Les pruneaux et les alcools utilisés dans cette recette donnent au poulet un goût irrésistiblement sucré.

2 ml	sel	1/2 c. à thé
1 ml	poivre	1/4 c. à thé
45 ml	beurre ou margarine	3 c. à table
4	paupiettes de poulet (200 g/1/2 lb chacun)	4
1	oignon moyen émincé	1
250 ml	pruneaux séchés dénoyautés	1 tasse
45 ml	cognac ou brandy	3 c. à table
125 ml	vin blanc sec	1/2 tasse
60 ml	bouillon de poulet	1/4 tasse

Équivalences du GAC

Produits céréaliers	—
Légumes et fruits	1
Produits laitiers	—
Viandes et substituts	4
Matières grasses	1

*Demandez à votre boucher de préparer vos **paupiettes** comme vous les aimez. Vous pouvez préparer vous-même les paupiettes en farcissant des escalopes d'un mélange de farce à la viande et/ou aux légumes.*

*Les **pruneaux déshydratés** sont vendus dénoyautés ou non. La grosseur et la qualité varient selon la marque. Soyez vigilants lors de l'achat.*

Vous pouvez remplacer le vin blanc par du bouillon de poulet.

• Assaisonner les paupiettes. Dans une poêle, faire chauffer 30 ml (2 c. à table) de beurre et y faire colorer les paupiettes. Cuire sur toutes les faces de 4 à 5 minutes ; réserver. • Dans une casserole, faire suer l'oignon et la moitié des pruneaux coupés grossièrement avec 15 ml (1 c. à table) de beurre. Déposer le poulet sur les pruneaux et l'oignon. • Dégraisser et flamber la poêle avec le cognac. Déglacer au vin et verser sur les paupiettes de poulet. • Mouiller avec le bouillon et cuire à couvert sur un feu doux environ 10 à 15 minutes ou jusqu'à ce que les jus de cuisson soient clairs. • Faire sauter délicatement avec une noix de beurre le reste des pruneaux et réserver au chaud pour la présentation. • Dresser les paupiettes escalopées et napper de sauce. • Déposer les pruneaux sautés sur la sauce.

Temps de préparation : 25 min	Temps de cuisson : 20-25 min
Nombre de portions : 4	

PAUPIETTES DE POULET AVEC CROSSES DE FOUGÈRE EN CACHETTE D'OKA

La crosse de fougère, une plante printanière, nous charme de son parfum de sous-bois et se révèle exquise accompagnée de fromage Oka.

2 ml	sel	1/2 c. à thé
1 ml	poivre	1/4 c. à thé
4	paupiettes (160 g/1/3 lb chacune)	4
10 ml	huile	2 c. à thé
10 ml	beurre ou margarine	2 c. à thé
12	crosses de fougère ou asperges blanchies	12
4	tranches de fromage Oka	4
2	échalotes sèches hachées	2
1	gousse hachée	1
125 ml	pleurotes ou champignons blancs hachés	1/2 tasse
125 ml	vin blanc ou bouillon de poulet	1/2 tasse
180 ml	crème 35 % ou 15 % champêtre	3/4 tasse
1 ml	thym frais haché	1/4 c. à thé

• Chauffer le four à 190 °C (375 °F). • Assaisonner les paupiettes de poulet. • Dans une poêle, faire chauffer l'huile et le beurre. • Y saisir le poulet 2 à 3 minutes sur toutes ses faces et terminer la cuisson au four 10 à 15 minutes ou jusqu'à ce que les jus qui s'en écoulent soient clairs. • Un peu avant la fin de la cuisson, déposer les crosses sur les paupiettes et couvrir d'une tranche de fromage Oka. • Gratiner. • Dans une casserole, faire suer l'échalote, l'ail et les pleurotes. • Déglacer la poêle au vin et réduire à sec. • Ajouter la crème et le thym puis réduire jusqu'à consistance de sauce, rectifier l'assaisonnement. • Dresser dans un plat de service et napper de sauce.

Temps de préparation : 20 min	Temps de cuisson : 20-25 min
Nombre de portions : 4	

Équivalences du GAC

Produits céréaliers	—
Légumes et fruits	3 1/2
Produits laitiers	—
Viandes et substituts	6
Matières grasses	3

Vous pouvez préparer vous-même les paupiettes en farcissant des escalopes de poulet avec un mélange de farce à la viande et/ou aux légumes ou vous pouvez demander à votre boucher de les préparer à votre goût.

Méconnues, les crosses de fougère sont en fait de jeunes pousses comestibles de certaines espèces de fougères. On les appelle aussi «têtes de violon»; elles sont parmi les rares plantes sauvages que l'on retrouve dans le commerce.

Les crosses de fougère s'achètent fraîches au printemps ou congelées en tout temps, dans les supermarchés. La cuisson à la vapeur ou à l'étuvée leur convient bien. Lorsqu'elles sont fraîches, on recommande de les faire bouillir pendant une minute, de jeter l'eau, puis de rincer et de recommencer l'opération afin d'enlever l'amertume. Calculez entre 5 et 10 minutes, selon la tendreté désirée.

Équivalences du GAC

Produits céréaliers	—
Légumes et fruits	2 à 3
Produits laitiers	—
Viandes et substituts	4 à 5
Matières grasses	5 1/2

ASPERGES AU FROMAGE OKA
ET LEUR CROUSTILLANT DE PEAUX DE POULET AU SÉSAME

Une entrée originale inspirée d'une recette d'un chef français,
Jean-Pierre Senelet de la région de Beaune, en France.

14	asperges vertes pelées au 3/4	14
	(conserver la tête intacte)	
10 ml	beurre ou margarine	2 c. à thé
2	peaux de poulet	2
2 ml	sel	1/2 c. à thé
1 ml	poivre	1/4 c. à thé
2 ml	graines de sésame	1/2 c. à thé
5 ml	échalotes sèches émincées	1 c. à thé
30 ml	vin blanc sec	2 c. à table
125 ml	bouillon de poulet	1/2 tasse
15 ml	beurre ou margarine	1 c. à table
2	tranches de fromage Oka	2

• Dans une casserole, faire cuire les asperges à l'eau bouillante
salée durant 8 à 10 minutes. Réserver au chaud. • Dans une
poêle, faire chauffer le beurre à feu vif. Étendre la peau de
poulet dans le fond de la poêle en y déposant un poids (ex. : une
tasse à mesurer en verre). Le poids permet de conserver la peau
de poulet bien à plat ce qui en favorise la coloration. • Cuire
4 à 6 minutes de chaque côté jusqu'à ce que la peau soit bien
croustillante. Assaisonner. • Parsemer la peau de graines de
sésame et réserver au chaud. • Dégraisser la poêle et suer
l'échalote avec une noix de beurre. • Déglacer la poêle au vin et
réduire de moitié. Mouiller avec le bouillon et réduire de moitié
à nouveau. • Ajouter hors du feu une noix de beurre et fouetter
énergiquement. • Déposer les asperges en portions de 7 tiges
dans un plat beurré allant au four. • Étendre les tranches de
fromage sur les asperges et les passer au four à «gril» de
6 à 8 minutes ou jusqu'à ce que le fromage ait pris une couleur
dorée. • Dresser la portion d'asperges au centre de l'assiette,
verser un cordon de jus de cuisson tout autour. • Déposer
le croustillant de peau sur le coin des tiges d'asperges.

Temps de préparation : 15-20 min	Temps de cuisson : 12 à 15 min
Nombre de portions : 2	

*Les fromages
à pâte molle
contiennent-ils plus
de gras? Pas
nécessairement, le
brie et le camembert
contiennent entre
20 et 26 % de
matières grasses
alors que les
fromages à pâte
ferme comme le
brick et le cheddar
peuvent en contenir
jusqu'à 31 %.
Quant au fromage
Oka, son
pourcentage de
matières grasses
varie selon
l'étiquette.*

Équivalences du GAC

Produits céréaliers	—
Légumes et fruits	2 1/2
Produits laitiers	—
Viandes et substituts	—
Matières grasses	2

BALLOTTINES DE POULET
AVEC JUS AU VIN ROUGE ET AUX CAROTTES

Un plat innovateur inspiré d'une recette du chef Ismaël Osorio de Montréal.

3	cuisses de poulet désossées, sans peau	3
1	demi-poitrine de poulet désossée, sans peau	1
125 ml	carottes hachées	1/2 tasse
125 ml	oignons hachés	1/2 tasse
1	échalote sèche hachée	1
1/2	gousse d'ail	1/2
2 ml	sel	1/2 c. à thé
1 ml	poivre	1/4 c. à thé
1,5 kg	demi-poitrines de poulet désossées, sans peau	3 1/3 lb
30 ml	vin blanc	2 c. à table
1	oeuf	1
80 ml	crème 35 % ou 15 % champêtre	1/3 tasse
4	peaux de poulet	4
75 ml	feuilles de basilic fraîches, blanchies	1/3 tasse
60 ml	carotte émincée finement	1/4 tasse
250 ml	bouillon de poulet	1 tasse
75 ml	vin rouge	1/3 tasse
30 ml	beurre ou margarine	2 c. à table

• Préchauffer le four à 180 °C (350 °F).

Farce :

• Dans un moulin à viande ou au robot culinaire, passer tous les ingrédients de la farce et réduire en une pâte homogène. Réserver au frais.

Mousse :

• Dans le robot culinaire, mettre en charpie très fine les poitrines avec le vin. Ajouter l'oeuf et mélanger jusqu'à l'obtention d'une pâte homogène, environ 1 minute. Incorporer la crème et mélanger 30 secondes. Réserver au frais.

Préparation des ballottines :

• Étaler les peaux de poulet et déposer sur chacune une couche du premier mélange de farce. • Blanchir les feuilles de basilic 30 secondes. Tapisser la farce du basilic et recouvrir d'une couche du mélange de mousse. • Tapisser d'une autre couche de feuilles de basilic et rouler les peaux de façon à obtenir de petites ballottines. Les enrouler dans du papier d'aluminium. • Déposer dans un plat allant au four et cuire 20 à 25 minutes ou jusqu'à ce que le poulet ait perdu sa couleur rosée. • Dans une casserole, cuire les carottes à l'eau bouillante 5 à 10 minutes. • Égoutter les carottes et les arroser de bouillon et de vin. Porter à ébullition et passer au mélangeur. • Remettre dans la casserole et cuire 5 à 6 minutes. • Ajouter, hors du feu, une noix de beurre en fouettant énergiquement. • Retirer le papier d'aluminium et couper en tranches les ballottines. • Dresser dans un plat chaud et napper de sauce.

Temps de préparation : 30 min	Temps de cuisson : 30-40 min
Nombre de portions : 4	

Équivalences du GAC

Produits céréaliers	—
Légumes et fruits	3
Produits laitiers	—
Viandes et substituts	4 à 5
Matières grasses	4

BALUCHON DE RIZ AUX LÉGUMES EN PEAUX DE POULET

Une autre recette ingénieuse à servir en entrée avec une chiffonnade de laitue.

10 ml	beurre ou margarine	2 c. à thé
10 ml	huile	2 c. à thé
1	oignon moyen haché	1
1	tomate mondée, épépinée, concassée ou étuvée	1
80 ml	coeurs d'artichauts hachés	1/3 tasse
180 ml	riz étuvé à grains longs cru	3/4 tasse
5 ml	basilic frais haché (séché : 1 ml / 1/4 c. à thé)	1 c. à thé
2 ml	sel	1/2 c. à thé
1 ml	poivre	1/4 c. à thé
375 ml	bouillon de poulet	1 1/2 tasse
60 ml	son de riz ou d'avoine	1/4 tasse
60 ml	parmesan râpé (facultatif)	1/4 tasse
6	peaux de poulet	6

• Préchauffer le four à 180 °C (350 °F). • Dans une casserole, faire chauffer le beurre et l'huile. • Faire suer l'oignon 3 à 4 minutes puis ajouter les tomates, les coeurs d'artichauts, le riz, les herbes, le sel et le poivre. • Mélanger le tout de façon à cristalliser le riz, c'est-à-dire le rendre transparent et luisant. • Mouiller avec le bouillon et cuire à couvert sur un feu doux durant 15 minutes. • Ajouter le son de riz ou d'avoine et cuire en mélangeant 3 à 4 minutes. • Rectifier l'assaisonnement et ajouter le parmesan. • Retirer du feu et faire refroidir en mélangeant. • Étendre les peaux de poulet sur un plan de travail et les garnir du mélange de riz. • Fermer les baluchons avec une ficelle et les disposer dans un plat beurré allant au four. • Cuire 8 à 10 minutes au four. • Retirer les ficelles et servir aussitôt : 3 baluchons par assiette.

> Temps de préparation : 15-20 min   Temps de cuisson : 20 min
> Nombre de portions : 2 (3 baluchons par portion)

PILONS DE POULET À LA MONTAGNAISE

Ce plat regorge de couleurs et de saveurs. On l'accompagne de riz sauvage, ce qui produit un effet remarquable

6	gros pilons de poulet avec ou sans peau	6
2 ml	sel	1/2 c. à thé
1 ml	poivre	1/4 c. à thé
125 ml	farine	1/2 tasse
2	oeufs	2
375 ml	chapelure	1 1/2 tasse
Q.S.	beurre ou margarine	Q.S.
125 ml	oignons émincés	1/2 tasse
125 ml	haricots verts	1/2 tasse
125 ml	piments rouges frais en cubes	1/2 tasse
80 ml	sucre brun (cassonade)	1/3 tasse
400 ml	bouillon de poulet	1 2/3 tasse
400 ml	jus de pommes	1 2/3 tasse
Q.S.	fécule de maïs	Q.S.

Informations nutritionnelles, des chiffres qui font réfléchir. Si 1 cuillerée à thé de matières grasse contient 4 g de gras... 1/2 poitrine de poulet rôtie avec la peau représente l'équivalent de 2 cuillerées à thé de matières grasses alors que 1/2 poitrine de poulet rôtie sans la peau représente l'équivalent de 3/4 cuillerée à thé de matières grasses seulement.

En mangeant la peau de votre poitrine de poulet, vous ajoutez environ 30 calories à votre repas.

Équivalences du GAC

Produits céréaliers	4
Légumes et fruits	2 1/2
Produits laitiers	—
Viandes et substituts	—
Matières grasses	1

Pour avoir des haricots colorés, nutritifs et plus savoureux, leur cuisson doit être la plus brève possible.

*Saviez-vous que le **riz sauvage** (de couleur noirâtre) est en fait la graine d'une plante aquatique et non pas du riz poussant à l'état sauvage. Il contient protéines, vitamine B et fer.*

On le mélange souvent à d'autres riz car il est assez coûteux. Il possède une saveur de noisette prononcée et une texture croustillante.

Vous pouvez hacher finement des noix entières en les passant quelques secondes au robot culinaire.

Plante potagère originaire d'Europe, le **raifort** appartient à la même famille que la moutarde, le navet et le radis. Charnu, ce légume ressemble au panais mais en plus volumineux. Il contient une huile essentielle qui lui confère un goût épicé. On le mange cru, mariné ou cuit. Fait étonnant, sa teneur en vitamine C est plus élevée que celle de l'orange. Lors de l'achat, choisissez-le frais et ferme; celui qui est verdâtre ou flétri ou qui présente des germes est probablement amer. À défaut de raifort frais, utilisez du raifort en flocons réhydratés ou en sauce.

• Préchauffer le four à 180 °C (350 °F). • Assaisonner les pilons et les paner à l'anglaise, c'est-à-dire les enrober d'une légère couche de farine, les passer dans les oeufs battus et les enrober de chapelure. • Leur donner une belle coloration dans une friture à 190 °C (375 °F) ou faire chauffer 15 ml (1 c. à table) d'huile dans un poêlon et les faire dorer 5 minutes de chaque côté. Terminer la cuisson au four pendant environ 30 minutes. • Faire suer au beurre l'oignon, les haricots et les piments. • Fondre le sucre dans le bouillon, ajouter le jus de pommes et porter à ébullition. • Réduire le bouillon du quart et lier avec la fécule délayée dans un peu d'eau. • Rectifier l'assaisonnement. • Verser dans une cocotte le piment, l'oignon, les haricots, le poulet et la sauce. • Cuire quelques minutes ou jusqu'à ce que les haricots soient tendres. • Servir aussitôt sur un lit de riz sauvage.

Temps de préparation : 30 min	*Temps de cuisson : 30 à 35 min*
Nombre de portions : 6	

PILONS DE POULET
AU CROQUANT DE NOISETTES ET SAUCE DE PÊCHES AU RAIFORT

Une recette qui combine des ingrédients de textures fort différentes. Un éveil de tous les sens vous attend!

12	pilons de poulet avec la peau	12
60 ml	chapelure fine	1/4 tasse
60 ml	noisettes ou pistaches hachées finement	1/4 tasse
2 ml	ail dégermé haché finement	1/2 c. à thé
1 ml	thym frais haché	1/4 c. à thé
2 ml	sel	1/2 c. à thé
1 ml	poivre	1/4 c. à thé
1	oeuf	1
60 ml	lait	1/4 tasse
Q.S.	farine	Q.S.
125 ml	pêches avec le jus, en conserve ou fraîches	1/2 tasse
15 ml	sucre	1 c. à table
30 ml	raifort broyé ou râpé	2 c. à table
30 ml	moutarde de Dijon	2 c. à table

• Préchauffer le four à 220 °C (425 °F). • Dans un bol, mélanger la chapelure, les noisettes, l'ail, le thym, le sel et le poivre. • Dans un autre bol, battre légèrement l'oeuf avec le lait. Enrober les pilons d'une fine couche de farine, les tremper dans le mélange d'oeuf et les envelopper du mélange de chapelure. • Déposer les pilons dans un plat allant au four et cuire 20 à 25 minutes ou jusqu'à ce que le poulet soit cuit à point. • Dans une casserole, mélanger ensemble le jus, les pêches, le sucre et le raifort. Porter à ébullition et cuire à feu moyen jusqu'à ce que la sauce commence à prendre consistance, environ 5 minutes. • Ajouter la moutarde et cuire 3 à 4 minutes sans faire bouillir. Servir sur un plat de service chaud avec des quartiers de pêches tièdes.

Temps de préparation : 10 min	*Temps de cuisson : 25-30 min*
Nombre de portions : 4-6	

PILONS DE POULET AUX HARICOTS VERTS

60 ml	farine	1/4 tasse
2 ml	thym séché	1/2 c. à thé
5 ml	moutarde sèche	1 c. à thé
2 ml	sel	1/2 c. à thé
1 ml	poivre	1/4 c. à thé
900 g	pilons de poulet avec ou sans peau	2 lb
10 ml	huile	2 c. à thé
10 ml	beurre ou margarine	2 c. à thé
60 ml	oignons verts émincés	1/4 tasse
1	gousse d'ail dégermée hachée	1
750 ml	haricots verts	3 tasses
60 ml	jus de citron	1/4 tasse
185 ml	bouillon de poulet	3/4 tasse

• Préchauffer le four à 180 °C (350 °F). • Dans un bol, mélanger ensemble la farine, le thym, la moutarde, le sel et le poivre.
• Enrober les pilons de cuisse du mélange de farine. • Dans une poêle, faire chauffer l'huile et colorer les pilons 4 à 5 minutes. • Retirer le poulet de la poêle, le déposer dans un plat allant au four et cuire 25 à 30 minutes au four. • Dégraisser la poêle et faire suer au beurre les oignons, l'ail et les haricots 6 à 8 minutes. • Déglacer avec le jus de citron et mouiller avec le bouillon. • Porter à ébullition et cuire 5 à 6 minutes ou jusqu'à ce que les haricots soient tendres mais encore croquants.
• Rectifier l'assaisonnement et dresser les haricots dans l'assiette de service. Déposer les pilons sur les légumes et napper du jus de cuisson.

Temps de préparation : 20-25 min   Temps de cuisson : 40-50 min
Nombre de portions : 4

PILONS DE POULET PARFUMÉS À LA TOMATE ET AU BASILIC

Ce plat familial fera bien des heureux. Une recette particulièrement appropriée pour vos soupers d'automne.

500 ml	tomates mûres en cubes (2 tomates moyennes)	2 tasses
80 ml	oignon rouge émincé	1/3 tasse
125 ml	pâte de tomates	1/2 tasse
15 ml	basilic frais haché (séché : 5 ml/1 c. à thé)	1 c. à table
10 ml	ail dégermé haché	2 c. à thé
2 ml	sel	1/2 c. à thé
1 ml	poivre	1/4 c. à thé
6	gros pilons de cuisse avec ou sans peau	6
Au goût	beurre ou margarine fondu	au goût
250 ml	chapelure	1 tasse
45 ml	beurre ou margarine fondu	3 c. à table
180 g	mozzarella en lanières	1/3 lb (6 oz)

Équivalences du GAC

Produits céréaliers	—
Légumes et fruits	6 1/2
Produits laitiers	—
Viandes et substituts	6 à 8
Matières grasses	1 1/2

On peut trouver les graines de pollen dans les magasins de produits naturels.

• Préchauffer le four à 180 °C (350 °F). • Dans un bol, mélanger les ingrédients de la sauce : tomates, oignons, pâte de tomates, basilic, ail, sel et poivre. Réserver. • Badigeonner les pilons de beurre fondu. • Déposer les pilons dans un plat allant au four. Napper de la sauce et ajouter le beurre en surface. • Cuire environ 20 à 25 minutes au four ou jusqu'à ce que les jus de cuisson soient clairs. • Pendant la cuisson, préparer le mélange de chapelure et de beurre fondu restant. • Une fois la cuisson terminée, déposer le fromage et saupoudrer de la garniture. • Remettre au four et cuire une dizaine de minutes ou jusqu'à ce que la chapelure ait pris une belle coloration. • Servir aussitôt avec une portion de sauce sur chaque pilon.

Temps de préparation : 20 min	Temps de cuisson : 30-35 min
Nombre de portions : 6	

PILONS DE CUISSE ET LEUR COMPOTE DE TOMATES MIELLEUSE

Cette recette flattera votre palais par sa douceur et son caractère aigre-doux provenant du mariage de la tomate et du miel.

30 ml	beurre ou margarine	2 c. à thé
12	pilons de cuisse avec ou sans peau	12
12	tomates mondées, épépinées, concassées	12
2 ml	sel	1/2 c. à thé
1 ml	poivre	1/4 c. à thé
1	oignon moyen haché	1
5 ml	thym frais haché (séché : une pincée)	1 c. à thé
60 ml	miel liquide	1/4 tasse
15 ml	graines de pollen (facultatif)	1 c. à table

• Dans une cocotte, faire chauffer le beurre. • Colorer les pilons de cuisse sur toutes leurs faces et ajouter les tomates. • Assaisonner puis ajouter l'oignon et le thym. • Cuire à couvert sur un feu moyen durant 30 minutes ou jusqu'à ce que les jus de cuisson soient clairs. • Retirer les pilons de poulet et réserver au chaud. • Poursuivre la cuisson des tomates jusqu'à ce que le liquide se soit évaporé. • Remuer régulièrement puis ajouter le miel et le pollen. • Cuire jusqu'à ce que le mélange soit en compote. • Dresser la compote de tomates dans le centre de l'assiette et y déposer les pilons de poulet.

Temps de préparation : 20 min	Temps de cuisson 35 min
Nombre de portions :	6

OSSO POLLO DE POULET

Un plat traditionnellement fait avec du veau, mais qui s'apprête tout aussi bien avec des tranches de pilons.

2 ml	sel	1/2 c. à thé
1 ml	poivre	1/4 c. à thé
4 à 6	gros pilons coupés en tranches	4 à 6
Q.S.	farine	Q.S.
10 ml	beurre ou margarine	2 c. à thé
10 ml	huile	2 c. à thé
1	oignon émincé	1
6	tomates concassées	6
125 ml	vin blanc ou bouillon de poulet	1/2 tasse
375 ml	bouillon de poulet au besoin	1 1/2 tasse
1	bouquet garni	1
1	jus de citron (facultatif)	1
Au goût	persil haché (facultatif)	au goût

• Assaisonner et enrober les tranches de pilons d'une légère couche de farine. • Dans une poêle, faire chauffer le beurre et l'huile. • Faire colorer les tranches de pilons, ajouter l'oignon et cuire 3 à 4 minutes. • Ajouter les tomates, le vin et réduire du deux tiers (2/3). • Mouiller de bouillon jusqu'à la moitié.
• Ajouter un bouquet garni et cuire environ 25 à 30 minutes.
• Le bouillon de cuisson doit être réduit à point. • Dresser les tranches dans l'assiette, couvrir de sauce. Arroser d'un filet de jus de citron et parsemer de persil.

Temps de préparation : 15 min	Temps de cuisson : 35 min
Nombre de portions : 4	

*Demandez à votre boucher de vous préparer vos **pilons de poulet** comme vous les aimez : sans peau, en tranches ou désossés.*

Bouquet garni voir page 146.

Le persil frais contient de grandes quantités de vitamine C.

Équivalences du GAC

Produits céréaliers	—
Légumes et fruits	5
Produits laitiers	—
Viandes et substituts	3 à 4
Matières grasses	1

La crêpe célestine doit être préparée à l'avance car elle doit reposer. À la limite, vous pouvez même préparer l'appareil la veille.

3	oeufs	3
2 ml	sel	1/2 c. à thé
250 ml	farine	1 tasse
30 ml	beurre ou margarine fondu	2 c. à table
250 ml	lait	1 tasse
5 ml	ciboulette fraîche hachée (séchée : 2 ml/1/2 c. à thé)	1 c. à thé
5 ml	persil frais haché (séché : 2 ml/1/2 c. à thé)	1 c. à thé
5 ml	cerfeuil frais haché (séché : 2 ml/1/2 c. à thé)	1 c. à thé
5 ml	estragon frais haché (séché : 1 ml/1/4 c. à thé)	1 c. à thé
500 ml	cubes de poulet cuits	2 tasses
125 ml	oignons verts émincés	1/2 tasse
1	poivron vert taillé en petits cubes	1
1	gousse d'ail dégermée hachée	1
2 ml	sel	1/2 c. à thé
1 ml	poivre	1/4 c. à thé
30 ml	feuilles de coriandre hachées (séchée : 5 ml/1 c. à thé)	2 c. à table
250 ml	coulis de tomates	1 tasse
250 ml	fromage Oka râpé	1 tasse
	feuilles de coriandre fraîches (facultatif)	

Crêpes :

• Dans un bol, mélanger les oeufs, le sel et la farine de façon à obtenir une pâte épaisse et homogène. • Incorporer lentement le beurre et délayer la pâte avec le lait. Fouetter énergiquement et laisser reposer 1 heure au réfrigérateur. • Incorporer les fines herbes hachées et cuire les crêpes dans une poêle chaude avec du beurre et/ou de l'huile. Préchauffer le four à 180 °C (350 °F).

Farce :

• Dans un bol, mélanger ensemble les cubes de poulet, l'oignon, le poivron, l'ail, la coriandre, le sel et le poivre. • En farcir les crêpes, les rouler et les déposer dans un plat beurré allant au four. • Napper du coulis de tomates et parsemer du fromage. • Cuire 15 à 20 minutes au four ou jusqu'à ce que le fromage soit gratiné. • Servir chaud avec une feuille de coriandre.

Temps de préparation : 25-30 min	*Temps de repos : 1 heure*
Temps de cuisson : 20-25 min	*Nombre de portions : 6*

LINGUINE À LA TETRAZZINI

Un délicieux plat de linguine garni d'une sauce au poulet et aux légumes frais, voilà une belle façon de rendre hommage à la volaille de chez nous!

10 ml	beurre ou margarine	2 c. à thé
10 ml	huile	2 c. à thé
1	oignon moyen haché	1
180 ml	champignons émincés	3/4 tasse
80 ml	céleri émincé	1/3 tasse
1	gousse d'ail dégermée hachée	1
30 ml	farine	2 c. à table
375 ml	lait	1 1/2 tasse
375 ml	bouillon de poulet	1 1/2 tasse
125 ml	fromage gruyère râpé	1/2 tasse
5 ml	estragon frais haché (séché : 1 ml/1/4 c. à thé)	1 c. à thé
2 ml	sel	1/2 c. à thé
1 ml	poivre	1/4 c. à thé
375 ml	morceaux de poulet cuit	1 1/2 tasse
500 g	linguine cuits	1 lb

• Dans une poêle, faire chauffer le beurre et l'huile. • Faire suer l'oignon, les champignons, le céleri et l'ail durant 2 à 3 minutes. • Singer, c'est-à-dire incorporer la farine aux légumes en mélangeant sans arrêt. • Mouiller avec le lait et le bouillon. Cuire à feu moyen 4 à 5 minutes ou jusqu'à ce que la liaison soit faite. • Ajouter une partie du fromage à la sauce et parfaire la liaison en faisant fondre le fromage tout en mélangeant. • Ajouter les herbes et les assaisonnements. • Ajouter ensuite le poulet et cuire 2 à 3 minutes pour le réchauffer. • Déposer la sauce sur un lit de linguine chauds. • Saupoudrer du reste de fromage et servir aussitôt.

Temps de préparation : 15 min	Temps de cuisson : 15 min
Nombre de portions : 4	

LINGUINE AU POULET ET AUX POIS CHICHES

Rien de mieux pour sortir de la routine que ce plat rempli de saveurs.

15 ml	beurre ou margarine	1 c. à table
1	oignon moyen émincé	1
1	gousse d'ail dégermée hachée	1
125 ml	champignons blancs émincés	1/2 tasse
4	tomates mondées, épépinées, concassées	4
1	boîte de sauce tomates (227 ml/8 oz)	1
500 ml	pois chiches en conserve	2 tasses
2 ml	sel	1/2 c. à thé
1 ml	poivre	1/4 c. à thé
60 ml	câpres	1/4 tasse
15 ml	basilic frais (séché : 5 ml/1 c. à thé)	1 c. à table
500 ml	poulet cuit coupé en cubes	2 tasses
500 g	pâtes cuites (plumes, coquilles, spirales)	1 lb
	olives noires hachées (garniture)	

Équivalences du GAC

Produits céréaliers	2 1/2
Légumes et fruits	2 1/2
Produits laitiers	—
Viandes et substituts	3 à 5
Matières grasses	1

• Dans une casserole, faire chauffer le beurre et suer les oignons durant 3 à 4 minutes. • Ajouter l'ail et les champignons; cuire 5 autres minutes. • Y incorporer les tomates et la sauce tomate. • Ajouter les pois chiches, assaisonner et porter à ébullition. Cuire à couvert durant 15 minutes. • Ajouter les câpres, le basilic et cuire 6 à 8 minutes. • Incorporer le poulet et réchauffer dans le liquide 2 à 3 minutes. • Servir sur un lit de pâtes et garnir d'olives.

Temps de préparation : 15 min	Temps de cuisson : 35 -40 min
Nombre de portions : 6	

MOUSSE DE POULET STRADIVARIUS

Impressionnez vos convives avec cette recette facilement réalisable et très attrayante. Les crosses de fougère donneront une texture croquante à la mousse.

750 ml	poulet cuit	3 tasses
1	oignon moyen haché	1
30 ml	persil en bouquet (séché : 10 ml/2 c. à thé)	2 c. à table
15 ml	thym frais effeuillé (séché : 5 ml/1 c. à thé)	1 c. à table
10 ml	estragon frais effeuillé (séché : 2 ml/1/2 c. à thé)	2 c. à thé
60 ml	crème 15 % champêtre	1/4 tasse
2 ml	sel	1/2 c. à thé
1 ml	poivre	1/4 c. à thé
125 ml	têtes de violon blanchies ou asperges	1/2 tasse
1	sachet de gélatine	1
375 ml	bouillon de poulet	1 1/2 tasse
60 ml	vin blanc chaud	1/4 tasse
	feuilles d'épinard et têtes de violon (facultatif)	

• Dans le bol d'un robot culinaire, réduire en charpie le poulet, l'oignon, le persil, le thym et l'estragon. • Ajouter graduellement la crème et les assaisonnements. • Déposer la pâte dans un bol et y incorporer les têtes de violon. • Faire gonfler la gélatine tel qu'indiqué sur l'emballage. • Dissoudre la gelée dans le bouillon et le vin. • Incorporer le liquide au mélange de poulet à l'aide d'une cuillère de bois. • Verser la préparation dans un moule et réserver au réfrigérateur durant 3 à 4 heures. • Lorsque la mousse est bien prise, la démouler en trempant le moule dans l'eau chaude et en la renversant sur une assiette propre. • Servir sur des feuilles d'épinard et garnir avec des têtes de violon fraîches.

Temps de préparation : 20 min	Temps de réfrigération : 3-4 heures
Nombre de portions : 6	

PAINS BAGUETTES AU POULET ET AU SÉSAME

Cette recette de sandwich ravira les amateurs de sésame
et permettra aux gens pressés de prendre un bon repas santé.

6	petits pains baguettes	6
30 ml	vinaigre de vin rouge	2 c. à table
5 ml	huile de sésame ou d'olive	1 c. à thé
10 ml	jus de citron	2 c. à thé
750 ml	morceaux de poulet cuit	3 tasses
80 ml	oignons verts émincés	1/3 tasse
	Quelques gouttes de sauce Tabasco	
2 ml	graines de sésame	1/2 c. à thé
2 ml	sel	1/2 c. à thé
1 ml	poivre	1/4 c. à thé

• Inciser les petits pains baguettes dans le sens de la longueur.
• Les ouvrir en deux et enlever une partie de la mie de façon
à faire de la place pour la garniture. Réserver la mie. • Dans
le bol d'un robot culinaire, mélanger ensemble le vinaigre,
l'huile et le jus de citron. • Incorporer le poulet, la mie du pain,
l'oignon, la sauce, le sésame, le sel et le poivre. Bien mélanger.
• Garnir les pains baguette et servir aussitôt.

Temps de préparation : 10 min	Temps de cuisson : aucun
Nombre de portions : 6	

PAINS DE SEIGLE AU POULET ET LEUR GARNITURE AUX HERBES

Le pain de seigle a une texture plus compacte et plus dure que
le pain blanc. En fait, c'est le gluten du seigle moins élastique
que celui du blé qui est responsable de ce changement
très savoureux.

125 ml	mayonnaise	1/2 tasse
15 ml	moutarde de Meaux (ou à l'ancienne)	1 c. à table
60 ml	oignons verts émincés finement	1/4 tasse
30 ml	ciboulette hachée	2 c. à table
30 ml	persil haché (séché : 5 ml/1 c. à thé)	2 c. à table
2 ml	sel	1/2 c. à thé
1 ml	poivre	1/4 c. à thé
12	tranches de pains de seigle	12
6	feuilles de laitue	6
6	tranches de poulet cuit	6
6	champignons frais moyens émincés	6
12	brindilles de persil	12

• Dans un bol, mélanger ensemble la mayonnaise, la moutarde,
les oignons, la ciboulette, le persil, le sel et le poivre. • Tartiner
les tranches de pain de ce mélange. • Y déposer une feuille de
laitue ainsi que les tranches de poulet. • Garnir de champignons
et de persil. • Recouvrir de la tranche supérieure. • Servir
aussitôt.

Temps de préparation : 10 min	Temps de cuisson : aucun
Nombre de portions : 6	

Pour un lunch vite fait, faites-vous une réserve au congélateur! Vous pouvez facilement congeler les «pains baguettes au poulet et au sésame», jusqu'à utilisation.

Parmi les aliments qui ne supportent pas la congélation, on retrouve : les oeufs cuits durs, la mayonnaise et la sauce à salade, les desserts au lait ou à base de gélatine, certains légumes comme les laitues, les tomates, les concombres et le céleri.

Équivalences du GAC

Produits céréaliers	12
Légumes et fruits	1/2
Produits laitiers	—
Viandes et substituts	6 à 8
Matières grasses	1/2

Équivalences du GAC

Produits céréaliers	12
Légumes et fruits	5
Produits laitiers	—
Viandes et substituts	6
Matières grasses	1

Hauts de cuisse
à la basque *(page 126)*

Hauts de cuisse au sésame,
sauce au miel (page 130)

Rôti de poitrines de poulet
à l'étuvée de chou (page 188)

Côtelette de poitrine
(gros poulet)

Tournedos de cuisse,
avec barde et avec bacon

Cuisse semi-désossée
sans peau (nature ou
farci), pilon sans peau
et haut de cuisse sans
dos sans peau

Rôti de cuisses désossées
(double) avec peau
cordes arrêtées

Pilons de poulet au croquant de noisettes
et sauce de pêches au raifort **(page 153)**

Poulet haché
poitrine et / ou cuisse

Poulet entier
désossé avec ailes

Rôti de poitrine
désossée nature ou farci

Pour obtenir un pâté moins gras, vous pouvez mettre une abaisse de pâte uniquement sur le dessus ou recouvrir partiellement le pâté de lanières de pâte.

Cette recette de pâté au poulet peut être préparée avec plusieurs variétés de soupe-crème : poulet, asperges ou autres.

250 ml	bouillon de poulet	1 tasse
80 ml	haricots coupés en petits tronçons	1/3 tasse
125 ml	carottes coupées en dés	1/2 tasse
1	oignon moyen haché grossièrement	1
15 ml	beurre ou margarine	1 c. à table
15 ml	farine	1 c. à table
1	boîte de crème de champignons condensée	1
30 ml	basilic frais haché (séché : 10 ml/2 c. à thé)	2 c. à table
80 ml	pois verts congelés ou en conserve	1/3 tasse
1	poulet cuit, désossé (1,8 kg/4 lb) coupé en cubes ou en morceaux	1
2	abaisses de pâte brisée	2

• Dans une casserole, porter le bouillon à ébullition. • Faire cuire dans le bouillon les haricots, les carottes, les poivrons, les oignons durant 5 à 6 minutes. • Dans une autre casserole, faire fondre le beurre et y incorporer la farine en mélangeant régulièrement. • Cuire jusqu'à ce que le mélange soit mousseux (roux blanc); refroidir. • Retirer les légumes du bouillon et les réserver. • Verser le bouillon sur le roux et fouetter énergiquement. Cuire à feu moyen de façon à lier la sauce, 4 à 5 minutes. • Ajouter la crème de champignons et le basilic. Remettre les légumes réservés puis ajouter les pois et les cubes de poulet. Cuire 4 à 5 minutes de façon à réchauffer le poulet. • Garnir un moule à tarte d'une abaisse de pâte (20 cm/8 pouce de diamètre) et badigeonner les bordures d'oeuf battu. • Déposer la viande refroidie dans le moule et recouvrir d'une autre abaisse de pâte puis appuyer sur les bordures pour sceller. Perforer le centre du pâté avec la pointe d'un couteau et badigeonner d'oeuf battu. Cuire au four 20 à 25 minutes et servir.

Temps de préparation : 15-20 min	*Temps de cuisson : 35-40 min*
Nombre de portions : 1 pâté	

Équivalences du GAC

Produits céréaliers	6
Légumes et fruits	3
Produits laitiers	—
Viandes et substituts	6
Matières grasses	1

PITAS AU POULET ET AU CÉLERI-RAVE

Le céleri-rave est un légume peu connu en Amérique. C'est un aliment qui gagne à être découvert et qui fait des merveilles dans ces sandwichs.

30 ml	crème sure 7 % de matières grasses	2 c. à table
Q.S.	sauce Tabasco	Q.S.
30 ml	mayonnaise	2 c. à table
2 ml	sel	1/2 c. à thé
1 ml	poivre	1/4 c. à thé
2 ml	graines de moutarde	1/2 c. à thé
375 ml	céleri-rave lavé, pelé, râpé	1 1/2 tasse
750 ml	cubes de poulet cuit	3 tasses
6	pains pitas	6
6	feuilles de laitue lavées, essorées	6

• Dans un bol, mélanger la crème sure, la sauce Tabasco, la mayonnaise, le sel et le poivre. • Ajouter les graines de moutarde, le céleri-rave et les cubes de poulet. • Brasser de façon à obtenir un mélange homogène. • Inciser la partie supérieure d'un pain pita, l'ouvrir et garnir d'une feuille de laitue. • Introduire la préparation de poulet dans le pain pita. • Servir aussitôt.

Temps de préparation : 10 min	Temps de cuisson : aucun
Nombre de portions : 6	

Équivalences du GAC

Produits céréaliers	12
Légumes et fruits	7
Produits laitiers	—
Viandes et substituts	6 à 8
Matières grasses	1

SALADE CÉSAR AU POULET

60 ml	mayonnaise légère	1/4 tasse
30 ml	huile d'olive	2 c. à table
2	gousses d'ail dégermées hachées	2
15 ml	jus de citron	1 c. à table
15 ml	vin blanc sec ou vinaigre de vin	1 c. à table
15 ml	moutarde de Dijon	1 c. à table
2 ml	sel	1/2 c. à thé
1 ml	poivre	1/4 c. à thé
10 ml	sauce Worcestershire (facultatif)	2 c. à thé
1,5 l	laitue Romaine	6 tasses
500 ml	poulet cuit coupé en dés	2 tasses
Q.S.	croûtons à l'ail	Q.S.
10	tranches de bacon cuit, concassées	10
60 ml	câpres hachées finement	1/4 tasse
Q.S.	fromage parmesan râpé	Q.S.

• Dans un malaxeur, mélanger ensemble la mayonnaise, l'huile, l'ail, la sauce Worcestershire, le jus de citron, le vin, la moutarde, le sel et le poivre. • Réserver au frais. • Mélanger ensemble la laitue lavée, essorée et déchiquetée, le poulet, les croûtons, le bacon et les câpres. • Arroser la salade de la sauce et mélanger jusqu'à ce que les feuilles en soient bien recouvertes. Parsemer de parmesan.

Temps de préparation : 10-15 min	Temps de cuisson : aucun
Nombre de portions : 4	

Équivalences du GAC

Produits céréaliers	—
Légumes et fruits	12
Produits laitiers	—
Viandes et substituts	4 à 5
Matières grasses	2 1/2

Accompagnée d'un
petit pain de blé
entier, d'un yogourt
et d'un breuvage,
cette salade
constitue un repas
santé.

Vous pouvez
remplacer les
oranges par des
pommes en
quartiers.

Équivalences du GAC

Produits céréaliers	—
Légumes et fruits	15
Produits laitiers	1
Viandes et substituts	6 à 8
Matières grasses	—

Informations
nutritionnelles :
des chiffres qui font
réfléchir.
Si 1 cuillerée à thé
de matières grasse
contient 4 g de
gras... 1/2 poitrine
de poulet rôtie avec
la peau représente
l'équivalent de
2 cuillerées à thé de
matières grasses
alors que
1/2 poitrine de
poulet rôtie sans la
peau représente
l'équivalent de
3/4 cuillerée à thé
de matières grasses
seulement.

Le nombre de
calories avec et sans
la peau :
100 g poitrine
viande avec la
peau, rôtie =
197 calories

100 g poitrine
viande seulement,
rôtie = 165 calories

Différence =
32 calories

En mangeant la
peau de la poitrine
de poulet, vous
ajoutez environ
30 calories à votre
repas.

Équivalences du GAC

Produits céréaliers	—
Légumes et fruits	4
Produits laitiers	—
Viandes et substituts	4
Matières grasses	—

SALADE DE CAROTTES ET POULET

Un plat rapide et économique, idéal pour les fêtes d'enfants,
comme entrée ou pour la boîte à lunch.

750 ml	cubes de poulet cuit	3 tasses
500 ml	carottes râpées	2 tasses
180 ml	oranges pelées en quartiers	3/4 tasse
180 ml	raisins secs dorés	3/4 tasse
180 ml	yogourt nature ou crème sure 7 % m.g.	3/4 tasse
5 ml	jus de citron	1 c. à thé
5 ml	miel	1 c. à thé
2 ml	sel	1/2 c. à thé
1 ml	poivre en grains concassés fins	1/4 c. à thé
1 l	laitue frisée	4 tasses
125 ml	noix de pacanes ou autres noix au goût	1/2 tasse

• Dans un grand bol, mélanger le poulet, les carottes et
les oranges. • Dans un autre bol, faire tremper les raisins à l'eau
bouillante durant 5 minutes. Égoutter et assécher les raisins,
incorporer à la préparation de carottes. • Mélanger ensemble
le yogourt, le jus de citron, le miel, le sel et le poivre. Ajouter à
la préparation de carottes et mélanger de façon homogène.
• Laver, essorer et déchiqueter la laitue. • Servir le mélange sur
des feuilles de laitue et parsemer de noix.

Temps de préparation : 10 min	Temps de cuisson : aucun
Nombre de portions : 6	

SALADE DE FRUITS AU POULET

Une salade rafraîchissante et remplie de couleurs.

45 ml	zeste d'orange	3 c. à table
80 ml	jus d'orange	1/3 tasse
1 ml	gingembre moulu	1/4 c. à thé
15 ml	vinaigre de vin rouge	1 c. à table
2 ml	sel	1/2 c. à thé
1 ml	poivre	1/4 c. à thé
500 ml	cubes de poulet cuit	2 tasses
60 ml	céleri épluché émincé	1/4 tasse
250 ml	oranges pelées à vif, coupées en quartiers	1 tasse
16	feuilles d'épinard lavées, essorées, déchiquetées	16
60 ml	amandes effilées	1/4 tasse
2	melons cantaloups coupés en 2, évidés	2
4	feuilles de menthe (facultatif)	4

• Dans un grand bol, mélanger le zeste, le jus, le gingembre,
le vinaigre, le sel et le poivre. • Arroser les cubes de poulet de
ce mélange et laisser reposer au réfrigérateur durant 45 minutes.
• Dans un autre bol, mélanger le céleri, les oranges, les feuilles
d'épinard et les amandes. • Incorporer ensuite le poulet et
mélanger délicatement. • Dresser dans des demi-melons
cantaloups et arroser avec la marinade. Garnir d'une feuille
de menthe et de morceaux de cantaloup.

Temps de préparation : 15 min	Temps de repos : 45 min
Temps de cuisson : aucun	Nombre de portions : 4

SALADE DE POULET AUX PÉTALES DE ROSES

60 ml	huile d'olive	1/4 tasse
15 ml	vinaigre de cidre	1 c. à table
15 ml	sirop d'érable	1 c. à table
5 ml	eau de rose (facultatif)	1 c. à thé
2 ml	sel	1/2 c. à thé
1 ml	poivre	1/4 c. à thé
250 ml	cubes de poulet cuit	1 tasse
500 ml	laitue Boston	2 tasses
500 ml	feuilles d'oseille ou d'épinards	2 tasses
5 ml	beurre ou margarine en pommade	1 c. à thé
10	grands pétales de rose (facultatif)	10
30 ml	pépites de sucre d'érable (facultatif)	2 c. à table

• Dans un bol, mélanger ensemble l'huile, le vinaigre, le sirop, l'eau de rose, le sel et le poivre. • Laisser macérer les cubes dans la vinaigrette environ 1 heure. • Préparer la laitue Boston et les feuilles d'oseille. • Avec un peu de beurre en pommade (à température de la pièce), coller autour de l'assiette les pétales de rose. • Dresser la salade au centre des assiettes et ajouter le poulet égoutté. • Parsemer de sucre d'érable et arroser de la vinaigrette. Servir aussitôt.

Temps de préparation : 10-15 min	Temps de macération : 1 heure
Temps de cuisson : aucun	Nombre de portions : 2

L'eau de rose est offerte en pharmacie ou dans les boutiques de produits naturels. Utilisez des roses de culture biologique.

Équivalences du GAC

Produits céréaliers	—
Légumes et fruits	8
Produits laitiers	—
Viandes et substituts	2
Matières grasses	4

SALADE DE POULET AUX PIGNONS ET AUX ASPERGES

Le parfum des pignons grillés et la fraîcheur des asperges vous raviront. C'est un plat qui constitue aussi un excellent repas santé.

60 ml	pignons	1/4 tasse
15 ml	vinaigre de vin rouge (au romarin)	1 c. à table
15 ml	vin rouge	1 c. à table
15 ml	jus de citron	1 c. à table
2 ml	vinaigre balsamique ou de cidre (facultatif)	1/2 c. à thé
2 ml	sel	1/2 c. à thé
1 ml	poivre en grains concassés	1/4 c. à thé
60 ml	huile d'olive	1/4 tasse
60 ml	bouillon de poulet chaud	1/4 tasse
12	asperges fraîches ou en conserve	12
2	tomates	2
1	concombre	1
750 ml	cubes de poulet cuit	3 tasses
2	laitues Boston	2
2	endives	2

Les **pignons** sont des graines produites par certaines espèces de pins dont le pin pignon. Ces pins poussent principalement dans la région méditerranéenne. Contenant beaucoup de matières grasses, ils rancissent facilement. Par conséquent, on recommande de les conserver dans un récipient hermétique au réfrigérateur.

Vous trouverez le vinaigre balsamique dans quelques supermarchés et dans la plupart des épiceries fines. Fait à partir de jus de raisin trebbiano vieilli dans diverses essences de bois, il possède un goût très délicat.

• Dans une poêle, faire griller les pignons à feu vif. • Mélanger régulièrement et colorer uniformément. • Dans une grand bol, préparer la vinaigrette en combinant le vinaigre de vin, le vin, le jus de citron, le vinaigre balsamique, le sel et le poivre. • Verser graduellement l'huile et le bouillon en fouettant vigoureusement. • Cuire les asperges à la vapeur 3 à 4 minutes et les refroidir dans de l'eau froide avec de la glace. Les assécher et réserver. • Trancher les tomates et le concombre. • Déchiqueter la laitue et émincer les endives. • Dans un grand bol à salade, mélanger la laitue, l'endive, la tomate, le concombre et le poulet avec une partie de la vinaigrette. Dresser dans les plats de service, déposer 3 asperges sur chaque assiette et parsemer de pignons. • Verser le reste de la vinaigrette dans une saucière.

Temps de préparation : 15 min	Temps de cuisson : 4 min
Nombre de portions : 4	

SALADE DE POULET AUX AMANDES ET FROMAGE COTTAGE

Accompagnée de biscottes et d'un verre de lait, cette salade devient un repas sain et complet qui contient les quatre groupes du *Guide alimentaire canadien pour manger sainement*.

60 ml	huile d'arachide	1/4 tasse
30 ml	vinaigre de riz	2 c. à table
10 ml	sucre	2 c. à thé
2 ml	origan séché	1/2 c. à thé
450 g	cubes de poitrines ou de cuisses de poulet cuit	1 lb
2	poires Bartlet tranchées en lamelles, sans coeur	2
1	concombre	1
1	tomate en quartiers	1
125 ml	fromage cottage	1/2 tasse
125 ml	amandes mondées	1/2 tasse
1	laitue Boston	1

• Dans un grand bol, mélanger ensemble l'huile, le vinaigre, le sucre et l'origan. • Ajouter les cubes de poulet et les poires, laisser reposer 1 heure au réfrigérateur. • Dans un grand bol à salade, mélanger le concombre, la tomate, le fromage et les amandes. • Laver et essorer la laitue Boston. • Dresser 2 feuilles de laitue dans chaque assiette, déposer un peu du mélange de légumes et disposer sur le dessus le poulet macéré ainsi que les poires. • Verser un peu de vinaigrette sur la salade et servir.

Temps de préparation : 10-15 min	Temps de macération : 1 heure
Temps de cuisson : aucun	Nombre de portions : 4

Équivalences du GAC

Produits céréaliers	—
Légumes et fruits	11
Produits laitiers	—
Viandes et substituts	3 à 6
Matières grasses	4

*Le **vinaigre de riz** est très doux au goût. Si vous n'en disposez pas à la maison, remplacez-le par du vinaigre blanc ou du vinaigre de cidre. Ce dernier est cependant un peu plus acide.*

Équivalences du GAC

Produits céréaliers	10
Légumes et fruits	4
Produits laitiers	—
Viandes et substituts	5 à 7
Matières grasses	4

SOUPE-REPAS AU BOUILLON DE POULET ET SES BOUCHÉES DE LÉGUMES

Une bonne soupe nourrissante qui saura calmer l'appétit des plus affamés.

30 ml	beurre ou margarine	2 c. à table
1	oignon moyen émincé	1
3	carottes entières	3
2	branches de céleri émincées en biseaux	2
1/2	bulbe de fenouil émincé	1/2
125 ml	champignons entiers	1/2 tasse
2 l	bouillon de poulet	8 tasses
2 ml	baies de coriandre ou poivre en grains	1/2 c. à thé
4	oeufs battus	4
250 ml	flocons de maïs émiettés ou biscuits soda	1 tasse
5 ml	poudre à pâte	1 c. à thé
2 ml	sel	1/2 c. à thé
1 ml	poivre	1/4 c. à thé
250 ml	chapelure	1 tasse
250 ml	cubes de poulet cuit	1 tasse
6	brindilles d'aneth (facultatif)	6

• Dans une casserole, faire fondre le beurre. Y faire suer l'oignon, les carottes, le céleri, le fenouil et les champignons durant 6 à 8 minutes. • Mouiller avec le bouillon, ajouter la coriandre et cuire 20 à 25 minutes ou jusqu'à ce que les légumes soient tendres. • Retirer délicatement les légumes, émincer les carottes entières cuites au bouillon et les réserver au chaud. Réduire le reste des légumes en purée au mélangeur et laisser refroidir. Filtrer le bouillon et réserver au chaud. • Dans un bol, mélanger ensemble 250 ml (1 tasse) de purée de légumes, l'oeuf, les flocons de maïs, la poudre à pâte, le sel et le poivre. • Laisser reposer 30 minutes au réfrigérateur. Façonner la pâte en petites boulettes de la grosseur désirée. Si le mélange n'est pas suffisamment ferme, y ajouter de la chapelure. • Déposer les boulettes dans le bouillon de légumes bouillant et cuire à couvert durant 10 minutes. Ajouter le poulet et verser dans une soupière avec les boulettes et les carottes réservées. Garnir d'aneth.

Temps de préparation : 35-40 min	Temps de repos : 30 min
Temps de cuisson : 40-45 min	Nombre de portions : 6-8

Remplacez 50 ml (1/4 tasse) de chapelure par du son d'avoine. Le son d'avoine est l'une des principales sources de fibres solubles. Celles-ci contribuent à diminuer le niveau de cholestérol sanguin et à maintenir un taux raisonnable de sucre dans le sang.

Vous pouvez ajouter des cubes de poulet cuit dans le bouillon en même temps que les boulettes.

Équivalences du GAC

Produits céréaliers	3
Légumes et fruits	8
Produits laitiers	—
Viandes et substituts	4 à 5
Matières grasses	2

Équivalences du GAC

Produits céréaliers	—
Légumes et fruits	3
Produits laitiers	—
Viandes et substituts	3 à 4
Matières grasses	7

DODINES DE POULET AUX POMMES CARAMÉLISÉES

Ce plat intéressant rempli des saveurs et des parfums du verger est inspiré d'une recette du chef Martin Côté de Québec.

3	pommes en quartiers	3
30 ml	beurre ou margarine	2 c. à table
Q.S.	sucre	Q.S.
1,2 kg	poulet désossé par le dos	2 1/2 lb
15 ml	beurre ou margarine	1 c. à table
3	échalotes émincées	3
60 ml	vin blanc	1/4 tasse
2	branches de thym frais haché	2
	(séché : 5 ml / 1 c. à thé)	
250 ml	bouillon de poulet	1 tasse
60 ml	beurre ou margarine	1/4 tasse
4	tranches de gruyère	4
4	tranches de camembert	4

• Préchauffer le four à 190 °C (375 °F). • Dans une poêle, faire chauffer le beurre et y caraméliser les pommes avec un peu de sucre. Réserver au chaud. • Étaler le poulet désossé par le dos sur le plan de travail et déposer les pommes au centre. • Reconstituer le poulet et reformer en ballottine. Recouvrir de papier d'aluminium et cuire au four 25 à 30 minutes ou jusqu'à ce que les jus qui s'en écoulent soient clairs. • Dans une petite casserole, faire suer les échalotes au beurre. • Déglacer au vin et ajouter le thym. • Mouiller avec le bouillon et réduire à demi jusqu'à l'obtention d'un jus. Ajouter hors du feu une noix de beurre et fouetter énergiquement. • Tailler la ballottine en tranches fines (3 par portions) et y intercaler de tranches des gruyère et de camembert. • Servir chaud et napper du jus au thym.

Temps de préparation : 15-20 min   *Temps de cuisson : 25 à 30 min*
Nombre de portions : 4

POULET FARCI AUX FOIES ET PIGNONS

Le poulet entier prend une autre dimension quand on l'apprête de cette nouvelle façon. Une version des jours de fête.

15 ml	huile	1 c. à table
115 g	foies de poulet parés, lavés et coupés en morceaux	1/4 lb
45 ml	pignons	3 c. à table
15 ml	beurre ou margarine	1 c. à table
1	oignon moyen	1
1	blanc de poireau	1
250 ml	riz à grains longs	1 tasse
1 l	bouillon de poulet	4 tasses
15 ml	raisins de Corinthe	1 c. à table
5 ml	sel	1 c. à thé
2 ml	poivre	1/2 c. à thé
30 ml	beurre ou margarine	2 c. à table
1,5 kg	poulet entier avec ou sans peau	3 lb
45 ml	crème sure 7 % de m.g.	3 c. à table

• Préchauffer le four à 200 °C (400 °F). • Dans une poêle, faire chauffer l'huile à feu vif, cuire vivement les foies avec les pignons. Arrêter lorsque les pignons sont bien dorés. Réserver au chaud. • Dans une casserole, faire chauffer le beurre. • Faire suer l'oignon et le poireau jusqu'à ce qu'ils deviennent transparents. • Ajouter les foies et les pignons à l'oignon. • Ajouter le riz et le cristalliser au beurre. • Mouiller avec le bouillon et ajouter les raisins, le sel et le poivre. • Porter à ébullition et laisser mijoter 20 à 25 minutes à feu moyen. • Lorsque le riz a complètement absorbé le liquide, retirer la casserole du feu et ajouter le beurre en mélangeant le riz. • Assécher le poulet et farcir de 250 ml (1 tasse) du mélange de riz. Réserver le reste du riz au chaud. • Refermer le poulet à l'aide de brochettes, de cure-dents ou de ficelle au besoin. • Brider le poulet et le déposer dans un plat allant au four. • Assaisonner la crème sure et badigeonner le poulet avec la moitié du mélange sur toutes ses surfaces. • Cuire au four pendant 15 minutes pour lui donner une belle coloration. • Abaisser la température du four à 180 °C (350 °F). Badigeonner le poulet du reste de la crème sure et cuire environ 1 heure. • Lorsque vous piquez avec une pointe de couteau dans la cuisse et que le jus qui s'en écoule est clair, c'est que le poulet est cuit. • Faire chauffer le riz qui reste et le dresser en couronne. • Retirer les ficelles du poulet et le déposer au milieu de la couronne.

Temps de préparation : 25-30 min	Temps de cuisson : environ 1 h 50 min
Nombre de portions : 4 à 6	

Très populaires, les différentes variétés de riz composent souvent vos repas. Les plus connus et plus utilisés sont, sans contredit, le riz blanc à grain long ou court, le riz étuvé et le riz précuit; choisissez de préférence le riz étuvé. Le riz brun gagnerait à être connu car il renferme de la vitamine B, des oligo-éléments et des protéines incomplètes. De plus, il est beaucoup plus savoureux que le riz blanc et le son qu'il contient est une source importante de fibres solubles. Pour rajouter de la variété au menu, vous pouvez vous procurer facilement des riz aromatiques : le riz basmati et le riz arborio.

La crème est très utilisée en cuisine parce qu'elle confère aux aliments une saveur douce et une texture onctueuse. Cependant, vous pouvez lui substituer des produits moins gras comme le yogourt, le lait évaporé, le lait, le babeurre ou la crème sure.

Équivalences du GAC

Produits céréaliers	6
Légumes et fruits	4
Produits laitiers	—
Viandes et substituts	5 à 6
Matières grasses	4

Les agrumes ont une place privilégiée dans la cuisson des volailles. Ils produisent des combinaisons de saveurs toujours gagnantes.

1,5 kg	poulet entier avec la peau	3 lb
1/2	orange	1/2
1	gousse d'ail	1
125 ml	beurre ou margarine en pommade	1/2 tasse
15 ml	moutarde sèche	1 c. à table
15 ml	thym frais haché (séché : 5 ml / 1 c. à thé)	1 c. à table
2 ml	sel	1/2 c. à thé
1 ml	poivre	1/4 c. à thé
1	oignon moyen, coupé en quatre	1
1	feuille de laurier	1
2	clous de girofle	2

• Préchauffer le four à 220 °C (425 °F). • Assécher parfaitement la peau du poulet sur toutes les faces à l'aide de papier absorbant. • Frotter la peau du poulet avec une demi-orange et répéter l'opération avec une gousse d'ail tranchée en deux. • Dans un bol, mélanger ensemble le beurre en pommade (à température de la pièce), la moutarde, le thym, le sel et le poivre. • Introduire à l'intérieur du poulet, la demi-orange en quartiers, l'oignon, le laurier et les clous de girofle. • Déposer dans un plat beurré allant au four. Cuire 20 minutes puis abaisser la température du four à 160 °C (325 °F) et poursuivre la cuisson à couvert, durant 30 à 40 minutes, jusqu'à ce que la cuisse se détache ou que les jus de cuisson soient clairs; cuire en arrosant régulièrement. • Découper et servir aussitôt.

Temps de préparation : 20 min   *Temps de cuisson : 50 à 60 min*
Nombre de portions : 6

Équivalences du GAC

Produits céréaliers	—
Légumes et fruits	2
Produits laitiers	—
Viandes et substituts	5 à 6
Matières grasses	8

POULET RÔTI ET SA FARCE D'ARTICHAUTS

Un plat à la fois traditionnel et exotique, où l'artichaut donne au poulet des parfums délicieusement chaleureux.

1,5 kg	poulet entier avec la peau	3 lb
1	branche d'estragon frais (séché : 2 ml / 1/2 c. à thé)	1
80 ml	beurre ou margarine non salé	1/3 tasse
2 ml	sel	1/2 c. à thé
1 ml	poivre	1/4 c. à thé
125 g	foies de poulet	1/4 lb
10 ml	beurre ou margarine	2 c. à thé
225 g	poulet haché	1/2 lb
3	fonds d'artichauts émincés	3

• Préchauffer le four à 200 °C (400 °F). • Avec les doigts, décoller la peau de la poitrine et des cuisses. • Détacher les feuilles d'estragon, les hacher finement et les malaxer avec le beurre. Saler et poivrer. • Introduire le mélange sous la peau de la poitrine et des cuisses, pétrir délicatement de façon à bien répartir le beurre. • Faire sauter les foies de poulet dans 10 ml (2 c. à thé) de beurre puis les mélanger au poulet haché et aux fonds d'artichauts. • Farcir le poulet avec ce mélange puis brider. • Cuire au four 45 minutes. Réduire la température du four à 160 °C (325 °F), poursuivre la cuisson jusqu'à tendreté ou jusqu'à ce que les jus de cuisson soient clairs. • Couper le poulet en morceaux, servir avec la farce et le jus.

Temps de préparation : 25 à 30 min	Temps de cuisson : 1 heure 35 minutes
Nombre de portions : 4	

ARTICHAUTS FRAIS FARCIS AU POULET

Une recette intéressante et fascinante qui se présente bien en entrée.

6	gros artichauts	6
1/2	citron	1/2
30 ml	beurre ou margarine	2 c. à table
450 g	poulet haché	1 lb
2	échalotes sèches hachées	2
1	poivron vert haché	1
1/2	blanc de poireau émincé finement	1/2
2	tomates mondées et concassées	2
2	gousses d'ail dégermées hachées	2
1 pincée	poivre de cayenne ou sauce harissa	1 pincée
80 ml	basilic haché finement	1/3 tasse
	sel au goût	

Si vous possédez un robot, vous pouvez hacher vous-même le poulet (poitrines, cuisses désossées sans peau ou un mélange des deux). Sinon demandez à votre boucher de hacher votre poulet comme vous l'aimez. Le poulet haché ne se conserve pas plus d'un jour.

Ne farcir le poulet qu'à la dernière minute. Retirer la farce de la cavité avant de conserver les restes de poulet cuit au réfrigérateur.

On peut remplacer les artichauts frais par des artichauts en conserve.

Équivalences du GAC

Produits céréaliers	—
Légumes et fruits	1
Produits laitiers	—
Viandes et substituts	6
Matières grasses	6

On peut remplacer les artichauts par du poivron ou par une tomate mondée. Pour la cuisson au micro-ondes, suivre les indications du fabricant.

On peut aussi utiliser du pesto préparé au lieu du basilic.

La sauce harissa est une sauce très forte d'origine orientale. Vous la trouverez dans la plupart des épiceries, à la section des produits spécialisés ou importés.

Il existe trois types d'olives, selon la maturité :

• L'olive espagnole non mûre, d'un jaune verdâtre.

• L'olive américaine, à moitié mûre et rougeâtre.

• L'olive grecque, celle qui a atteint sa pleine maturité.

• Couper la partie supérieure des artichauts au quart (1/4), ainsi que la tige et badigeonner de citron les surfaces coupées. Faire cuire les artichauts à l'eau bouillante salée 30 minutes ou à la marguerite, 35 minutes. • Dans un poêlon anti adhésif, faire revenir au beurre le poulet haché environ 4 minutes. • Ajouter les échalotes; cuire 1 minute. Ajouter le poivron et le poireau puis cuire 4 minutes. Incorporer la tomate, l'ail, le poivre, le sel et cuire à feu doux pendant 10 minutes. • Incorporer le basilic sur le mélange et poursuivre la cuisson 2 minutes, tout en remuant. • Retirer les artichauts de l'eau bouillante, les égoutter la tête en bas, puis ouvrir le dessus en dégageant les feuilles du centre. Lorsque le cône rosâtre et le foin sont rejoints, les enlever avec une cuillère. • Remplir la cavité des artichauts du mélange de poulet et de légumes et garder au chaud jusqu'au moment de servir. • Servir avec une mayonnaise maison mélangée à 2/3 de yaourt nature.

Temps de préparation : 15 min	*Temps de cuisson : 55 min*
Nombre de portions : 6	

BOUCHÉES DE POULET AU PARFUM DE CORIANDRE, SAUCE BASQUAISE

Ces petites boulettes divinement savoureuses et originales feront la conquête de vos convives.

5 ml	beurre ou margarine	1 c. à thé
2	échalotes sèches hachées	2
750 g	poulet haché	1 1/2 lb
Au goût	sel et mignonnette de poivre (grossièrement concassé)	au goût
45 ml	coriandre hachée (séchée : 10 ml/2 c. à thé)	3 c. à table
15 ml	huile d'olive	1 c. à table
1	oignon émincé	1
1	poivron rouge épépiné et coupé en lanières	1
1	poivron vert épépiné et coupé en lanières	1
1	tomate rouge, mondée, épépinée	1
125 ml	bouillon de poulet	1/2 tasse
2 ml	chili écrasé	1/2 c. à thé
2	gousses d'ail émincées	2
5 ml	pâte de tomates	1 c. à thé
250 ml	champignons émincés	1 tasse
125 ml	olives vertes et noires coupées en 2	1/2 tasse

• Faire suer les échalotes au beurre sans les colorer. Réserver. • Incorporer au poulet haché les échalotes cuites, le sel, le poivre et la coriandre. Façonner en boulettes. • Cuire à la vapeur ou dans un grand sautoir et réserver. • Dans une casserole, faire suer à l'huile l'oignon et les poivrons. Ajouter la tomate. • Mouiller avec le bouillon puis ajouter le chili, l'ail et la pâte de tomates. • Remuer et cuire quelques instants à couvert. Ajouter les champignons et les olives. • Cuire à découvert environ 5 minutes. • Servir les boulettes sur un nid de pâtes aux épinards. • Napper de sauce.

Temps de préparation : 15-20 min	*Temps de cuisson : 20 min*
Nombre de portions : 6	

COCOTTE DE POULET AUX POIS CHICHES

Le pois chiche accompagne fort bien le poulet dans cet apprêt.

10 ml	beurre ou margarine	2 c. à thé
10 ml	huile	2 c. à thé
250 g	poulet haché	1/2 lb
1	oignon moyen haché	1
10 ml	ail dégermé haché finement	2 c. à thé
5 ml	thym frais haché (séché : une pincée)	1 c. à thé
15 ml	farine	1 c. à table
1 ml	coriandre moulue	1/4 c. à thé
5 ml	paprika	1 c. à thé
5 ml	poudre de cari	1 c. à thé
1 ml	cumin moulu	1/4 c. à thé
15 ml	pâte de tomates	1 c. à table
2 ml	sel	1/2 c. à thé
1 ml	poivre	1/4 c. à thé
250 ml	carottes émincées finement	1 tasse
250 ml	pois mange-tout	1 tasse
250 ml	pommes de terre coupées en cubes	1 tasse
250 ml	bouillon de poulet	1 tasse
1	boîte de pois chiches (540 ml/19 oz)	1

• Dans une poêle, faire chauffer le beurre et l'huile. • Cuire le poulet haché à feu moyen de façon à bien défaire les morceaux. • Dégraisser la poêle et ajouter à la viande, l'oignon, l'ail et le thym. • Continuer la cuisson 2 à 3 minutes et ajouter la farine, la coriandre, le paprika, le cari, le cumin, la pâte de tomates, le sel et le poivre. • Mélanger de façon à ce que la pâte de tomates ait imprégné tous les ingrédients. • Incorporer les légumes (sauf les pois chiches) au mélange et mouiller avec le bouillon. Porter à ébullition et cuire à couvert sur un feu doux durant 8 à 10 minutes. • Ajouter les pois chiches et cuire 4 à 5 minutes ou jusqu'à ce que les légumes soient tendres. • Dresser dans une cocotte et servir.

Temps de préparation : 15 min	Temps de cuisson : 25-30 min
Nombre de portions : 4	

COURGETTES FARCIES AU POULET

Ce plat peut s'apprêter avec différents légumes selon vos goûts.

6 à 8	courgettes moyennes	6 à 8
5 ml	beurre ou margarine	1 c. à thé
5 ml	huile	1 c. à thé
500 g	poulet haché	1 lb
1	oignon moyen haché	1
2	gousses d'ail dégermées hachées	2
5 ml	thym frais haché (séché : 1 ml/1/4 c. à thé)	1 c. à thé
2	tomates mondées, épépinées, concassées	2
30 ml	vin blanc sec	2 c. à table
60 ml	bouillon de poulet	1/4 tasse
125 ml	chapelure	1/2 tasse
125 ml	parmesan	1/2 tasse
2 ml	sel	1/2 c. à thé
1 ml	poivre	1/4 c. à thé

Si vous possédez un robot, vous pouvez hacher vous-même le poulet (poitrines, cuisses désossées sans peau ou un mélange des deux). Sinon, demandez à votre boucher de hacher votre poulet comme vous l'aimez. Le poulet haché ne se conserve pas plus d'un jour au réfrigérateur.

Les pois chiches font partie de la famille des légumineuses. Ils sont riches en fibres alimentaires et en fer. Ils contiennent également du calcium et des protéines. Pour les préparer, faites-les d'abord tremper dans l'eau toute une nuit au réfrigérateur. Puis, les faire cuire environ 1 1/2 heure. Vous pouvez aussi acheter des pois chiches en conserve car, contrairement aux autres légumineuses, ils gardent une bonne texture.

Équivalences du GAC	
Produits céréaliers	—
Légumes et fruits	8
Produits laitiers	—
Viandes et substituts	4
Matières grasses	1

Si vous le désirez, vous pouvez gratiner les courgettes avec une tranche de fromage Oka. Lors de l'achat, recherchez des courgettes (ou zucchini) qui semblent lourdes pour leur taille. Cela indique qu'elles sont gorgées d'eau et bien fraîches. Les courges d'été, comme les courgettes, n'ont pas besoin d'être pelées comme les courges d'hiver (courges musquées, Hubbard, poivrée et spaghetti).

Si vous possédez un robot, vous pouvez hacher vous-même le poulet (poitrines, cuisses désossées sans peau ou un mélange des deux). Sinon, demandez à votre boucher de hacher votre poulet comme vous l'aimez. Le poulet haché ne se conserve pas plus d'un jour au réfrigérateur.

• Préchauffer le four à 180 °C (350 °F). • Trancher les courgettes dans le sens de la longueur. À l'aide d'une cuillère, enlever une partie de la pulpe tout en conservant une bonne épaisseur pour les parois. • Réserver les courgettes évidées au frais. Garder la pulpe pour la farce. • Dans une poêle, faire chauffer le beurre et l'huile. Cuire le poulet haché en le défaisant à la fourchette. Lorsque le poulet a perdu sa couleur rosée, le réserver dans un plat au chaud. • Dans la même poêle, faire suer au beurre sur un feu moyen les oignons, l'ail et le thym. Assaisonner et cuire 4 à 5 minutes jusqu'à ce que les oignons deviennent transparents. • Ajouter les tomates, la pulpe, le vin et le bouillon. Porter à ébullition et cuire 4 à 5 minutes ou jusqu'à ce que le mélange forme une compote. • Mélanger ensemble la compote et la viande. Partager le mélange dans les courgettes évidées et saupoudrer du mélange de chapelure, de parmesan, de sel et de poivre. • Déposer les courgettes dans un plat beurré allant au four. Cuire au four à couvert durant 20 à 25 minutes. Retirer le couvercle et cuire 10 autres minutes ou jusqu'à ce que les courgettes soient tendres.

Temps de préparation : 25 min   Temps de cuisson : 45-50 min
Nombre de portions : 6

CRETONS DE POULET

Le poulet est une alternative intéressant à ce plat populaire. Vous pouvez réduire du tiers (1/3) la quantité de gras demandée pour l'alléger.

1,3 kg	*poulet haché*	*3 lb*
500 ml à	*bouillon de poulet*	*2 à 4 tasses*
1 litre		
2 ml ch.	*sel et poivre*	*1/2 c. à thé*
450 g	*gras de porc*	*1 lb*
2	*oignons moyens hachés*	*2*
1	*gousse d'ail dégermée hachée*	*1*
Au goût	*muscade moulue*	*au goût*
Au goût	*cannelle*	*au goût*
Au goût	*girofle*	*au goût*

• Dans une casserole, déposer le poulet et mouiller de bouillon à la hauteur (c'est-à-dire couvrir complètement le poulet du liquide). • Assaisonner et cuire à faible ébullition durant 25 minutes. • Retirer la viande et le bouillon puis réserver au chaud. • Dans la même casserole, faire fondre le gras de porc et y suer les oignons 4 à 5 minutes. • Remettre la viande et le bouillon dans la casserole. • Ajouter l'ail, la muscade, la cannelle, le girofle et cuire en mélangeant régulièrement jusqu'à ce qu'il n'y ait plus de liquide, environ 30 minutes. • Verser le mélange dans des gobelets ou des ramequins froids. Laisser prendre au froid. • Servir avec des petits croûtons.

Temps de préparation : 25 à 30 min   Temps de cuisson : 1 heure

FILO DE POULET ET DE BRIE

Ce plat appétissant à base de poulet haché est inspiré d'une recette du chef Patrick Rémond de Chomedey (Laval). La pâte filo lui donne une texture à la fois croquante et légère.

1	*blanc de poireau taillé en fines juliennes*	1
300 g	*poulet haché*	2/3 lb
1	*échalote sèche hachée*	1
60 ml	*fenouil haché*	1/4 tasse
1	*gousse d'ail dégermée et hachée*	1
170 g	*brie sans croûte, coupé en morceaux*	1/3 lb
8	*feuilles de menthe hachées*	8
	(séchées : 5 ml/1 c. à thé)	
8	*feuilles de pâte feuilletée de type filo*	8
125 ml	*beurre ou margarine fondu*	1/2 tasse
1	*jaune d'oeuf*	1
1 ml ch.	*sel et poivre*	1/4 c. à thé ch.

• Préchauffer le four à 200 °C (400 °F). • Dans une marguerite, faire cuire à la vapeur la julienne de poireau pendant 10 minutes. • Dans un bol, mélanger ensemble le poulet, le poireau, l'échalote, le fenouil, l'ail, le brie et la menthe. Assaisonner et réserver. • À l'aide d'un pinceau, badigeonner de beurre une feuille de pâte filo. Déposer une seconde feuille sur la première, beurrer à nouveau et recouvrir d'une troisième feuille. • Découper les trois feuilles superposées en deux et déposer le quart du mélange de poulet sur chacune des sections de pâte. Refermer la pâte en formant un baluchon ou un pâté et badigeonner de beurre clarifié. • Répéter l'opération avec les trois autres feuilles de façon à obtenir 4 petits pâtés. • Déposer sur une plaque beurrée allant au four et cuire 20 à 25 minutes ou jusqu'à ce que le filo soit bien coloré. • Servir aussitôt accompagné d'une salade fraîche.

Temps de préparation : 30 min   *Temps de cuisson : 25-30 min*
Nombre de portions : 4

HAMBURGERS AU POULET ET À LA MENTHE

Ces hamburgers constituent un moyen ingénieux d'échapper à la routine quotidienne.

450 g	*poulet haché*	1 lb
1	*oeuf*	1
80 ml	*oignon moyen, haché*	1/3 tasse
	zeste d'un demi-citron	
30 ml	*menthe fraîche hachée*	2 c. à table
	(séchée : 5 ml/1 c. à thé)	
10 ml	*moutarde de Dijon ou à l'ancienne*	2 c. à thé
2 ml	*sel*	1/2 c. à thé
1 ml	*poivre*	1/4 c. à thé
4	*pains au choix*	4
1	*tomate*	1
1 boîte	*coeurs d'artichauts en conserve (398 ml/14 oz)*	1 boîte

La menthe poivrée et la menthe verte sont parmi les types de menthe les plus courants. La menthe poivrée possède une forte odeur; une petite quantité suffit amplement. Les cuisines arabes et indiennes en font grand usage, dans le taboulé, les shish kebab, la crème sure, le thé, etc. Vous pouvez remplacer les feuilles de menthe fraîches par des feuilles de menthe séchées ou par du basilic.

Équivalences du GAC

Produits céréaliers	3
Légumes et fruits	1 1/2
Produits laitiers	3
Viandes et substituts	3
Matières grasses	8

Si vous possédez un robot, vous pouvez hacher vous-même le poulet (poitrines, cuisses dédossées sans peau ou un mélange des deux). Sinon, demandez à votre boucher de hacher votre poulet comme vous l'aimez. Le poulet haché ne se conserve pas plus d'un jour au réfrigérateur.

Des garnitures à l'infini... Pourquoi ne pas essayer cornichons, piments piquants, rondelles d'oignon, luzerne ou fromage.

Quand on utilise des garnitures ou des condiments savoureux comme la moutarde de Dijon, le pesto, la mayonnaise légère, les piments forts marinés, la salsa, etc., on n'a pas besoin de beurrer son pain!

• Dans un bol, combiner le poulet, l'oeuf, le zeste, la menthe, la moutarde, le sel et le poivre. • Chauffer le barbecue à intensité moyenne et huiler la grille. • Cuire les boulettes 8 à 10 minutes ou jusqu'à ce que le poulet ait perdu sa couleur rosée. On peut aussi cuire les boulettes dans un poêlon, sur la cuisinière. • Déposer les boulettes sur les pains et garnir d'une tranche de tomate et de coeurs d'artichauts émincés ainsi que d'un condiment de votre choix. • Couvrir avec l'autre partie du pain et servir aussitôt.

> Temps de préparation : 15 min   Temps de cuisson : 8-10 min
> Nombre de portions : 4

HAMBURGERS AU POULET ET À L'ANETH

Laissez-vous inspirer par cette recette de hamburgers qui peut être exécutée avec d'autres variétés d'herbes telles que l'estragon, le thym ou le basilic.

450 g	poulet haché	1 lb
1	oeuf	1
15 ml	aneth frais haché (séché : 2 ml/1/2 c. à thé)	1 c. à table
60 ml	oignon râpé	1/4 tasse
30 ml	moutarde de Dijon	2 c. à table
2	gousses d'ail dégermées hachées	2
15 ml	graines d'aneth	1 c. à table
2 ml	sel	1/2 c. à thé
1 ml	poivre	1/4 c. à thé
4	pains au choix	4
4	tranches de fromage Oka	4
4	cornichons émincés	4

• Dans un bol, préparer le mélange de poulet, d'oeuf, d'aneth, d'oignon, de moutarde, d'ail, de graines d'aneth, de sel et de poivre. • Façonner le mélange en 4 boulettes uniformes. • Chauffer le barbecue à intensité moyenne et huiler la grille. • Cuire les boulettes 8 à 10 minutes ou jusqu'à ce que le poulet ait perdu sa couleur rosée. On peut aussi cuire les boulettes dans un poêlon sur la cuisinière. • Déposer la boulette sur le pain et garnir d'une tranche de fromage Oka, de cornichons émincés ainsi que d'un condiment de votre choix. • Couvrir de la partie supérieure du pain et servir aussitôt.

> Temps de préparation : 15 min   Temps de cuisson : 8-10 min
> Nombre de portions : 4

HAMBURGERS AU POULET ET AU BASILIC

Voici une délicieuse et nourrissante recette de hamburgers qui se prête bien à nos produits automnaux.

450 g	poulet haché	1 lb
1	oeuf	1
60 ml	chapelure	1/4 tasse
60 ml	parmesan râpé	1/4 tasse
15 ml	basilic frais haché (séché : 5 ml/1 c. à thé)	1 c. à table
5 ml	pâte de tomates	1 c. à thé
30 ml	dés de tomates	2 c. à table
2	gousses d'ail dégermées hachées	2
15 ml	pignons concassés ou amandes en lamelles	1 c. à table
2 ml	sel	1/2 c. à thé
1 ml	poivre	1/4 c. à thé
4	pains au choix	4
1	tomate	1
1	oignon rouge finement émincé ou laitue	1

• Dans un bol, mélanger ensemble le poulet, l'oeuf, la chapelure, le parmesan, le basilic, la pâte de tomates, les tomates, l'ail, les pignons, le sel et le poivre. • Façonner le mélange en 4 boulettes uniformes. • Chauffer le barbecue à intensité moyenne et huiler la grille. • Cuire les boulettes 8 à 10 minutes ou jusqu'à ce que le poulet ait perdu sa couleur rosée. On peut aussi cuire les boulettes dans un poêlon sur la cuisinière. • Déposer la boulette sur le pain et garnir d'une tranche de tomate, d'oignon et d'un condiment de votre choix. • Couvrir de la partie supérieure du pain et servir aussitôt.

Temps de préparation : 15 min	Temps de cuisson : 8-10 min
Nombre de portions : 4	

HAMBURGERS AU POULET ET AU TOFU

Cette recette de hamburgers vous permettra de confondre les sceptiques du tofu.

250 g	poulet haché	1/2 lb
1 paquet	tofu écrasé (297 g/10 1/2 oz)	1 paquet
10 ml	vin blanc sec ou bouillon de poulet	2 c. à thé
5 ml	moutarde de Dijon	1 c. à thé
80 ml	chapelure fraîche	1/3 tasse
2 ml	thym frais haché (séché : 1 ml/1/4 c. à thé)	1/2 c. à thé
2 ml	sel	1/2 c. à thé
1 ml	poivre en grains concassés	1/4 c. à thé
4	pains au choix	4
1/2	concombre anglais	1/2
1	tomate rouge	1

Si vous possédez un robot, vous pouvez hacher vous-même le poulet (poitrines, cuisses désossées sans peau ou un mélange des deux). Sinon, demandez à votre boucher de hacher votre poulet comme vous l'aimez. Le poulet haché ne se conserve pas plus d'un jour au réfrigérateur.

Équivalences du GAC

Produits céréaliers	8
Légumes et fruits	3
Produits laitiers	—
Viandes et substituts	3 à 4
Matières grasses	—

Le tofu peut être vendu en vrac baignant dans l'eau ou enveloppé. S'il est en vrac, assurez-vous qu'il est bien frais et que les conditions d'hygiène sont adéquates. L'eau devrait être propre et personne ne devrait toucher le tofu avec ses mains. Le tofu empaqueté demeure le plus sûr et une date d'expiration doit toujours être apposée sur l'emballage. Le tofu frais se conserve au réfrigérateur ou au congélateur. Si vous le réfrigérez, mettez-le dans un récipient baignant dans de l'eau que vous changerez tous les jours ou aux deux jours. Si vous préférez le congeler, placez-le dans un récipient hermétique. La décongélation peut s'effectuer à la température de la pièce ou dans de l'eau bouillante.

• Dans un bol, mélanger ensemble le poulet, le tofu, le vin, la moutarde, la chapelure, le thym, le sel et le poivre. • Façonner en 4 boulettes uniformes. • Chauffer le barbecue à intensité moyenne et huiler la grille. • Cuire les boulettes 8 à 10 minutes ou jusqu'à ce que le poulet ait perdu sa couleur rosée. On peut aussi faire cuire les boulettes dans un poêlon sur la cuisinière. • Déposer les boulettes sur les pains et garnir de concombre émincé, de tranches de tomate et d'un condiment de votre choix.

Temps de préparation : 15 min	Temps de cuisson : 8-10 min
Nombre de portions : 4	

HAMBURGERS AU POULET ET AUX CREVETTES

Une fois de plus, le poulet et la crevette vont de pair. Une recette ingénieuse qui ne manquera pas de surprendre vos convives.

450 g	poulet haché	1 lb
60	mini-crevettes en conserve	1/4 tasse
5 ml	sauce aux huîtres ou hoisin	1 c. à thé
1	oeuf	1
80 ml	chapelure	1/3 tasse
2 ml	sauce soya	1/2 c. à thé
2	gousses d'ail dégermées hachées	2
5 ml	miel liquide	1 c. à thé
2 ml	sel	1/2 c. à thé
1 ml	poivre	1/4 c. à thé
4	pains au choix	4
4	feuilles de laitue raddichio ou autres laitues	4
4	radis émincés finement	4

• Dans un bol, mélanger ensemble le poulet, les mini-crevettes, la sauce aux huîtres, l'oeuf, la chapelure, la sauce soya, l'ail, le miel, le sel et le poivre. • Façonner le mélange en 4 boulettes uniformes. • Chauffer le barbecue à intensité moyenne et huiler la grille. • Cuire les boulettes 8 à 10 minutes ou jusqu'à ce que le poulet ait perdu sa couleur rosée. On peut aussi cuire les boulettes dans un poêlon sur la cuisinière. • Déposer les boulettes sur les pains et garnir d'une feuille de laitue raddichio, de tranches fines de radis et d'un condiment de votre choix. • Couvrir de la partie supérieure du pain et servir aussitôt.

Temps de préparation : 15 min	Temps de cuisson : 8-10 min
Nombre de portions : 4	

Équivalences du GAC

Produits céréaliers	8
Légumes et fruits	3
Produits laitiers	—
Viandes et substituts	4
Matières grasses	—

Si vous possédez un robot, vous pouvez hacher vous-même le poulet (poitrines, cuisses désossées sans peau ou un mélange des deux). Sinon, demandez à votre boucher de hacher votre poulet comme vous l'aimez. Le poulet haché ne se conserve pas plus d'un jour au réfrigérateur.

Des pains kaiser coupés en deux ajoutent un brin de nouveauté aux traditionnels hamburgers. Privilégiez les pains de grains entiers.

Équivalences du GAC

Produits céréaliers	8
Légumes et fruits	2
Produits laitiers	—
Viandes et substituts	4
Matières grasses	—

HAMBURGERS AU POULET ET AUX POIVRONS

Cette excellente recette de hamburgers vous ravira par ses saveurs inattendues. En effet, la moutarde et les poivrons forment un mélange de goûts prodigieux.

450 g	poulet haché	1 lb
60 ml	oignons verts émincés	1/4 tasse
1	oeuf	1
1/4	poivron rouge haché	1/4
1/4	poivron vert haché	1/4
15 ml	moutarde de Dijon	1 c. à table
1 ml	sauce Tabasco	1/4 c. à thé
2	gousses d'ail dégermées hachées	2
1 ml	coriandre moulue	1/4 c. à thé
2 ml	sel	1/2 c. à thé
1 ml	poivre	1/4 c. à thé
4	pains au choix	4
1	boîte de mini-maïs en conserve	1
4	feuilles de laitue ou luzerne	4

• Dans un bol, mélanger ensemble le poulet, les oignons, l'oeuf, les poivrons, la moutarde, la sauce, l'ail, la coriandre, le sel et le poivre. • Façonner le mélange en 4 boulettes. • Chauffer le barbecue à intensité moyenne et huiler la grille. • Cuire les boulettes 8 à 10 minutes ou jusqu'à ce que le poulet ait perdu sa couleur rosée. On peut aussi cuire les boulettes dans un poêlon sur la cuisinière. • Déposer la boulette sur le pain et garnir des mini-maïs, d'une feuille de laitue et d'un condiment de votre choix. • Couvrir de la partie supérieure du pain et servir aussitôt.

Temps de préparation : 15 min	Temps de cuisson : 8-10 min
Nombre de portions : 4	

LASAGNE AU POULET

Un plat classique qui sort de la routine par ces nouvelles composantes. La sauce, à base de poulet haché, peut être congelée et utilisée à tout moment.

12	pâtes à lasagne régulières ou aux épinards	12
1 l	sauce à la viande à base de poulet	4 tasses
180 ml	fromage cottage	3/4 tasse
375 ml	cheddar râpé	1 1/2 tasse

• Préchauffer le four à 190 °C (375 °F). • Cuire les lasagnes à l'eau bouillante salée. • Réchauffer la sauce à la viande en mélangeant régulièrement. • Déposer une couche de pâtes à lasagne dans le fond d'un plat à gratin. • Garnir le dessus des pâtes du tiers (1/3) de la sauce en l'étalant uniformément. • Verser sur la sauce le tiers (1/3) du fromage cottage et répéter 2 autres fois les deux opérations précédentes. • Terminer avec les lasagnes et couvrir de cheddar râpé. • Cuire au four durant 25 à 30 minutes. • Servir avec une salade fraîche.

Temps de préparation : 15 min	Temps de cuisson : 30 min
Nombre de portions : 4 à 6	

Si vous possédez un robot, vous pouvez hacher vous-même le poulet (poitrines, cuisses désossées sans peau ou un mélange des deux). Sinon, demandez à votre boucher de hacher votre poulet comme vous l'aimez. Le poulet haché ne se conserve pas plus d'un jour au réfrigérateur.

Plutôt que de servir ce hamburger avec des frites, accompagnez-le par des tranches de pommes de terre en papillotes, cuites sur le barbecue.

Équivalences du GAC

Produits céréaliers	8
Légumes et fruits	5
Produits laitiers	—
Viandes et substituts	3 à 4
Matières grasses	—

Sauce à la viande, voir page 184.

Le cheddar «régulier» peut renfermer jusqu'à 31 % de matières grasses. On peut cependant se procurer de l'excellent cheddar à teneur réduite en gras. Privilégiez celui qui contient 20 % ou moins de matières grasses, selon votre préférence.

Équivalences du GAC

Produits céréaliers	6
Légumes et fruits	24
Produits laitiers	—
Viandes et substituts	8 à 10
Matières grasses	4

Vous utilisez peut-être du pain brun pour faire votre chapelure. Attention! Le pain brun n'est pas synonyme de pain de blé entier. Il peut être tout simplement coloré avec de la mélasse ou du caramel. Recherchez donc les étiquettes qui mentionnent 100 % de blé entier. Voir annexe pour étiquetage, page 207.

On peut aussi servir cette savoureuse farce dans des pains pitas.

6	oignons moyens	6
10 ml	beurre ou margarine	2 c. à thé
10 ml	huile	2 c. à thé
250 g	poulet haché	1/2 lb
1 ml ch.	muscade et girofle moulus	1/4 c. à thé ch.
1 pincée	poivre de Cayenne	1 pincée
500 ml	feuilles d'épinards, lavées, essorées, déchiquetées	2 tasses
1	oeuf battu	1
250 ml	chapelure	1 tasse
2 ml	sel	1/2 c. à thé
1 ml	poivre	1/4 c. à thé
250 ml	bouillon de poulet	1 tasse

• Préchauffer le four à 180 °C (350 °F). • Peler les oignons, enlever la partie supérieure et la base. • Enlever l'intérieur en conservant les 2 dernières couches extérieures de façon à obtenir un petit contenant. • Hacher l'oignon qui a été enlevé, réserver. • Dans une casserole, faire blanchir les oignons évidés à l'eau bouillante salée durant 4 à 5 minutes. • Retirer de l'eau, égoutter sur un linge et réserver. • Dans une poêle, faire chauffer le beurre et l'huile. • Cuire le poulet à feu moyen-vif en remuant constamment pour défaire les morceaux. Cuire 4 à 5 minutes puis ajouter l'oignon haché, la muscade, le girofle et le poivre de Cayenne. Poursuivre la cuisson 3 à 4 minutes ou jusqu'à ce que les oignons soient tendres et transparents.
• Ajouter les épinards lavés et continuer la cuisson 3 minutes jusqu'à ce que les épinards aient perdu leur couleur vert clair.
• Incorporer, hors du feu, l'oeuf et la chapelure en mélangeant énergiquement. Rectifier l'assaisonnement et farcir les oignons évidés de ce mélange. • Déposer les oignons dans un plat allant au four et mouiller avec le bouillon. • Cuire au four durant 10 minutes, recouvrir d'un papier d'aluminium et poursuivre la cuisson 10 autres minutes ou jusqu'à ce que les oignons soient tendres. • Servir dans un plat creux avec un peu de bouillon au fond. • Garnir d'une brindille d'herbe fraîche.

Temps de préparation : 25 min   Temps de cuisson : 45-50 min
Nombre de portions : 6

Équivalences du GAC

Produits céréaliers	2
Légumes et fruits	11 1/2
Produits laitiers	—
Viandes et substituts	2
Matières grasses	1

PAIN DE POULET AUX PISTACHES

Il existe une multitude de façons d'apprêter le poulet haché.
C'est ce qui en fait un aliment des plus intéressants.

10 ml	beurre ou margarine	2 c. à thé
10 ml	huile	2 c. à thé
60 ml	oignons hachés	1/4 tasse
60 ml	champignons tranchés	1/4 tasse
30 ml	céleri haché	2 c. à table
450 g	poulet haché	1 lb
60 ml	son ou avoine en flocons	1/4 tasse
60 ml	pistaches ou autres noix	1/4 tasse
2	oeufs	2
30 ml	lait	2 c. à table
2 ml	thym frais haché (séché : une pincée)	1/2 c. à thé
1 ml	sel et poivre	1/4 c. à thé

• Préchauffer le four à 180 °C (350 °F). • Dans une casserole, faire chauffer le beurre et l'huile. • Y faire suer l'oignon. Ajouter les champignons et le céleri lorsque l'oignon est devenu transparent. • Dans un grand bol, ajouter les légumes aux autres ingrédients. • Mélanger de façon à obtenir une pâte homogène.
• Beurrer un moule de 1,5 litre de volume. • Y verser le mélange et frapper légèrement le moule pour rendre la pâte compacte.
• Cuire au four pendant 40 minutes et laisser reposer quelques minutes avant de servir. • Il est préférable de préparer ce pain à l'avance. Il se congèle bien en portions individuelles. • Servir chaud ou froid avec un chutney de fruits.

> Temps de préparation : 15-20 min   Temps de cuisson : 45 min
> Nombre de portions : 4

PÉPITES DE POULET

Ces petites bouchées portent bien leur nom en raison de la richesse de leurs saveurs et de leur diversité d'utilisation. Elles peuvent être servies en cocktail, sur des pâtes ou en casse-croûte lors d'une fête d'enfants.

10 ml	beurre ou margarine	2 c. à thé
1	oignon moyen haché	1
1	gousse d'ail dégermée hachée	1
5 ml	thym frais haché (séché : 1 ml/1/4 c. à thé)	1 c. à thé
15 ml	jus de citron	1 c. à table
450 g	poulet haché	1 lb
5 ml	moutarde de Dijon	1 c. à thé
60 ml	chapelure	1/4 tasse
2 ml	sel	1/2 c. à thé
1 ml	poivre	1/4 c. à thé
125 ml	craquelins émiettés	1/2 tasse
60 ml	farine de blé	1/4 tasse
5 ml	paprika	1 c. à thé
1 ml	poivre de Cayenne	1/4 c. à thé
1	oeuf	1
15 ml	lait	1 c. table

Équivalences du GAC

Produits céréaliers	—
Légumes et fruits	1
Produits laitiers	—
Viandes et substituts	5
Matières grasses	1

Le **chou de Savoie** ressemble plus à de la laitue frisée qu'à un chou pommé. Sa texture est tendre et sa saveur plus douce que celle du chou vert ou rouge.

Saviez-vous que parmi les choux, ce sont les choux de Savoie et chinois qui renferment le plus de vitamine A. On peut le remplacer par du chou vert.

Le chou fait partie de la famille des Brassica qui inclut également le brocoli, les choux de Bruxelles, le chou-fleur et le navet. Des recherches indiquent que les légumes de cette famille aident à prévenir certains cancers du tractus gastro-intestinal : cancers du côlon, de l'estomac et de l'oesophage. Ce sont tous des aliments qui contiennent une bonne quantité de fibres et de vitamines.

• Dans une poêle, faire chauffer le beurre. • Y faire suer l'oignon, l'ail et le thym environ 5 minutes. Déglacer avec le jus de citron et réserver au frais. • Dans un bol, mélanger ensemble le poulet, la moutarde, la chapelure, le mélange réservé au frais, le sel et le poivre. Façonner le mélange en petites bouchées de forme ovale de 1 cm (1/2 pouce) d'épaisseur. • Parallèlement, combiner les craquelins, la farine, le paprika et le poivre. Battre l'oeuf et le lait dans un plat creux. • Enfariner les bouchées de poulet, les tremper dans le mélange d'oeuf et de lait puis les enrober du mélange de craquelins. • Faire chauffer l'huile dans une friteuse à 190 °C (375 °F). Cuire le poulet à grande friture de façon à lui donner une belle coloration, environ 6 à 8 minutes. Terminer la cuisson au four durant 10 à 12 minutes.

Temps de préparation : 20-25 min   Temps de cuisson : 20-25 min
Nombre de portions : 2

PETITS CHOUX FARCIS DE POULET

Un plat alléchant que l'on peut préparer comme entrée ou comme plat principal.

450 g	poulet haché	1 lb
1	chou de Savoie, grosseur moyenne	1
3	tranches de pain de blé entier sans croûte	3
125 ml	lait	1/2 tasse
1	gousse d'ail dégermée hachée	1
1	oeuf entier	1
1	échalote sèche hachée	1
5 ml	graines d'aneth concassées	1 c. à thé
3	champignons hachés	3
1	oignon émincé	1
15 ml	huile	1 c. à table
1	boîte de tomates étuvées, coupées en dés (540 ml/19 oz)	1
Au goût	poivre	au goût

• Préchauffer le four à 180 °C (350 °F). • Dans une eau bouillante salée, faire blanchir 8 feuilles de chou pendant 2 minutes. Égoutter et réserver. • Dans un plat creux, faire tremper le pain dans le lait 1 à 2 minutes de façon à le ramollir. Y ajouter le poulet, l'ail, l'oeuf, l'échalote, l'aneth, les champignons et assaisonner (sel et poivre au goût). Mélanger bien tous les ingrédients et façonner en 4 boulettes. • Former 4 choux en enfermant les boulettes au centre des feuilles de chou. • Dans une cocotte, faire revenir l'oignon dans l'huile de 3 à 4 minutes; ajouter les tomates, le poivre puis y déposer les choux. • Porter à ébullition, couvrir et cuire au four 40 minutes.

Temps de préparation : 15-20 min   Temps de cuisson : 45 min
Nombre de portions : 4

PETITS ROULEAUX DE PRINTEMPS AU POULET

Ce plat à caractère exotique utilise le poulet haché, un produit qui gagne à être connu pour sa versatilité.

10 ml	beurre ou margarine	2 c. à thé
10 ml	huile de sésame ou d'arachide	2 c. à thé
200 g	poulet haché	1/2 lb
1/2	oignon moyen haché ou 2 oignons verts hachés finement	1/2
125 ml	champignons hachés	1/2 tasse
80 ml	carotte râpée finement	1/3 tasse
80 ml	radis ou châtaignes d'eau hachés grossièrement	1/3 tasse
15 ml	sauce soya	1 c. à table
15 ml	vin blanc ou vinaigre blanc ou de riz	1 c. à table
15 ml	bouillon de poulet	1 c. à table
1 pincée	sucre	1 pincée
250 ml	fèves germées	1 tasse
15 ml	fécule de maïs	1 c. à table
8	galettes de riz	8
2 ml	sel	1/2 c. à thé
1 ml	poivre	1/4 c. à thé

• Dans une casserole, faire chauffer le beurre et l'huile. • Faire cuire le poulet à feu vif 3 à 4 minutes puis ajouter l'oignon, les champignons, les carottes et les radis. • Mouiller avec le mélange de sauce soya, vin, bouillon et sucre. • Cuire à feu doux 8 à 10 minutes ou jusqu'à ce que les légumes soient tendres. • Ajouter les fèves germées et faire la liaison avec la fécule délayée dans la même quantité d'eau; cuire 2 à 3 autres minutes. • Retirer du feu et réserver au frais (jusqu'au lendemain si désiré). Égoutter le mélange avant de faire les rouleaux. • Il est important de préparer les rouleaux un à la fois. • Détremper la galette de riz dans un grand bol d'eau chaude et l'étaler sur le plan de travail. • La garnir avec 45 ml (3 c. à table) de l'appareil et la fermer en la roulant sur elle-même. • Sceller les extrémités en les mouillant avec un peu d'eau. • Répéter les 3 dernières opérations pour chaque rouleau. • Servir les rouleaux tièdes ou froids avec une sauce de votre choix, garnis de persil ou de cresson.

Temps de préparation : 25-30 min	Temps de macération : 12 heures
Temps de cuisson : 15 min	Nombre de portions : 4

Si vous possédez un robot, vous pouvez hacher vous-même le poulet (poitrines, cuisses désossées sans peau ou un mélange des deux). Sinon, demandez à votre boucher de hacher votre poulet comme vous l'aimez. Le poulet haché ne se conserve pas plus d'un jour au réfrigérateur.

Vous pouvez ajouter des crevettes hachées. Utilisez des tortillas de blé pour remplacer les galettes de riz mais sans les mouiller. Les galettes de riz ressemblent à des feuilles de papier épais et translucide. Les galettes sont offertes chez votre épicier à la section des produits de boulangerie ou dans les boutiques spécialisées.

Sauce-trempette :

• 30 ml (2 c. à table) de sauce de poisson (nuoc nam), sauce aux huîtres ou sauce aux prunes • 15 ml (1 c. à table) d'eau • 45 ml (3 c. à table) de vinaigre de riz (ou autre) ou jus de citron • 60 ml (1/4 tasse) de jus d'orange

Équivalences du GAC

Produits céréaliers	4
Légumes et fruits	5
Produits laitiers	—
Viandes et substituts	1 à 2
Matières grasses	1

La pâte feuilletée de type filo est un bon moyen de remplacer la pâte feuilletée très riche en matières grasses.

La crème est très utilisée en cuisine parce qu'elle confère aux aliments une saveur douce et une texture onctueuse.

Cependant, vous pouvez lui substituer des produits moins gras comme le yogourt, le lait évaporé, le lait, le babeurre ou la crème sure.

Un plat très particulier qui fait bonne figure lors d'un anniversaire. Cette recette plaît dès le premier coup d'oeil.

900 g	poulet haché	2 lb
45 ml	moutarde de Dijon	3 c. à table
45 ml	câpres hachées finement	3 c. à table
45 ml	oignons verts hachés	3 c. à table
30 ml	sauce soya	2 c. à table
5 ml	ail dégermé haché	1 c. à thé
1 ml	poivre de Cayenne	1/4 c. à thé
2 ml	sel	1/2 c. à thé
1 ml	poivre	1/4 c. à thé
15 ml	beurre ou margarine	1 c. à table
15 ml	huile	1 c. à table
80 ml	beurre ou margarine fondu	1/3 tasse
6	feuilles de pâte feuilletée de type filo	6
1	échalote sèche hachée	1
375 ml	pleurotes ou champignons blancs	1 1/2 tasse
125 ml	crème 35 % ou 15 % chapêtre	1/2 tasse
250 ml	bouillon de poulet	1 tasse

• Préchauffer le four à 180 °C (350 °F). • Dans un grand bol, mélanger ensemble le poulet, la moutarde, les câpres, les oignons, la sauce soya, l'ail, le poivre de Cayenne, le sel et le poivre. • Façonner le mélange en six (6) carrés égaux. • Dans une poêle, faire chauffer le beurre et l'huile. Y cuire les carrés à feu moyen durant 4 à 5 minutes de façon à former une croûte à la surface du carré. Réserver pour refroidir. • Badigeonner de beurre fondu une feuille de pâte filo et y déposer un carré de viande au centre. Enfermer la viande dans la feuille de pâte filo comme pour emballer un paquet. Répéter l'opération pour les 5 autres carrés de viande. • Badigeonner de beurre la surface des carrés et cuire dans un plat beurré allant au four durant 8 à 10 minutes ou jusqu'à ce que la pâte soit bien dorée. • Nettoyer les pleurotes et les hacher grossièrement. Dans une casserole, faire suer au beurre l'échalote et les pleurotes durant 4 à 5 minutes. • Assaisonner, mouiller de la crème et du bouillon. Porter à ébullition et réduire jusqu'à consistance de sauce environ 7 à 8 minutes. • Passer la sauce au mélangeur et réserver au chaud. Dresser les portions de poulet et napper de la crème de pleurotes.

Temps de préparation : 25-30 min   Temps de cuisson : 25-30 min
Nombre de portions : 6

Équivalences du GAC

Produits céréaliers	—
Légumes et fruits	2
Produits laitiers	—
Viandes et substituts	6 à 8
Matières grasses	10

SAUCE À LA VIANDE À BASE DE POULET

Rien ne s'adapte mieux au style de vie d'aujourd'hui que
le poulet. Innovez en utilisant le poulet haché dans vos plats
quotidiens. Une sauce originale inspirée d'une recette du chef
Yves Watier de la Charcuterie du Vieux Longueuil.

1 kg	poulet haché	2,5 lb
1/2	oignon haché	1/2
30 ml	beurre ou margarine	2 c. à table
30 ml	huile d'olive	2 c. à table
250 ml	oignons émincés	1 tasse
250 ml	céleri haché	1 tasse
250 ml	carottes râpées	1 tasse
1	poivron vert émincé	1
2	gousses d'ail dégermées hachées	2
5 ml	thym	1 c. à thé
5 ml	origan	1 c. à thé
2	feuilles de laurier	2
350 ml	pâte de tomates	1 1/3 tasse
1,3 l	jus de tomates	5 1/4 tasses
750 ml	tomates étuvées, coupées en cubes	3 tasses
20 ml	sucre	4 c. à thé

• Mettre le poulet dans une casserole avec l'oignon et mouiller
complètement avec de l'eau. Porter à ébullition et laisser mijoter
45 minutes. Égoutter et réserver le jus pour rectifier
la consistance de la sauce. • Dans la même casserole, chauffer
le beurre et l'huile. • Y faire suer les légumes jusqu'à ce qu'ils
aient jeté leur jus. • Ajouter la viande, les épices, la pâte de
tomates, le jus, les tomates et le sucre. • Laisser mijoter 2 heures,
rectifier la consistance et l'assaisonnement.

Temps de préparation : 15 min	Temps de cuisson : 2 h 50 min
Nombre de portions : 14	

Selon la Loi et
règlements sur les
aliments et drogues
de Santé et Bien-
être social Canada,
les viandes hachées
extra-maigres ne
doivent pas contenir
plus de 10% de
gras, les viandes
hachées maigres,
pas plus de 17 %.
Le boeuf haché mi-
maigre, pas plus de
23 % et le boeuf
haché ordinaire,
pas plus de 30 %.
Vous trouverez
aussi sur le marché
du boeuf haché
extra-maigre. Sa
teneur en gras
devrait être spécifiée
sur l'emballage.
Présentement, il
existe des lignes
directrices, mais
aucun règlement
n'est en vigueur
concernant
l'indication du
contenu en matières
grasses sur
l'emballage de la
dinde, du poulet,
du porc, de
l'agneau et du veau
hachés.

Afin d'élever la
teneur en fibres de
cette recette, vous
pouvez ajouter des
lentilles cuites en ne
mettant que 125 ml
(1/2 tasse) de
carottes et en
complétant avec
125 ml (1/2 tasse)
de lentilles;
ajoutez-les en fin de
cuisson.

Équivalences du GAC

Produits céréaliers	—
Légumes et fruits	24
Produits laitiers	—
Viandes et substituts	8 à 10
Matières grasses	4

*La meilleure façon de conserver les **champignons** frais au réfrigérateur est de les entreposer tels quels dans un sac de papier brun percé de quelques trous. Le plastique favorise la condensation et l'humidité accélère l'altération des champignons.*

*La **crème** est très utilisée en cuisine parce qu'elle confère aux aliments une saveur douce et une texture onctueuse. Cependant, vous pouvez lui substituer des produits moins gras comme le yogourt, le lait évaporé, le lait, le babeurre ou la crème sure.*

Cette recette se présente très bien en entrée en toutes saisons puisque les champignons de Paris sont toujours très faciles à trouver. Une autre trouvaille du chef Patrick Rémond de Chomedey (Laval).

300 g	poulet haché	2/3 lb
16	gros champignons blancs ou de Paris	16
	jus de 1/2 citron	
2	oignons verts hachés	2
60 ml	persil haché	1/4 tasse
15 ml	sauce Worcestershire	1 c. à table
30 ml	crème 35 % ou 15 % champêtre	2 c. à table
3	gousses d'ail dégermées hachées	3
30 ml	fromage parmesan râpé	2 c. à table
1 ml ch.	sel et poivre	1/4 c. à thé

• Préchauffer le four à 190 °C (375 °F). • Détacher le pied des champignons de leur tête. Arroser les têtes de jus de citron et hacher finement les pieds. Réserver. • Dans un bol, mélanger ensemble le poulet, l'oignon, le persil, la sauce et la crème. Assaisonner et réserver. • Déposer un peu d'ail dans les fonds de têtes de champignons, assaisonner et remplir du mélange de poulet. Façonner pour donner une belle forme à la préparation. • Dans un autre bol à mélanger, incorporer de façon homogène les queues de champignons hachées et le parmesan. Saupoudrer les têtes de ce mélange et déposer dans un plat beurré allant au four. • Cuire au four 20 à 25 minutes. • Servir aussitôt, accompagnées de pâtes fraîches ou de nouilles de riz aromatisées d'herbes fraîches.

Temps de préparation : 20-25 min	Temps de cuisson : 25 min
Nombre de portions : 4	

Équivalences du GAC

Produits céréaliers	—
Légumes et fruits	3 1/2
Produits laitiers	—
Viandes et substituts	2 1/2 à 3
Matières grasses	1

TOURTIÈRE AU POULET ET AU PORC

Rares sont les gens qui ne connaissent pas la fameuse tourtière québécoise. Même le poulet se mêle à la fête pour ce plat traditionnel.

15 ml	beurre ou margarine	1 c. à table
1	oignon moyen haché	1
250 g	poulet haché	1/2 lb
250 g	porc haché	1/2 lb
5 ml	sel	1 c. à thé
2 ml	poivre	1/2 c. à thé
Au goût	girofle moulu	au goût
Au goût	muscade moulue	au goût
80 ml	bouillon de poulet	1/3 tasse
1	oeuf battu	1
2	abaisses de pâte brisée	2

• Préchauffer le four à 200 °C (400 °F). • Dans une casserole, faire suer l'oignon au beurre durant 4 à 5 minutes. Ajouter le poulet et le porc puis assaisonner. • Cuire la viande 6 à 8 minutes, ajouter le girofle et la muscade. • Mouiller avec le bouillon et cuire jusqu'à ce que la viande ait absorbé tout le liquide. • Garnir un moule à tarte d'une abaisse de pâte (20 cm/8 pouces de diamètre) et badigeonner les bordures d'oeuf battu. • Égoutter de son gras de cuisson la viande refroidie et déposer dans le moule. Recouvrir d'une autre abaisse de pâte et appuyer sur les bordures pour les sceller. • Perforer le centre du pâté avec la pointe d'un couteau et badigeonner d'oeuf battu. • Cuire au four 20 à 25 minutes et servir avec un mélange de légumes.

Temps de préparation : 15 min	Temps de cuisson : 30-40 min
Nombre de portions : 1 pâté	

RÔTI DE CUISSES ET SA COMPOTE DE PHYSALIS

Quel que soit son nom, savourez le physalis comme il se doit!

10 ml ch.	huile et beurre	2 c. à thé
2 ml	sel	1/2 c. à thé
1 ml	poivre	1/4 c. à thé
1	rôti de cuisses ou de poitrines désossées ou de demi-poulet désossé sans ailes (500 g/1 lb)	1
30 ml	beurre ou margarine	2 c. à table
250 ml	oignons rouges coupés en gros cubes	1 tasse
250 ml	poivrons rouges coupés en gros cubes	1 tasse
2 ml	fécule de maïs	1/2 c. à thé
15 ml	sucre	1 c. à table
125 ml	bouillon de poulet	1/2 tasse
15 ml	jus de citron	1 c. à table
40	physalis pelés, lavés ou tomates cerises	40
2 ml	thym frais haché (séché : 1 pincée)	1/2 c. à thé
4	physalis avec pelure ou tomates cerise	4
4	brindilles de thym frais (facultatif)	4

Plusieurs noms désignent le **PHYSALIS** : alkékenge, cerise de terre, amour en cage, coqueret et cerise d'hiver. Tous se rapportent au fruit provenant d'une plante annuelle originaire d'Amérique du Sud. Il s'agit d'une baie rouge ou jaune verdâtre, de la grosseur d'une cerise et recouverte d'une fine membrane orange brunâtre de la consistance d'une mince feuille de papier. Le physalis, ou cerise de terre, appartient à la même famille que la tomate, l'aubergine, le piment et la pomme de terre. Ce fruit consommé comme un légume est peu juteux et de saveur aigrelette. Les cerises de terre sont composées à 91 % d'eau et contiennent peu de calories (25/100 g).

Demandez à votre boucher de vous préparer votre **rôti** comme vous l'aimez, avec de la poitrine désossée, des cuisses désossées, un mélange de viande blanche et brune ou un demi-poulet désossé sans ailes. Il peut aussi être farci de légumes et/ou de viande hachée assaisonnée.

L'insertion d'ail et de fines herbes dans la viande de poulet lui confère une saveur incomparable. Pour bien compléter ce plat, l'accompagner d'un riz pilaf et de bouquets de brocoli à la vapeur.

À défaut de sirop d'érable, on peut utiliser du miel.

• Chauffer préalablement le four à 190 °C (375 °F). • Assaisonner le poulet. Dans une poêle, faire chauffer l'huile et le beurre. Saisir le rôti sur toutes ses faces. Terminer la cuisson dans un plat beurré allant au four en arrosant régulièrement durant 25 à 30 minutes ou jusqu'à ce que les jus de cuisson soient clairs. • Dans une casserole, faire suer au beurre les oignons et les poivrons durant 3 à 4 minutes. • Dans un bol, délayer la fécule et le sucre avec le bouillon et le jus de citron. • Verser sur les légumes, porter à ébullition et cuire de façon à terminer la liaison. • Réduire l'intensité du feu, incorporer les physalis et le thym. • Cuire à faible ébullition durant 5 minutes jusqu'à ce que les physalis soient très chauds. • Servir le poulet dans une assiette chaude et napper de la sauce. Décorer d'un physalis ouvert avec la pelure et d'une brindille de thym frais.

Temps de préparation : 30 min	Temps de cuisson : 35-40 min
Nombre de portions : 4	

RÔTIS DE POITRINES À L'AIL ET AU ROMARIN

Un plat qui semble familier mais qui prend une toute autre allure quand on y met du poulet.

2	rôtis de poitrines ou de cuisses désossées ou de demi-poulet désossé sans ailes (400 g/1 lb chacun)	2
2	gousses d'ail taillées en biseaux	2
3	petites branches de romarin frais (séché : 2 ml/1/2 c. à thé)	3
30 ml	sirop d'érable	2 c. à table
15 ml	moutarde de Meaux (ou à l'ancienne)	1 c. à table
15 ml	huile	1 c. à table
15 ml	jus de citron	1 c. à table
2 ml	sel	1/2 c. à thé
1 ml	poivre	1/4 c. à thé

• Avec un couteau bien pointu, effectuer de petites entailles sur le dessus des rôtis et y introduire l'ail et le romarin. • Mélanger dans un bol le sirop d'érable, la moutarde, l'huile, le jus de citron, le sel, le poivre et le romarin. • Badigeonner les rôtis sur toutes leurs faces et les déposer sur une plaque à rôtir. Prendre bien soin de placer la partie lisse de la poitrine sur le dessus. • Faire saisir les rôtis dans un four préalablement chauffé à 220 °C (425 °F) pendant 10 minutes. • Poursuivre la cuisson à 180 °C (350 °F) environ 35 à 40 minutes ou jusqu'à ce que les jus qui s'en écoulent soient clairs. • Durant la cuisson, arroser régulièrement les rôtis de façon à ce qu'ils aient une belle coloration.

Temps de préparation : 15 min	Temps de cuisson : 45-50 min
Nombre de portions : 6	

RÔTI DE POITRINES DE POULET À L'ÉTUVÉE DE CHOU

Une recette traditionnellement faite avec des suprêmes d'oie, mais qui acquiert une délicatesse sublime lorsqu'on la prépare avec du poulet.

8	tranches de bacon	8
250 ml	oignons émincés	1 tasse
125 ml	céleri en biseaux	1/2 tasse
30 ml	beurre ou margarine	2 c. à table
2	rôtis de poitrines ou de cuisses désossées ou rôtis de demi-poulet désossé sans ailes (400 g/1 lb chacun)	2
80 ml	jus de pommes	1/3 tasse
7 ml	graines de moutarde ou de carvi	1 1/2 c. à thé
1	petit chou vert coupé en quartiers	1
2	pommes	2
2 ml	sel	1/2 c. à thé
1 ml	poivre	1/4 c. à thé

• Dans une marmite, faire fondre le bacon à feu moyen.
• Extraire le gras puis ajouter l'oignon, le céleri et cuire jusqu'à ce qu'ils soient tendres, environ 3 à 4 minutes. • À l'aide d'une cuillère à trous, retirer le bacon et les légumes. • Ajouter le beurre dans la marmite et faire chauffer. • Y déposer le rôti et le colorer sur toutes ses faces, environ 5 à 10 minutes. • Retirer le rôti et réduire le feu. • Remettre les légumes et le bacon dans le fond de la marmite. • Déposer le poulet sur les légumes de façon à ce qu'il ne soit pas en contact direct avec la marmite. • Mettre le chou sur le poulet pour qu'il cuise à l'étuvé. Cuire à couvert 20 à 25 minutes. • Ajouter les quartiers de pommes et cuire de nouveau à couvert 15 à 20 minutes. • Trancher le rôti et disposer dans une assiette de service avec un peu de garniture de cuisson.
• Arroser légèrement de jus de cuisson.

Temps de préparation : 20 min	Temps de cuisson : 45-60 min
Nombre de portions : 6	

RÔTI DE POULET À LA BIÈRE

La bière, alcool obtenu par la fermentation d'un moût sucré à base de céréales, prend une toute autre dimension dans cette recette.

45 ml	beurre ou margarine	3 c. à table
1	carotte émincée	1
2	branches de céleri émincées en biseaux	2
1	oignon moyen émincé	1
1	blanc de poireau émincé	1
1	rôti de poitrines ou de cuisses désossées ou de demi-poulet désossé sans ailes (454 g/1 lb)	1
2 ml	sel	1/2 c. à thé
1 ml	poivre	1/4 c. à thé
30 ml	brandy ou cognac	2 c. à table
60 ml	bouillon de poulet	1/4 tasse
250 ml	bière	1 tasse
1	bouquet garni	1

Demandez à votre boucher de vous préparer votre *rôti* comme vous l'aimez, avec de la poitrine désossée, des cuisses désossées, un mélange de viande blanche et brune ou un demi-poulet désossé sans ailes. Il peut aussi être farci de légumes et/ou de viande hachée assaisonnée.

Vous pouvez servir ce plat avec une soupe aux lentilles. La lentille fait partie de la famille des légumineuses. Elle est le fruit d'une plante d'origine méditerranéenne. Il en existe plusieurs variétés dont la lentille rouge, la verte et la brune.

On la trouve aussi en conserve. Étant donné sa petite taille, la lentille n'exige pas de trempage et sa cuisson est rapide.

Équivalences du GAC

Produits céréaliers	—
Légumes et fruits	10
Produits laitiers	—
Viandes et substituts	6
Matières grasses	2

Bouquet garni, voir page 63.

Pour savoir comment flamber, voir page 79.

• Dans une casserole, faire suer au beurre les légumes et cuire jusqu'à ce qu'ils soient tendres mais encore croquants. • Retirer et réserver au chaud. • Assaisonner le rôti et le faire cuire dans la même casserole qui a servi à faire cuire les légumes. • Colorer le rôti sur toutes ses faces durant 7 à 8 minutes. • Déglacer au brandy et flamber. Déposer les légumes, réserver autour du rôti et mouiller de bouillon. • Ajouter la bière et le bouquet garni. • Cuire à couvert sur un feu moyen durant 35 à 40 minutes ou jusqu'à ce que les jus de cuisson soient clairs. • Servir le rôti tranché dans une grande assiette de service au centre d'une table.

Temps de préparation : 20 min	Temps de cuisson : 45 à 50 min
Nombre de portions : 4	

RÔTI MÉLANGÉ À L'ORANGE ET À LA MOUTARDE

Dans cette recette, l'orange se marie à la moutarde pour donner une saveur aigre-douce qui saura agrémenter ce rôti de poulet.

5 ml	beurre ou margarine	1 c. à thé
5 ml	huile	1 c. à thé
1	rôti de poitrines ou de cuisses désossées ou de demi-poulet désossé sans ailes (454 g/1 lb)	1
2 ml	sel	1/2 c. à thé
1 ml	poivre	1/4 c. à thé
10 ml	moutarde de Dijon	2 c. à thé
5 ml	marmelade d'orange	1 c. à thé
2 ml	graines de moutarde	1/2 c. à thé
2 ml	thym frais haché (séché : 1 ml/1/4 c. à thé)	1/2 c. à thé
10 ml	beurre ou margarine	2 c. à thé
1	échalote sèche hachée	1
	zeste d'une orange	
60 ml	jus d'orange	1/4 tasse
190 ml	bouillon de poulet	3/4 tasse
Au besoin	fécule de maïs	au besoin

• Préchauffer le four à 190 °C (375 °F). • Dans une poêle, faire chauffer le beurre et l'huile. • Assaisonner et colorer le rôti 5 à 6 minutes. Retirer et réserver. • Dans un bol, mélanger ensemble la moutarde, la marmelade, les graines de moutarde et le thym. • Badigeonner le rôti du mélange et cuire au four 35 à 40 minutes ou jusqu'à ce que les jus de cuisson soient clairs. Badigeonner régulièrement pendant la cuisson. • Dégraisser la poêle et ajouter une noix de beurre. • Faire suer l'échalote 3 à 4 minutes. Ajouter le zeste et cuire 2 à 3 minutes. • Mouiller avec le jus, le bouillon et le reste du mélange avec lequel le rôti a été badigeonné. • Porter à ébullition et réduire de moitié. • Rectifier l'assaisonnement et lier avec la fécule de maïs au besoin.

Temps de préparation : 20-25 min	Temps de cuisson : 45-50 min
Nombre de portions : 2	

HAUTS DE CUISSE FAÇON TOURNEDOS, BRAISÉS À LA NIÇOISE

Un plat de poulet vraiment savoureux à servir avec une belle salade verte.

60 ml	jus de citron	1/4 tasse
1	gousse d'ail dégermée hachée	1
2 ml	thym frais haché (séché : 1 pincée)	1/2 c. à thé
2 ml	estragon frais haché (séché : 1 pincée)	1/2 c. à thé
1	feuille de laurier	1
2 ml	poivre en grains concassés	1/2 c. à thé
2 ml	sel	1/2 c. à thé
6	poitrines ou hauts de cuisse façon tournedos	6
15 ml	beurre ou margarine	1 c. à table
15 ml	huile	1 c. à table
4	oignons moyens émincés	4
500 ml	tomates mondées, épépinées, concassées	2 tasses
250 ml	petits champignons entiers	1 tasse
125 ml	câpres	1/2 tasse
375 ml	pois mange-tout	1 1/2 tasse

• Dans un bol, mélanger ensemble le jus, l'ail, le thym, l'estragon, le laurier, le poivre et le sel. • Faire macérer les tournedos dans la marinade durant 30 minutes. • Dans une casserole, faire chauffer le beurre et l'huile. • Colorer les tournedos sur toutes leurs faces et cuire de 3 à 5 minutes. Retirer et réserver au chaud. • Ajouter les oignons dans la casserole et suer durant 4 à 5 minutes. • Déglacer avec la marinade des tournedos. Ajouter les tomates avec le jus, les champignons et les câpres. • Mettre le poulet et les pois mange-tout dans la garniture et porter à ébullition. • Lorsque les pois mange-tout sont tendres mais encore croquants, dresser dans les assiettes chaudes et servir aussitôt.

Temps de préparation : 25 min	Temps de macération : 30 min
Temps de cuisson : 15 min	Nombre de portions : 6

TOURNEDOS DE POULET ET SA CRÈME DE CHÈVRE

Le fromage de chèvre donne une texture onctueuse à vos sauces. Son goût particulier se marie bien aux baies et donne du caractère à vos préparations de poulet.

4	poitrines ou hauts de cuisse façon tournedos	4
30 ml	huile	2 c. à table
30 ml	beurre ou margarine	2 c. à table
80 ml	vin blanc	1/3 tasse
160 ml	bleuets	2/3 tasse
125 ml	lait	1/2 tasse
90 g	fromage de chèvre	3 oz
5 ml	thym frais (séché : 1 ml/1/4 c. à thé)	1 c. à thé
2 ml	sel	1/2 c. à thé
1 ml	poivre	1/4 c. à thé
12	bleuets frais	12
4	branches de thym frais (facultatif)	4

Par définition, le terme «niçois» indique que le plat comporte les éléments suivants : tomate, ail, câpres et citron.

Demandez à votre boucher de préparer votre poulet comme vous l'aimez. Le tournedos peut être fait avec la poitrine, le haut de cuisse désossé ou la cuisse entière désossée, avec ou sans barde de gras.

Équivalences du GAC

Produits céréaliers	—
Légumes et fruits	15
Produits laitiers	—
Viandes et substituts	6
Matières grasses	2

Les **fromages de chèvre** sont faits entièrement de lait de chèvre (pur chèvre) ou d'un mélange de lait de chèvre et de vache (mi-chèvre s'il contient au moins 25 % de lait de chèvre). Saviez-vous que le fromage de chèvre est plus blanc que le fromage de vache, plus facile à digérer et de saveur plus prononcée.

L'intensité de sa saveur dépend de la race et de l'alimentation de l'animal, de la saison et des procédés de fabrication. Ce fromage a une teneur élevée en matières grasses mais en le mélangeant à du yogourt nature, vous pouvez obtenir une sauce moins riche.

Saviez-vous que la **cannelle** *provient de l'écorce séchée du cannelier et qu'elle est l'une des plus anciennes épices connues?*

• Assaisonner les tournedos. • Dans une poêle, faire chauffer le beurre et l'huile. • Y déposer le poulet et le cuire en lui donnant une belle coloration, de 3 à 5 minutes sur toutes ses faces ou jusqu'à ce que les jus de cuisson soient clairs. Réserver au chaud. • Déglacer la poêle avec le vin et y ajouter les bleuets. • Cuire 2 à 3 minutes. Passer au mélangeur pour obtenir une belle purée homogène. • Dans une casserole, mélanger le lait et le fromage. • Ajouter le thym, les assaisonnements et laisser infuser 2 minutes. • Incorporer la purée de bleuets et mélanger le tout de façon à obtenir une sauce homogène. • Servir le poulet chaud et napper de la sauce en disposant 3 bleuets et une branche de thym en garniture.

Temps de préparation : 20 min	Temps de cuisson : 15-20 min
Nombre de portions : 4	

TOURNEDOS DE POULET ET LEUR TOMBÉE DE TOMATES À LA CANNELLE

Ce mets de poulet dégage de doux parfums de cannelle et l'acidité de la tomate s'estompe en partie pour céder sa place à la saveur de l'ail.

1 ml ch.	sel et poivre	1/4 c. à thé
6	poitrines ou hauts de cuisse façon tournedos	6
2	oignons moyens hachés	2
15 ml	ail dégermé haché	1 c. à table
6	tomates bien mûres	6
30 ml	pâte de tomates	2 c. à table
125 ml	bouillon de poulet	1/2 tasse
1	bâton de cannelle	1
2 ml	sel	1/2 c. à thé
1 ml	poivre	1/4 c. à thé

• Assaisonner les tournedos de poulet. • Dans une poêle, faire fondre le beurre et l'huile. • Colorer le poulet sur toutes ses faces et réserver dans un plat au chaud. • Ajouter l'oignon et l'ail dans la poêle et faire suer 4 à 5 minutes. • Incorporer les tomates, la pâte de tomates, le bouillon et la cannelle; assaisonner et porter à ébullition. • Mettre les tournedos sur la garniture et arroser du bouillon. • Baisser l'intensité du feu et cuire à couvert de 10 à 15 minutes ou jusqu'à ce que le poulet soit tendre. Retirer de la sauce. • Réduire la sauce du tiers (1/3) et rectifier l'assaisonnement. • Servir avec un nid de pâtes et napper les tournedos de sauce.

Temps de préparation : 20 min	Temps de cuisson : 15-20 min
Nombre de portions : 6	

FONDUE AUX FRUITS DE MER

Les fruits de mer sont des aliments précieux qui méritent un certain respect. Voici une recette qui leur rend bien justice.

15 ml	beurre ou margarine	1 c. à table
3	oignons verts hachés	3
30 ml	gingembre frais râpé (moulu : 5 ml/1 c. à thé)	2 c. à table
125 ml	sherry ou vin blanc	1/2 tasse
1,5 l	bouillon de poulet	6 tasses
2 ml	sel	1/2 c. à thé
1 ml	poivre	1/4 c. à thé
5 ml	graines de coriandre ou grains de poivre	1 c. à thé
250 g	crevettes moyennes, décortiquées, déveinées	1/2 lb
250 g	mini-pétoncles	1/2 lb
250 g	choux de Bruxelles blanchis coupés en deux	1/2 lb
125 ml	oignons perlés	1/2 tasse
125 ml	mini-maïs coupés en tronçons	1/2 tasse

• Dans une casserole, faire suer au beurre les oignons et le gingembre. Cuire 3 à 4 minutes. • Déglacer avec le sherry et réduire de moitié. • Mouiller avec le bouillon, assaisonner et ajouter la coriandre. • Porter à ébullition et cuire 4 à 5 minutes. • Verser le bouillon dans un plat à fondue et déposer sur un réchaud. • Dresser les assiettes avec leurs garnitures : crevettes, mini-pétoncles, choux, oignons et mini-maïs. • Servir avec une ou plusieurs sauces au choix.

Temps de préparation : 10-15 min	Temps de cuisson : 7-10 min
Nombre de portions : 2	

Vous pouvez remplacer le poisson par des tranches de poulet à fondue.

La fondue est souvent relevée par un assortiment coloré de légumes. Parmi les meilleurs, on retrouve : brocoli, carotte, chou, épinard, poivron rouge et la patate douce. Ils sont riches en antioxydants (vitamines C, E et bêta-carotène), en fibres alimentaires et aident à prévenir les maladies cardiovasculaires ainsi que certains types de cancer.

Choix de sauces, voir pages 200 et 201.

Équivalences du GAC

Produits céréaliers	—
Légumes et fruits	4
Produits laitiers	—
Viandes et substituts	3 à 4
Matières grasses	1

*Rôti de cuisse désossé
en melon nature
ou farci*

*Tournedos
de poitrine ou de cuisse*

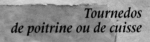

*Rôti demi-poulet désossé
sans ailes et rôti de
poitrine désossée en
melon*

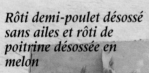

*Crêpes célestines
farcies de poulet* (page 157)

**Hauts de cuisse au sirop
de miel et romarin** (page 132)

*Hauts de cuisse de poulet
aux gombos* (page 132)

Voici quelques idées de sauces à fondue à la fois crémeuses et légères.

À l'ail : yogourt nature, ail haché, moutarde de Dijon et persil haché.

Rosée : yogourt nature, sauce chili ou ketchup, sauce Worcestershire et un soupçon de cognac.

Aux oignons : yogourt nature, oignons verts hachés, concentré de bouillon de boeuf, sauce Worcestershire.

Fruitée : yogourt nature, jus et zeste d'orange, estragon.

Thaïlandaise : yogourt nature, ail haché, jus de citron, sauce soya, beurre d'arachide, miel, sauce aux piments.

Équivalences du GAC

Produits céréaliers	—
Légumes et fruits	*4 1/2*
Produits laitiers	—
Viandes et substituts	*3 à 4*
Matières grasses	*1*

Si vous préférez les trempettes non crémeuses, accompagnez votre fondue de sauce Chili, de sauce de fruits de mer ou de salsa, toutes faibles en matières grasses.

Équivalences du GAC

Produits céréaliers	—
Légumes et fruits	*5*
Produits laitiers	—
Viandes et substituts	*3 à 4*
Matières grasses	*1*

FONDUE DE POULET À L'ÉRABLE

Une autre recette de fondue qui vous permettra de découvrir ou de redécouvrir les produits de l'érable.

15 ml	*beurre ou margarine*	*1 c. à table*
1	*oignon moyen haché*	*1*
125 ml	*apéro Saint-Benoît ou Fine Sève*	*1/2 tasse*
1,5 l	*bouillon de poulet ou pour fondue*	*6 tasses*
45 ml	*sirop d'érable*	*3 c. à table*
2 ml	*sel*	*1/2 c. à thé*
1 ml	*poivre*	*1/4 c. à thé*
450 g	*tranches ou cubes de poulet*	*1 lb*
125 ml	*carottes émincées blanchies*	*1/2 tasse*
125 ml	*pois mange-tout blanchis*	*1/2 tasse*
125 ml	*têtes de champignons blancs blanchies*	*1/2 tasse*

• Dans une casserole, faire suer au beurre l'oignon durant 3 à 4 minutes. • Déglacer avec l'apéro et réduire de moitié. • Mouiller de bouillon et de sirop d'érable. • Assaisonner et porter à ébullition. Cuire 4 à 5 minutes. • Verser le bouillon dans un plat à fondue et déposer sur un réchaud. • Dresser les assiettes avec les différentes garnitures : cubes de poulet, carottes, pois mange-tout, têtes de champignons. • Servir avec une ou plusieurs sauces au choix.

Temps de préparation : 10-15 min	*Temps de cuisson : 6-8 min*
Nombre de portions : 2	

FONDUE DE POULET AU VIN ROUGE

Laissez-vous imprégner des saveurs et des arômes que dégagent cet excellent plat.

15 ml	*beurre ou margarine*	*1 c. à table*
1	*oignon moyen haché*	*1*
125 ml	*vin rouge*	*1/2 tasse*
1,5 l	*bouillon de poulet*	*6 tasses*
2 ml	*sel*	*1/2 c. à thé*
1 ml	*poivre*	*1/4 c. à thé*
450 g	*tranches de poulet à fondue ou cubes de poulet*	*1 lb*
1	*poivron blanchi coupé en cubes*	*1*
125 ml	*petits champignons blanchis (boutons)*	*1/2 tasse*
125 ml	*oignons perlés*	*1/2 tasse*

• Dans une casserole, faire suer l'oignon au beurre durant 3 à 4 minutes. • Déglacer avec le vin et réduire de moitié. • Mouiller avec le bouillon et assaisonner. • Porter à ébullition et cuire 4 à 5 minutes. • Verser le bouillon dans un plat à fondue et déposer sur un réchaud. • Diviser les garnitures (poulet, poivrons, champignons, oignons) dans 2 assiettes à fondue. • Servir avec une ou plusieurs sauces au choix.

Temps de préparation : 10-15 min	*Temps de cuisson : 8-10 min*
Nombre de portions : 2	

FONDUE NORMANDE DE POULET ET DE PORC

La fondue est toujours agréable à savourer en famille ou entre amis. Pour étonner tout le monde, je vous propose la recette qui suit.

15 ml	beurre ou margarine	1 c. à table
3	échalotes sèches hachées	3
2	gousses d'ail dégermées hachées	2
125 ml	cidre, calvados ou jus de pomme	1/2 tasse
45 ml	miel liquide	3 c. à table
1,5 l	bouillon de poulet ou pour fondue	6 tasses
30 ml	jus de citron	2 c. à table
2 ml	sel	1/2 c. à thé
1 ml	poivre	1/4 c. à thé
250 g	tranches de poulet à fondue ou cubes de poulet	1/2 lb
250 g	cubes de porc	1/2 lb
2	pommes coupées en cubes	2
125 ml	pois mange-tout blanchis	1/2 tasse
125 ml	oignons perlés	1/2 tasse

• Dans une casserole, faire suer au beurre les échalotes et l'ail.
• Déglacer avec le cidre et ajouter le miel ; réduire de moitié.
• Mouiller avec le bouillon et le jus de citron. • Assaisonner et porter à ébullition. • Cuire 4 à 5 minutes, transvider le bouillon dans un plat à fondue et le déposer sur le réchaud.
• Garnir les assiettes de poulet, de porc, de pommes, de pois mange-tout et d'oignons. • Les convives piquent leurs garnitures sur des fourchettes à fondue et les cuisent à leur convenance.
• Servir avec une ou plusieurs sauces au choix.

Temps de préparation : 10-15 min	Temps de cuisson : 6-8 min
Nombre de portions : 2	

Trempez santé!
Pour garder les bénéfices santé de ce mets populaire, servez avec des sauces faibles en matières grasses. Des idées? Au lieu de la mayonnaise ou de la crème sure, utilisez comme base du yogourt nature, à 2 % ou moins de matières grasses. Vous obtiendrez une sauce toute aussi délicieuse en même temps qu'une bonne quantité de calcium.

Choix de sauces, voir pages 200 et 201.

Équivalences du GAC

Produits céréaliers	—
Légumes et fruits	3
Produits laitiers	—
Viandes et substituts	4
Matières grasses	1

Voir page 146 pour fond ou bouillon de poulet.

Si vous n'avez pas de graines de coriandre sous la main, utilisez des grains de poivre.

La chair du baudroie de l'Atlantique est maigre, ferme et fine. Elle n'a pas d'arêtes à part la grosse arête centrale. Seule la queue est comestible. Elle est vendue fraîche, congelée ou fumée.

Équivalences du GAC

Produits céréaliers	—
Légumes et fruits	9
Produits laitiers	3
Viandes et substituts	3 à 4
Matières grasses	1

CHAUDRÉE DE BAUDROIE AU BOUILLON DE POULET

La baudroie est un poisson qui peuple nos fonds marins et qui est malheureusement méconnu. Une découverte intéressante pour vous et vos invités.

15 ml	beurre ou margarine	1 c. à table
1	oignon moyen	1
1	blanc de poireau	1
2	pommes de terre taillées en cubes	2
250 ml	bouillon de poulet	1 tasse
2 ml	sel	1/2 c. à thé
1 ml	poivre	1/4 c. à thé
2 ml	graines de coriandre concassées (facultatif)	1/2 c. à thé
750 ml	lait	3 tasses
450 g	poisson (baudroie, morue ou saumon)	1 lb
250 ml	pois verts frais ou congelés	1 tasse
2 ml	feuilles de coriandre ou persil hachés	1/2 c. à thé

• Dans une casserole, faire fondre le beurre puis faire suer l'oignon et le poireau. • Ajouter le reste des légumes. • Faire suer jusqu'à ce que les légumes aient rejeté leur jus. • Mouiller de bouillon et assaisonner. • Ajouter les graines de coriandre. • Cuire à faible ébullition à couvert pendant 10 minutes ou jusqu'à ce que les légumes soient tendres. • Ajouter le lait et porter à ébullition. • Ajouter les morceaux de poisson, les pois et la coriandre. • Couvrir et cuire environ 8 minutes jusqu'à ce que le poisson soit cuit. • Servir aussitôt avec une feuille de coriandre entière en garniture.

Temps de préparation : 15-20 min	Temps de cuisson : 25 min
Nombre de portions : 4	

CONFIT D'OIGNONS ROUGES

Le confit d'oignons accompagne délicieusement une multitude de plats. Essayez-le, vous y reviendrez.

45 ml	beurre ou margarine	3 c. à table
6	oignons rouges moyens émincés	6
80 ml	vinaigre de vin rouge	1/3 tasse
125 ml	bouillon de poulet	1/2 tasse
15 ml	miel liquide ou sirop d'érable	1 c. à table
2 ml	sel	1/2 c. à thé
1 ml	poivre concassé	1/4 c. à thé

• Dans une poêle, faire fondre le beurre et suer les oignons durant 6 à 8 minutes ou jusqu'à ce qu'ils commencent à devenir transparents. • Dégraisser la poêle, déglacer avec le vinaigre et ajouter le bouillon, le miel, le sel et le poivre. • Cuire à couvert sur un feu doux durant 10 à 15 minutes ou jusqu'à ce que les oignons soient tendres.

Temps de préparation : 15 min	Temps de cuisson : 20-30 min
Nombre de portions : 6	

COULIS DE TOMATES ET BASILIC

La savoureuse tomate, que l'on déguste à belles dents, a nécessité beaucoup de soins et d'attention pour arriver à maturité

5 ml	beurre ou margarine	1 c. à thé
2	échalotes sèches ou oignons hachés	2
4	tomates mondées, épépinées, concassées	4
45 ml	bouillon de poulet	3 c. à table
2 ml	sel	1/2 c. à thé
1 ml	poivre	1/4 c. à thé
60 ml	crème 15 %	1/4 tasse
2 ml	basilic frais haché (séché : 1 pincée)	1/2 c. à thé

• Dans une casserole, faire suer l'échalote au beurre durant 3 à 4 minutes. Ajouter les tomates, le bouillon, le sel et le poivre.
• Porter à ébullition et cuire 8 à 10 minutes à feu moyen.
• Réduire les légumes en purée au mélangeur et les remettre dans la casserole. • Ajouter la crème et le basilic puis cuire pendant 10 à 15 minutes ou jusqu'à ce que le mélange prenne une texture onctueuse. • Rectifier l'assaisonnement et servir.

Temps de préparation : 10 min	Temps de cuisson : 25-30 min
Nombre de portions : 4 portions	

COULIS DE FRAMBOISES

600 g	framboises fraîches ou congelées	1 1/3 lb
300 g	sucre granulé	3/4 lb
2 ml	thym frais haché (séché : 1 pincée)	1/2 c. à thé
30 ml	jus de citron	2 c. à table

• À l'aide d'un mélangeur, réduire les framboises en purée.
• Réchauffer la purée sur un feu moyen, ajouter le sucre et le thym frais haché. • Mélanger jusqu'à ce que le sucre soit dissout complètement. • Ajouter le jus de citron. • Filtrer à travers un tamis et réserver.

Temps de préparation : 10 min	Temps de cuisson : environ 6 min
Nombre de portions : donne environ 500 ml (2 tasses)	

CRÈME SURE À L'AIL ET À LA CIBOULETTE

• Dans un robot, hacher 4 gousses d'ail, 60 ml (1/4 tasse) de ciboulette et 30 ml (2 c. à table) de câpres. • Ajouter 250 ml (1 tasse) de crème sure à 7 % de matières grasses, 45 ml (3 c. à table) de mayonnaise légère et 1 ml (1/4 c. à thé) de sauce Tabasco. • Servir lorsque la sauce est bien onctueuse.

Pour épépiner des tomates, il s'agit de les couper horizontalement en deux puis de les presser pour faire sortir le jus et les graines. Pour les monder, on enlève la partie coriace qui retient la queue en coupant un cercle tout autour.

Vous pouvez remplacer la crème 15 % par du lait évaporé.

Équivalences du GAC

Produits céréaliers	—
Légumes et fruits	5
Produits laitiers	—
Viandes et substituts	—
Matières grasses	—

Se prête bien comme garniture sur les hamburgers.

Servir avec des
tortillas de blé
tendre que l'on
trouve à la section
des produits
réfrigérés de la
plupart des
supermarchés.

Servir comme
garniture sur les
hamburgers.

Excellente servie
comme garniture
sur les hamburgers.

Servir comme
garniture de
hamburgers.

Cette garniture doit
se préparer avec des
herbes fraîches.

GUACAMOLE VITE FAITE

2	avocats pelés	2
2	tomates pelées, épépinées, hachées	2
2	gousses d'ail émincées	2
60 ml	oignon émincé	2 c. à table
30 ml	jus de citron	1 c. à thé
5 ml	assaisonnement au chili	1 c. à thé
2 ml	sel et poivre	1/2 c. à thé

• Dans un bol, écraser les avocats avec une fourchette et ajouter les tomates, l'ail, l'oignon, le jus de citron, l'assaisonnement au chili, le cumin, le sel et le poivre. • Mélanger jusqu'à consistance homogène.

> *Nombre de portions : donne 500 ml (2 tasses)*

MARINADE DE TOMATES AU BASILIC

• Dans un bol, incorporer ensemble 2 tomates mûres mondées, épépinées et concassées, 1 poivron vert haché, 2 oignons verts émincés finement, 1 gousse d'ail hachée et 10 ml (2 c. à thé) de basilic frais haché (séché : 1 pincée). • Ajouter 10 ml (2 c. à thé) de vin blanc, 5 ml (1 c. à thé) de jus de citron, sel et poivre au goût. • Mélanger le tout et laisser macérer 1 heure au frais.

PURÉE D'AVOCAT ET D'OEUF

• Dans un robot culinaire, hacher 1 oeuf cuit dur, 1 avocat mûr dénoyauté, 1 gousse d'ail dégermée, 1 oignon vert, 5 ml (1 c. à thé) de sauce Worcestershire, 1 ml (1/4 c. à thé) de sauce Tabasco et 5 ml (1 c. à thé) de jus de citron. • Réduire en une purée onctueuse.

RELISH DE MENTHE ET BASILIC

• Dans un robot culinaire, déposer 1 gousse d'ail dégermée et hachée, 125 ml (1/2 tasse) de feuilles de basilic fraîches et 30 ml (2 c. à table/4 à 6 feuilles) de menthe fraîches. • Hacher finement les feuilles et ajouter graduellement 15 ml (1 c. à table) de jus de citron, 15 ml (1 c. à table) de bouillon de poulet et 15 ml (1 c. à table) d'huile d'olive. • La sauce doit avoir une consistance onctueuse et lisse. • Réserver dans un bol au frais.

RELISH EXOTIQUE

• Dans un grand bol, mélanger ensemble une mangue bien mûre, 60 ml (1/4 tasse) d'ananas en dés, 60 ml (1/4 tasse) de poivron vert, 60 ml (1/4 tasse) de poivron rouge, 1 petit oignon haché, 30 ml (2 c. à table) de jus de citron, 30 ml (2 c. à table) de jus de pamplemousse rose, 1 pincée de girofle moulu et 1 pincée de muscade moulue. • Laisser macérer 12 heures à couvert au réfrigérateur. • Laisser tempérer la sauce quelques minutes avant de servir.

> Temps de macération : 12 heures

Comment reconnaître une mangue bien mûre?

La mangue est mûre lorsqu'elle cède sous une légère pression des doigts et qu'une bonne odeur s'en dégage. Sa peau est souvent tachetée de noir.

Servir comme garniture de hamburgers.

SAUCE AIGRE-DOUCE

45 ml	moutarde de Dijon	3 c. à table
30 ml	ketchup de tomates rouges	2 c. à table
80 ml	sauce chili	1/3 tasse
2 ml	sauce Worcestershire	1/2 c. à thé
60 ml	sirop d'érable ou de maïs	1/4 tasse
125 ml	huile végétale	1/2 tasse
1	gousse d'ail dégermée, hachée	1
2 ml	thym frais haché (séché : 1 ml/1/4 c. à thé)	1/2 c. à thé

• Dans un malaxeur, déposer la moutarde, le ketchup, les sauces, le sirop et l'ail. • Malaxer le tout 1 à 2 minutes et verser l'huile en filet jusqu'à ce que l'émulsion de la sauce se fasse.
• Incorporer le thym délicatement et réserver au frais. • Servir avec les bouchées ou les pépites de poulet.

> Temps de préparation : 5 min   Temps de cuisson : aucun
> Nombre de portions : 6

Pour donner une touche piquante à cette sauce, ajoutez-y des piments Jalapeno en fins morceaux ou du poivre de Cayenne. Pour amateurs de sensations fortes seulement!

Équivalences du GAC

Produits céréaliers	—
Légumes et fruits	—
Produits laitiers	—
Viandes et substituts	—
Matières grasses	8

SAUCE À LA GELÉE DE GROSEILLES

• Dans une petite casserole, porter à ébullition 250 ml (1 tasse) de gelée de groseilles, 125 ml (1/2 tasse) de vinaigre de cidre et 30 ml (2 c. à table) de sauce soya. • Ajouter 2 gousses d'ail dégermées et hachées, 10 ml (2 c. à thé) de gingembre frais râpé et 2 ml (1/2 c. à thé) de sel. • Délayer 5 ml (1 c. à thé) de fécule de maïs dans un peu d'eau et lier la sauce. • Servir aussitôt.

> Temps de préparation : 15 min   Temps de cuisson : 11-12 min
> Rendement :

Cette sauce accompagne très bien les brochettes et les rôtis.

Selon les espèces de plantes butinées par les abeilles, le miel prend différentes couleurs allant du blanc au presque noir en passant par des teintes de brun, de roux et de blond. Plus il est foncé, plus sa saveur est prononcée. Par exemple, le miel de sarrasin est foncé et de saveur forte.

Servir avec des brochettes, pépites, etc.

Cette sauce accompagne très bien les brochettes.

Cette sauce peut accompagner le jambonneau de poulet, page 78

Cette sauce peut accompagner le jambonneau de poulet, page 78

Équivalences du GAC	
Produits céréaliers	—
Légumes et fruits	2
Produits laitiers	—
Viandes et substituts	—
Matières grasses	1

SAUCE AU BABEURRE ET AU FROMAGE DE CHÈVRE

• Dans un grand bol, incorporer ensemble 180 ml (3/4 tasse) de babeurre, 60 ml (1/4 tasse) de mayonnaise et 1 ml (1/4 c. à thé) de moutarde à l'ancienne en grains ou de Dijon, en mélangeant énergiquement. • Ajouter 1 ml (1/4 c. à thé) de poivre en grains concassés, 1 gousse d'ail dégermée et hachée, 15 ml (1 c. à table) de ciboulette ciselée et finalement, 15 ml (1 c. à table) de fromage de chèvre en pommade, c'est-à-dire à la température de la pièce. • Mélanger vivement de façon à rendre la préparation homogène. • Servir avec des brochettes, etc.

SAUCE AU MIEL DE TRÈFLE MAISON

• Dans un malaxeur, déposer 125 ml (1/2 tasse) de miel de trèfle maison, 80 ml (1/3 tasse) de ketchup de tomates rouges, 125 ml (1/2 tasse) de moutarde préparée, 5 ml (1 c. à thé) de sauce Worcestershire, 5 ml (1 c. à thé) de sucre et 2 ml (1/2 c. à thé) de sel. • Malaxer le tout 1 à 2 minutes et verser 250 ml (1 tasse) d'huile végétale en filet jusqu'à ce que l'émulsion de la sauce soit faite. • Ajouter 1 oignon vert émincé et mélanger délicatement. • Laisser reposer 5 minutes et servir froid.

SAUCE AUX ARACHIDES

• Dans une casserole, faire suer dans 15 ml (1 c. à table) de beurre, 1 oignon moyen haché et 2 gousses d'ail dégermées, hachées, durant 3 à 4 minutes. • Ajouter 160 ml (2/3 tasse) de beurre d'arachide, 30 ml (2 c. à table) de sauce soya, 60 ml (1/4 tasse) de lait, 160 ml (2/3 tasse) de bouillon de poulet, 30 ml (2 c. à table) de sirop de maïs, 1 ml (1/4 c. à thé) de cari, 1 ml (1/4 c. à thé) de coriandre moulue et 1 ml (1/4 c. à thé) de sauce Tabasco. • Porter à ébullition et retirer du feu. • Servir tiède et parsemer d'arachides concassées.

> *Temps de cuisson : 10 min*

SAUCE AUX CÂPRES ET AUX HERBES

• Dans une petite casserole, faire suer avec 15 ml (1 c. à table) de beurre, 1 oignon moyen haché, 1 gousse d'ail dégermée et hachée ainsi que 125 ml (1/2 tasse) de champignons blancs émincés. • Ajouter 2 ml (1/2 c. à thé) de thym frais haché (séché : 1 ml/1/4 c. à thé), 2 ml (1/2 c. à thé) de sauge fraîche et 30 ml (2 c. à table) de câpres rincées et égouttées. • Déglacer avec 60 ml (1/4 tasse) de vin blanc et laisser réduire de moitié. • Mouiller avec 60 ml (1/4 tasse) de bouillon de poulet et porter à ébullition. • Cuire 4 à 5 minutes jusqu'à ce que les légumes aient presque tout absorbé le liquide. • Servir chaud sur les jambonneaux.

> *Temps de préparation : 5 min*   *Temps de cuisson : 15 min*

SAUCE CUMBERLAND

• Dans une casserole, faire chauffer 250 ml (1 tasse) de gelée de groseilles, le zeste d'une orange, 2 ml (1/2 c. à thé) de gingembre frais râpé et 2 ml (1/2 c. à thé) de moutarde de Dijon. • Mouiller avec 125 ml (1/2 tasse) de jus d'orange et 125 ml (1/2 tasse) de jus de citron, 125 ml (1/2 tasse) de porto. • Porter à ébullition et cuire jusqu'à ce que la sauce ait une consistance sirupeuse.
• Réserver au frais.

Substitutions possibles : de la gelée de pomme au lieu de la gelée de groseille, et du bouillon ou jus de légumes pour le porto.

Servir avec des brochettes, des rôtis, des paupiettes, etc.

SAUCE ÉRABLE ET MOUTARDE

• Dans une petite casserole, porter à ébullition 60 ml (1/4 tasse) de sirop d'érable, 60 ml (1/4 tasse) de vinaigre de cidre et 125 ml (1/2 tasse) de sucre. • Laisser réduire un peu de façon à rendre le mélange sirupeux. • Réduire l'intensité du feu et ajouter 60 ml (1/4 tasse) de moutarde à l'ancienne ou en grains et 1 ml (1/4 c. à thé) de sel. • Cuire 3 à 4 minutes sans ébullition. • Servir aussitôt.

Servir avec des brochettes.

Temps de préparation : 10 min	Temps de cuisson : 15 min

SAUCE GRIBICHE

• Cuire 3 oeufs dans une eau bouillante salée durant 11 à 12 minutes. • Séparer le jaune du blanc. Hacher les blancs d'oeufs au couteau et réserver au frais. • Réduire les jaunes d'oeufs en purée dans un robot culinaire et ajouter 5 ml (1 c. à thé) de moutarde et 125 ml (1/2 tasse) d'huile en filet, c'est-à-dire peu à peu. • Ajouter 15 ml (1 c. à table) de jus de citron, 15 ml (1 c. à table) de câpres hachées, 15 ml (1 c. à table) de persil haché et les blancs d'oeufs.
• Mélanger tous les ingrédients avec une cuillère de bois.
• Assaisonner et bien refroidir.

Cette sauce accompagne très bien les fondues.

SAUCE MENTHE ET YOGOURT

• Dans un robot culinaire, hacher 500 ml (2 tasses) de menthe fraîche, 500 ml (2 tasses) de persil frais, 1 petit piment Jalapeno (facultatif), 15 ml (1 c. à table) de gingembre frais, râpé, (moulu : 5 ml/1 c. à thé), 1 gousse d'ail dégermée et 2 ml (1/2 c. à thé) de sel. • Ajouter 15 ml (1 c. à table) de jus de citron, 5 ml (1 c. à thé) de miel liquide et 60 ml (1/4 tasse) de yogourt nature. • Réduire le tout en un mélange onctueux.

Servir avec des brochettes.

Temps de préparation : 10 min	Temps de cuisson : aucun

Équivalences du GAC

Produits céréaliers	—
Légumes et fruits	3
Produits laitiers	3
Viandes et substituts	—
Matières grasses	—

Équivalences du GAC

Produits céréaliers	—
Légumes et fruits	3
Produits laitiers	—
Viandes et substituts	—
Matières grasses	—

SAUCE MOUTARDE AUX PRUNES ET CHILI

• Dans une casserole, faire suer avec 5 ml (1 c. à thé) de beurre, 1 oignon vert haché et 1 gousse d'ail dégermée et hachée pendant 3 à 4 minutes. • Ajouter 125 ml (1/2 tasse) de confiture de prunes, 15 ml (1 c. à table) de moutarde de Dijon, 5 ml (1 c. à thé) de vinaigre de cidre et 2 ml (1/2 c. à thé) de grains de chili broyés. • Cuire 1 à 2 minutes sur un feu doux et rectifier l'assaisonnement.

SAUCE TZATZIKI

• Peler, trancher en deux et épépiner 500 ml (2 tasses) de concombre puis hacher grossièrement au couteau. Ajouter 5 ml (1 c. à thé) de sel fin en mélangeant dans un bol en verre. • Déposer le concombre haché dans une passoire et laisser égoutter 20 minutes. • Exercer une pression sur le concombre pour enlever le jus excédant. • Déposer dans le bol en verre et y incorporer 500 ml (2 tasses) de yogourt, 3 gousses d'ail dégermées et hachées, 1 ml (1/4 c. à thé) de poivre en grains finement concassés et 45 ml (3 c. à table) de feuilles de coriandre fraîches hachées. • Mélanger à l'aide d'une cuillère de bois et réserver au frais.

Temps de préparation : 25 min	*Temps de cuisson : aucun*

SIROP DE BLEUETS

500 ml	eau	2 tasses
500 ml	sucre	2 tasses
500 ml	bleuets	2 tasses

• Amener tous les ingrédients à ébullition sur feu vif en remuant jusqu'à ce que le sucre soit dissous. • Mijoter à feu moyen pendant 5 minutes. • Passer le mélange dans un tamis fin de façon à séparer le liquide de la pulpe. • Conserver au réfrigérateur.

Nombre de portions : donne 650 ml (2 1/2 tasses)

Santé
Canada

Health
Canada

Le guide alimentaire
CANADIEN
POUR MANGER SAINEMENT

Savourez chaque jour
une variété d'aliments
choisis dans chacun
de ces groupes.

Choisissez de
préférence des
aliments
moins gras.

Produits céréaliers
Choisissez de préférence des produits à grains entiers ou enrichis.

Légumes et fruits
Choisissez plus souvent des légumes vert foncé ou orange et des fruits orange.

Produits laitiers
Choisissez de préférence des produits laitiers moins gras.

Viandes et substituts
Choisissez de préférence viandes, volailles et poissons plus maigres et légumineuses.

Canadä

203

Des quantités différentes pour des personnes différentes

La quantité que vous devez choisir chaque jour dans les quatre groupes alimentaires et parmi les autres aliments varie selon l'âge, la taille, le sexe, le niveau d'activité; elle augmente durant la grossesse et l'allaitement. Le guide alimentaire propose un nombre plus ou moins grand de portions pour chaque groupe d'aliments. Ainsi, les enfants peuvent choisir les quantités les plus petites et les adolescents, les plus grandes. La plupart des gens peuvent choisir entre les deux.

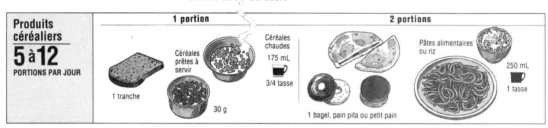

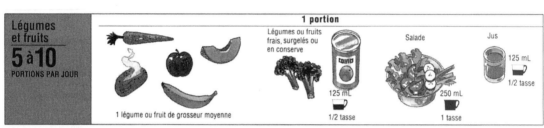

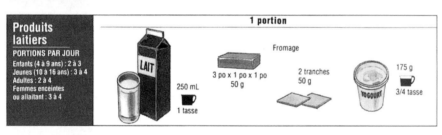

Autres aliments

D'autres aliments et boissons qui ne font pas partie des quatre groupes peuvent aussi apporter saveur et plaisir. Certains de ces aliments ont une teneur plus élevée en gras ou en énergie. Consommez-les avec modération.

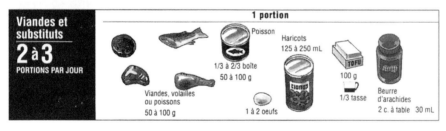

Mangez bon, mangez bien. Bougez. Soyez bien dans votre peau. C'est ça la VITALITÉ

© Ministre des Approvisionnements et Services Canada 1992   N° de cat. H39-252/1992F   Toute modification est interdite. Peut être reproduit sans autorisation.
ISBN 0-662-97564-2

La fibre alimentaire vient des plantes. C'est la partie de la plante qui ne se désintègre pas dans l'appareil digestif. Il existe plusieurs sortes de fibres qui se divisent en deux groupes selon leurs propriétés : les fibres solubles et les fibres insolubles.

- **Les fibres solubles**

  Ce sont les fibres qui peuvent aider à réduire le taux de cholestérol sanguin et à régulariser le taux de sucre dans le sang.

  ### Où les retrouve-t-on ?

  Son d'avoine, farine d'avoine, légumineuses, son de riz, orge, certains fruits et légumes (agrumes, pommes, fraises, rhubarbe, tomates, chou, chou-fleur, carottes, etc.), psyllium.

- **Les fibres insolubles**

  Ces fibres régularisent le travail des intestins. Pour accomplir cette fonction, il est primordial de boire beaucoup d'eau car ces fibres agissent comme de petites éponges. De plus, des études suggèrent que les fibres insolubles peuvent aider à prévenir ou à traiter certaines maladies intestinales.

  ### Où les retrouve-t-on ?

  Son de blé, seigle, certains légumes (brocoli, poivrons, betteraves, etc.).

GRAINS ET CÉRÉALES	GRAMME (S) DE FIBRES
1/2 tasse (125 ml) de céréales à haute teneur en fibres	14,0
1/2 tasse (125 ml) de All-bran	13,2
1 tasse (250 ml) de spaghetti de blé entier cuit	3,9
3/4 tasse (200 ml) de flocons de son	3,9
1 muffin au son	2,5
1 tasse (250 ml) de gruau	2,2
1 tranche de pain de blé entier	2,4
1 tranche de pain de seigle	1,1

FRUITS

1 poire moyenne avec peau	4,7
1/4 tasse (50 ml) de raisins secs	3,7
1 pomme moyenne avec peau	3,5
1/2 tasse (125 ml) de framboises	3,3
1 tasse (250 ml) de fraises	3,1
3 pruneaux secs	3,0
1 papaye pelée	2,8
1 pomme moyenne pelée	2,7
1 orange moyenne	2,6
1 banane moyenne	2,4
1 tasse (250 ml) de raisins frais	2,2
1/2 tasse (125 ml) de bleuets	2,0
1 mangue pelée	1,9
3 dattes	1,9

LÉGUMES

1/2 tasse (125 ml) de haricots cuits	4,7
1 tige de brocoli cru	4,2
1/2 tasse (125 ml) de pois verts cuits	3,8
1 pomme de terre moyenne en robe des champs	3,5
1/2 tasse (125 ml) de panais cuit	2,9
1/2 patate douce moyenne	2,7
1/2 tasse (125 ml) de navet cuit	2,6
1/2 tasse (125 ml) de maïs cuit	2,4
1/2 tasse (125 ml) de carottes cuites	2,3
1/2 tasse (125 ml) d'épinards cuits	2,2
1/2 tasse (125 ml) de brocoli cuit	2,2
1 carotte moyenne crue	2,2

LÉGUMINEUSES

1/2 tasse (125 ml) de haricots secs cuits au four	8,8
1/2 tasse (125 ml) de haricots rouges	7,3
1/2 tasse (125 ml) de haricots blancs cuits	6,0
1/2 tasse (125 ml) de pois cuits	4,7
1/2 tasse (125 ml) de lentilles cuites	3,7

Source : « Les fibres alimentaires, avez-vous votre compte ? ». Société canadienne du cancer.

Voici un guide qui vous aidera à comprendre les données qui figurent sur les étiquettes.

CHOLESTÉROL ET GRAS

sans cholestérol...

- pas plus de 3 mg de cholestérol par 100 g d'aliments
- peu de gras saturés (pas plus de 2 g par portion et pas plus de 15 % du nombre total de calories)

sans matière grasse...

- pas plus de 0,1 g de matières grasses par 100 g d'aliments, donc presque sans gras

faible en cholestérol...

- pas plus de 20 mg de cholestérol par portion, donc quantité minime
- peu de gras saturés (pas plus de 2 g par portion et pas plus de 15 % du nombre total de calories)

faible en gras...

- pas plus de 3 g de gras par portion (moins de 1 c. à thé de gras)

faible en gras saturés...

- peu de gras saturés (pas plus de 2 g par portion et pas plus de 15 % du nombre total de calories)

FIBRES ALIMENTAIRES

source de fibres alimentaires...

- au moins 2 g de fibres par portion

source élevée de fibres alimentaires...

- au moins 4 g de fibres par portion

source très élevée de fibres alimentaires...

- au moins 6 g de fibres par portion

AUTRES ALLÉGATIONS

«léger» ou «légère»...

Attention! on peut qualifier un produit de «léger» en raison de sa texture ou de sa saveur, indépendamment de sa teneur en calories ou en matières grasses. Lisez attentivement l'étiquette.

% m.g. : pourcentage de matières grasses...

Indique le contenu en gras des produits laitiers, par exemple des fromages. Il est préférable d'opter pour des fromages contenant moins de 20 % m.g. et de garder les fromages plus gras pour les occasions spéciales.

sel et sodium...

Attention! Surveillez les mots sodium, sodique, sodé qui en sont synonymes.

sucre...

Les mots finissant en «ose» indiquent sa présence dans l'aliment.

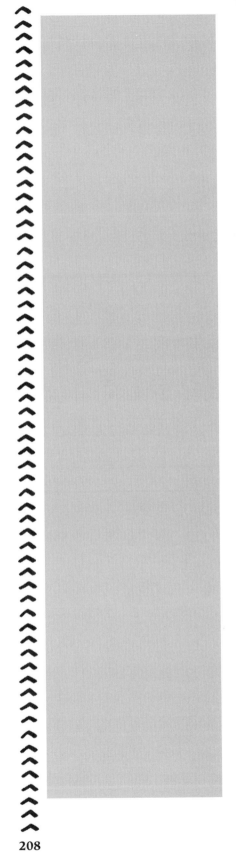

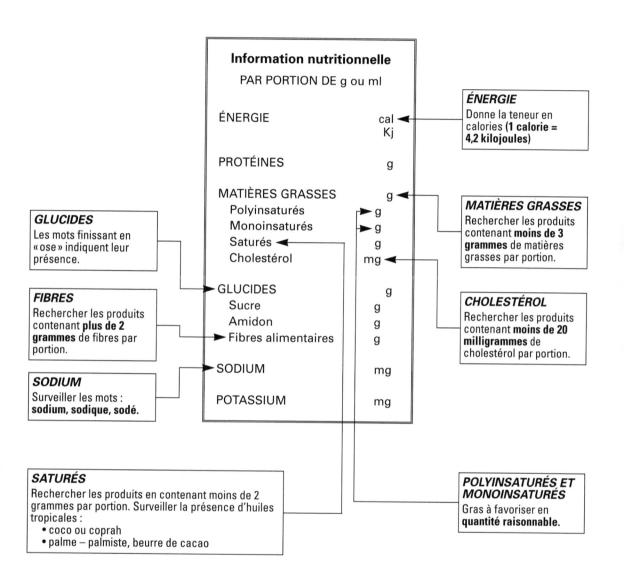

Information nutritionnelle

PAR PORTION DE g ou ml

ÉNERGIE	cal
	Kj
PROTÉINES	g
MATIÈRES GRASSES	g
Polyinsaturés	g
Monoinsaturés	g
Saturés	g
Cholestérol	mg
GLUCIDES	g
Sucre	g
Amidon	g
Fibres alimentaires	g
SODIUM	mg
POTASSIUM	mg

ÉNERGIE
Donne la teneur en calories (**1 calorie = 4,2 kilojoules**)

MATIÈRES GRASSES
Rechercher les produits contenant **moins de 3 grammes** de matières grasses par portion.

CHOLESTÉROL
Rechercher les produits contenant **moins de 20 milligrammes** de cholestérol par portion.

GLUCIDES
Les mots finissant en « ose » indiquent leur présence.

FIBRES
Rechercher les produits contenant **plus de 2 grammes** de fibres par portion.

SODIUM
Surveiller les mots : **sodium, sodique, sodé.**

SATURÉS
Rechercher les produits en contenant moins de 2 grammes par portion. Surveiller la présence d'huiles tropicales :
- coco ou coprah
- palme – palmiste, beurre de cacao

POLYINSATURÉS ET MONOINSATURÉS
Gras à favoriser en **quantité raisonnable.**

PETIT TRUC
Les ingrédients sont inscrits par ordre décroissant. Le premier ingrédient est donc celui que l'on retrouve en plus grande quantité tandis que le dernier est celui que l'on retrouve en plus petite quantité.

Bactéries impliquées dans les intoxications alimentaires et mesures préventives pour les contrer

Bactérie impliquée
Salmonelles (présentes dans l'intestin des animaux et des humains)

Mesure préventive
- Éviter les volailles, viandes, poissons et oeufs insuffisamment cuits (cuire jusqu'à température interne de plus de 65 °C), lait ou crème non pasteurisés.

Bactérie impliquée
Staphylococcus aureus (présent dans la gorge, le nez et parfois sur la peau)

Mesures préventives
- Avoir une bonne hygiène personnelle (ex. : bien se laver les mains avant de manipuler les aliments).
- Ne pas laisser les viandes, volailles et poissons à la température ambiante. Garder les aliments bien chauds (60 °C et plus) ou froids (4 °C ou moins)

Bactérie impliquée
Clostridium botulinum (présent dans l'eau et le sol – se développe où il y a peu ou pas d'oxygène – conserves – aliments emballés sous vide)

Mesures préventives
- Jeter les conserves bombées.
- Garder au froid (4 °C ou moins) les aliments sous vide et ne pas dépasser la date «meilleur avant».
- À la maison, utiliser des méthodes sécuritaires de mise en conserve, surtout pour les aliments non acides, les viandes, volailles et poissons.

Bactérie impliquée
Clostridium perfringens (présent partout dans l'environnement et dans l'intestin des animaux et des humains)

Mesure préventive
- Cuire adéquatement les aliments; les refroidir rapidement et les réchauffer à une température suffisante (température interne de 75 °C).

Bactérie impliquée

Escherichia coli 0157 : H7 (présent dans l'eau contaminée par des fèces)

Mesures préventives

- S'assurer que la viande hachée est bien cuite (température interne de 77 °C : médium à bien cuit)
- Éviter de boire du lait non pasteurisé

Bactérie impliquée

Listeria monocytogenes (très répandu dans l'environnement)

Mesures préventives

- Éviter le lait cru et les fromages au lait cru
- Respecter les dates «meilleur avant» sur les produits périssables

Bactérie impliquée

Campylobacter jejuni (présent dans l'eau contaminée)

Mesures préventives

- Éviter de boire du lait cru, de l'eau non traitée
- Bien cuire les viandes, les volailles et les poissons

N'oubliez pas : les manipulations sécuritaires sont aussi importantes qu'une bonne conservation du poulet!

Ces quelques recettes d'assaisonnement rehausseront à merveille la saveur de vos plats. Il suffit de mélanger tous les ingrédients puis de réfrigérer dans des contenants hermétiques ou dans une grosse salière.

Le traditionnel :

12 ml (2 1/2 c. à thé) de paprika
12 ml (2 1/2 c. à thé) de poudre d'ail
12 ml (2 1/2 c. à thé) de moutarde sèche
30 ml (2 c. à table) de poudre d'oignon
2 ml (1/2 c. à thé) de poivre noir
1 ml (1/4 c. à thé) de graines de céleri

Le piquant aux herbes :

Zeste râpé d'un citron
30 ml (2 c. à table) de cannelle moulue
15 ml (1 c. à table) de macis moulu
15 ml (1 c. à table) de basilic moulu
15 ml (1 c. à table) de thym moulu
15 ml (1 c. à table) de romarin moulu
10 ml (2 c. à thé) de paprika
5 ml (1 c. à thé) de poivre
5 ml (1 c. à thé) de clou de girofle moulu
2 ml (1/2 c. à thé) de muscade moulue
2 ml (1/2 c. à thé) de piment de la Jamaïque moulu

Donne environ 125 g (1/2 tasse d'assaisonnement)

Le citronné aux herbes :

Zeste râpé d'un demi-citron
10 ml (2 c. à thé) de persil séché
2 ml (1/2 c. à thé) de poudre d'ail
2 ml (1/2 c. à thé) d'origan séché ou
de feuilles de basilic hachées
2 ml (1/2 c. à thé) de marjolaine séchée
1 ml (1/4 c. à thé) de piment de la Jamaïque moulu
1 ml (1/4 c. à thé) de poivre

Donne environ 30 ml (2 c. à table d'assaisonnement)

Le paprika, le persil, le thym, la sauge, le cari, l'estragon, le gingembre, la marjolaine, l'origan, le romarin, le safran et l'anis conviennent particulièrement bien au poulet. Pourquoi ne pas accompagner la volaille d'une sauce aux canneberges non sucrée, de jus de citron ou de champignons, pour en relever le goût !